汪寬也

近代徽商

言行一 著

陕西师范大学出版总社有限公司

上係汪前總董寬也先生紀念碑縮影碑高三十二吋闊二十四吋像刻銀碑字銅鑴框用紅木闊四吋立木公所議事廳東壁碑由景文製版所承鑄乙丑四月十一日行落成禮影印原碑分贈用留紀念

上海布業公所附記

1925年上海布业公所制作的纪念碑，系上海档案馆文件

『发展农业，土布免税』——汪宽也先生的毕生追求（代序）

汪光焘

本书主人公，我的曾祖父汪宽也，出生于晚清时期徽州休宁县。我过去对曾祖父的身事知道得很少，只是小时候听父亲说，曾祖父少年时便由徽州到了上海，在祥泰布庄当学徒，后来当了上海布业公所总董，后人为他立了纪念碑。

2000 年初，我在北京市任副市长时，率北京市城建系统有关部门和部分区县主管领导去上海学习城市建设经验，在上海豫园市政府接待处小憩时，听时任上海豫园管理处主任刘群介绍，这里原名绮藻堂，曾是上海布业公所（亦称上海布业公会或上海土布公所）旧址。我十分惊喜，便请他帮助收集有关上海布业公所的档案资料。刘群不负嘱托，数日之后便给我寄来一些上海布业公所档案资料复印件。令人喜出望外的是，其中一份是存于上海档案馆的上海布业公所署名胡方锷、李庆熙暨全体同业为汪前总董宽也先生所立纪念碑的缩影复印件，文中载明“乙丑（1925 年）四月十一日行落成礼，影印原碑分赠，用留纪念。上海布业公所附记”。

碑文对曾祖父汪宽也的生平作了扼要介绍，称颂“汪公为人直爽，严于律己，勇于承担公益事业，以布业非减轻负担不能发展，创议免除厘金税，争取布业生存发展权益”。赞扬“汪公任总董十余年，先后如一日，事无巨细，都要亲力亲为，所采取的兴利除弊措施，皆关乎布业前途命运。哀悼汪公不幸病逝，追思往绩，令人怜怀不已”。我仔细研读碑文，细看了上海档案馆的复印材料，无论清朝末年，还是民国初年战乱时期，多处记录“免征厘金及营业税，实因土布位农家赖以生存独有之织业，且为劳苦贫民采用之衣料，行销愈广产量愈增，则农家之副业愈益发达，农家所沾之实惠愈多，即用土布之劳苦阶层可得价廉质坚之衣料，其间接受益匪浅”这节文字，并在致当时上海社会局局长的文稿边上空白处批注了“发展农业，土布免税”八个字，这个批注代表了汪宽也先生的毕生心愿。我对曾祖父汪宽也做人做事的精神肃然起敬，萌生了希望更多地了解他的生平往事，从而为他写一本传记的念头。

我开始注意收集资料，同时也接触了几位热心徽商文化的人士。2011

年初夏，在一次与我的好友、北京市丰台区区长冀岩和徽商文化研究者沈基前等的会面交谈中，了解到安徽每年都在举办徽商大会，他们很想在大会开幕之际编撰出版在历史上有影响的徽商人物的传记。我随即请他们看了汪宽也生平简介和上海布业公所纪念碑缩影复印件，引起了他们浓厚的兴趣，提出请马鞍山市人大常委会秘书长王兴无策划，由传记作家言行一执笔，赶在徽商大会前完成汪宽也先生的传记。这正是我多年的心愿！

本书作者言行一，本着严谨的治学态度和尊重历史的精神，以极大的热情，对汪宽也先生的生平进行了广泛的史料考证和多方面采访，其间得到了安徽省休宁县地志办主任汪顺生和汪宽也先生后代汪光炜、庞乾椿的支持、帮助，历经寒暑，获得许多第一手资料。作者夜以继日，勤奋写作，使这部史料翔实、脉络清晰、描写细腻、人物栩栩如生的传记《近代徽商汪宽也》如期出炉，真实记录了一位一生恪守诚信，具有卓越人格魅力，信奉乐善好施，坚持以义取利的近代儒商形象。通过对汪宽也先生一生故事的叙述，读者也可以仔细寻觅清末民初时代的徽商踪迹，感受到一段难以忘怀的近代中国城市和乡村的政治、经济、社会发展历史。

汪宽也先生，生于公元 1866 年，卒于 1924 年（农历甲子年腊月，公历 1925 年 1 月）。他出身于读书人家，父亲是当地公推的“学长”。十四岁时，他远离父母去上海祥泰布庄学生意。他一生勤劳、善学、执著、诚信，无论是当学徒，任经理，还是在任布业公所总董期间，对土布行业倾尽心力，为民族工业奔走呼号，为农民谋生计，至今对人们仍有许多教益。

一是为“发展农业，土布免税”而努力奋斗。清朝末年革命烽火四起，民国初年战乱不断，苛捐杂税奇多，官员责令布商出运输费名曰津贴。汪宽也先生视津贴为苛政，为之抗争，最终迫使清廷和民国政府撤销积年弊政。他创议免除厘金税，坚持布业非减轻负担不能发展，全国布商闻风响应，他案头相关的公文、信函累积有一尺多高，终使免税成功，后又延长免税期限多年。浙奉战争期间，当地百姓房屋倒，纺车毁，田地荒芜，民不聊生。在这种情况下，汪宽也先生提议提高布匹收购价格，呈文为百姓请免布税，以赈恤灾民。为发展农业，他决定在同业中集资补贴给织布的乡民，“俾使回里，仍事耕织”，这些措施，不但让百姓得以喘息，布业经营也相对稳定下来。

二是坚持质量标准和优质品牌理念。汪宽也先生任上海祥泰布庄经理后，便开始推行合同销布模式，规范了祥泰土布标准，严格了技术和质量标准，无论是经纬纱、支数、幅度、长度、紧密度，还是外观和包装，都有统一规定。他还创意打造出专属于本号商标的“祥泰牌”毛蓝布及头巾、被单、青花蓝布帐等系列产品，不仅以质优价廉行销全国，还将市场拓展到东南亚和欧洲。担任上海布业公所总董后，汪宽也先生的这些经营管理理念，在上海土布行业进一步发扬光大，从而对土布行业的发展做出了巨大贡献。

三是具有爱国爱业的宽广胸襟。面对西方资本主义经济向中国的挑战和侵入，汪宽也先生除了自身调整产业以应对外，对其他民族工业企业无不给予关怀和支持。在汪宽也经营祥泰布庄所属的两座钱庄期间，偶遇无锡工商界巨头荣宗敬、荣德生兄弟因开办面粉加工厂资金匮乏遍寻资金无着，出于爱国热忱，他毫不犹豫地为荣氏兄弟奔走、斡旋，从祥泰的两座钱庄贷出十万银元，贷期三年，立解荣氏兄弟燃眉之急。后贷款到期无力偿还，汪宽也又放宽贷款期限至十年，使荣氏兄弟的企业得以宏图大展。这一情节，充分表现出汪宽也先生的宽广胸襟。

《近代徽商汪宽也》一书即将付梓出版，通过这部人物传记，读者可以了解到这位近代儒商身上所展现的崇高思想、品德和人格，从中得到共享，这也是我的希望。

二〇一二年三月二十日于北京

目录

贰 上海，一位土布商人的故事

叁 甲子悲情

引子

徽州，位于安徽省西南部，简称“徽”，古称歙州，又名新安。宋徽宗宣和三年（1121），改歙州为徽州，从此历宋、元、明、清，统一府六县（歙县、黟县、休宁、婺源、绩溪、祁门）。目前，婺源归江西，绩溪划宣城，其他诸县为1987年由徽州地区改建的黄山市所辖。徽商，即特定时期从徽州走出去的商人，这个特定时期大体可分为南宋兴起、明清兴盛、清末民初衰落等几个阶段，约五百年之久。

徽商分为“儒贾”和“贾儒”。借着经商的名义从事文化与教育，称之为“儒贾”，表面从事文化传播而实际做生意，则叫“贾儒”。或者是具有较高文化程度的商人，或者是具有一定经商才干经验的文化人，显示了徽商的特色：贾儒结合、文商交融。

山多田少的徽州

中国地大物博，各路商人众多，为什么独独皖南的徽州会出现贾儒结合的“徽商”，并发展成为明清时代中国规模最大的商帮呢？

古徽州所属六县，地形地貌几乎如出一辙：放眼望去，青山茫茫，无数溪流于青山中奔腾而出，天下最著名的黄山也在其中。从旅游的角度看，山清水秀，云雾缭绕，是个很不错的地方，历史上有多少诗人和画家在徽州流连忘返，从而创作出无数传世佳作。

徽州的黎民百姓不是偶然路过的诗人或书画家，他们的第一需要是吃饭穿衣。可是徽州山多田少，“七山一水一分田，一分道路和庄园”。即使其中的“一分田”，也多是山地，土质差，面积大小不一，长长短短、高高低低，水利灌溉无保障，不适合耕种庄稼，尤其是不宜种稻米。农民种的玉米，丰收之年，亩产一两百斤算好的了，收成抵不上苏浙荒年产量的一半。碰上几个月不下雨，或山洪暴发，颗粒无收不足为奇。

然而，就是这样的不利生存条件，也没能阻止诸多外来人口源源不绝地移居徽州。

处于江南绵绵大山中的徽州，在战乱频繁的古代中国，竟然成了躲避战乱的“避难所”。中原历来为政治和军事是非之地，违抗君主旨意的叛逆者、宫廷政变失利或军事政变失利者，面对诛连九族的灾难，被迫拖儿带女逃亡避难。逃亡者自中原向南方逃跑，越过长江天险后再行十天半月，便进入犹如迷宫般的徽州群山。这样的迁徙，每次中原战事、动乱之后都会出现，西晋的“永嘉之乱”、唐末的“安史之乱”和北宋的“靖康之变”，其后均引来移民高潮。一拨拨面容憔悴的中原世家大族扶老携幼，从北方匆匆忙忙地走进群山环抱中的徽州。徽州人对于落难者以诚相待，帮他们解决米和柴，还帮他们开荒种田，一代又一代，流亡者慢慢成了“老徽州”。

外来人口数次大规模迁入，再加上本地人口自然增殖，使徽州的总人口急剧增长。徽州本地粮食只能维持所需的三分之一，还有三分之二要靠粮贩从外地运入。明清交替之际，缺粮问题更加严重，运米的船只一天不到徽州，有人家中无米可煮；三天不到运米船，路边会有饿死的人；要是七八天米船不到，街头就会发生抢夺食物的事情。即使粮商的运米船能够及时运到，米价十有八九暴涨，百姓买不起。缺钱，成了众多徽州人生存的症结。

清人洪玉图在《歙问》中说：“歙山多田少，况其地瘠，其土骍刚，其产薄，其种不宜稷粱，是以其粟不支，而转输于他郡，则是无常业而多商贾，亦其势然也。”在这种情况下，徽州人开始反思：与其一窝蜂地挤在徽州山中坐以待毙，还不如走出徽州，去寻找经商之路。同时，明代中期，毗邻徽州的苏浙已经逐渐成为中国最富裕、商品经济最发达的地方。徽州山地多产良材，又是重要的产茶区，漆、纸、墨、砚等土特产也名声在外，为什么不去利用这些有效的资源呢？于是，徽州人开始脱离“农桑”，走上“以贾代耕”的道路。

在历史与环境的逼迫和催化中，以木、茶、盐和典当为主业的徽商应运而生。

靠山吃山，徽州得天独厚的自然环境，造就了吃苦耐劳的木材商。

徽州地处万山丛中，大自然赐给徽州人山林竹木之利，杉树、楠树、樟树、青檀、杜仲和毛竹，满山遍野，茁壮成材。徽州产的杉木，木理通直，坚韧耐腐，是上等建筑用材，毛竹也是建筑和编织的好原料。每当冬季来临，新兴的徽州木材商便组织农民入山伐木，待到梅雨季节，将无数木料和毛竹扎筏，利用河水涨泛的力量运载出山。或由新安江运到杭州；或由青弋江流入长江，运到芜湖和南京；或由阊江流入鄱阳湖，进入江西。木材销完之后，再把大量的粮食和布匹运回徽州，又赚一笔钱。一根上等大木料出山时不值一钱银子，而运到浙江后就能卖到二两银子。除去关税、运费，至少还有十倍的利润。据称，杭州候潮门外，徽商用于堆放木材的场地曾达到 3600 亩，其弃船登岸处被称为“徽州塘”。

江中财源滚滚来

经营木材生意是一件非常不容易的事。上好的木材大多生长在深山老林中，道远山深，采伐困难，采伐后运送下山也十分艰难，水漂的过程充满危机，一不小心出了人命，商人就会受到巨大损失。但是，木材经营的巨大利润，仍使众多的木材商铤而走险。

茶叶，是徽州特产，徽商的眼睛自然不会放过茶叶生意。从明代起，徽州商人开始走向全国，四处经营茶叶。诗人白居易在他的《琵琶行》中就有“商人重利轻别离，前月浮梁买茶去”的诗句。诗句中的“浮梁”，即原属于祁门县的产茶重镇，这说明，早在1100多年前的唐朝，祁门茶叶就已经卖到了皇家驻地长安。

徽商经营茶叶的形式有四种：茶号、茶行、茶庄和茶栈。茶号相当于茶叶精制厂，商人从农民手中收购毛茶，运到茶号内进行精制后运销；茶行类似于牙行，代替茶号进行买卖，从中收取佣金；茶庄乃是零售商店的模式，以经营内销茶为主，也少量出售外销茶；而茶栈一般开设在上海、广州等具备外销口岸的城市，主要是向茶号贷放茶银，介绍茶号出卖茶叶，从中收取手续费，有时候也会将茶叶销到外国商人手中。

徽商茶庄所经营的茶叶，在明代即运销到今天的北京、天津一带，之后遍及东北、山东、河南、江苏、浙江和上海。到了清代乾隆年间，徽商茶庄星罗棋布，大量销售松萝、大方、毛峰、烘青、炒青等数十种徽州茶叶。1840年鸦片战争后，徽州茶叶交易慢慢转移到上海。到清末民初时期，婺源、休宁、歙县三县的茶叶通过新安江运到屯溪，茶商纷纷在屯溪设立茶号，精心研制的“屯绿”在国内一路畅销，后销往欧美等国。1920年，屯溪“屯绿”品牌茶号达109家。

徽商的第三大行当是盐业。徽商主要从事的木、茶、盐、典当四大行业，获利最大的就是盐业。徽州人涉足盐业，从明初开始。明朝推翻元朝之后，为防止元朝残余势力侵扰，朱元璋在北方边疆建立了若干军事重镇，派去了大量人马驻扎守卫。当时明王朝国库财力不足，为了解决数十

清代制茶图

万人马的后勤供应，朱元璋便采用“开中制”，让商人们把内地的粮食运到边防，然后官府付给商人“盐引”。这种“盐引”，相当于官方制作的“盐票”。盐是国家的重税商品，一向由官方严格控制，私自运盐、贩盐违法，抓住要治罪。而手中有了官府发给的“盐引”，意味着允许他们可以通过出售“盐引”从事盐的生意，无贩卖“私盐”之嫌。

利用“盐引”赚取差价，对于商人来说是千载难逢的发财机会。自此，一部分徽商为利益所驱，全力以赴地做起了盐的生意。到了明末清初时期，徽州的盐商们已形成集团，控制了淮盐的产、供、销特权，从中攫取的利润十分惊人。以每引三百斤，销盐一斤获利三十文钱统计，那么销盐一引，就可获利纹银九两。以淮盐每年销售量一百四十万引计算，利润就有一千二百多万两。

独家经营的高额利润，对徽商产生了巨大的诱惑力，明嘉靖至清乾隆期间，80 名在扬州做盐生意的客籍商人中，徽商就有 60 名，占了总数的四分之三。浙江的 35 名客籍盐商中，有 28 名是徽商。可见徽州盐商在盐业界所占的比重非同一般。歙县人江春，乾隆时期成为两淮八大总商之首，深得皇帝器重。乾隆六下江南，接待承办之事均由江春一手筹划张罗。扬州至今还流传着“一夜造白塔”的故事，该故事出于《清朝野史大观》。乾隆第四次下江南时，在瘦西湖游览，船到五亭桥畔，他忽然对扬州陪同官员说：“这里多像京城北海的琼岛春阴啊，只可惜差一座白塔。”第二天清晨，皇帝开轩一看，只见五亭桥旁一座白塔巍然耸立，以为是从天而降，身旁的太监连忙跪奏道：“是盐商大贾，为弥补圣上游西湖之憾，连夜赶制而成的。”据说，是八大盐商之一的江春用万金贿赂乾隆左右，请画成图，然后一夜之间用盐包为基础，以纸扎为表面堆成的。尽管只可远视，不可近攀，但乾隆不无感慨地说：“人道扬州盐商富甲天下，果然名不虚传，盐商之财力伟哉。”1784 年，乾隆第六次下江南，亲自召见了江春，这成为徽商荣耀的代表事件。乾隆五十年（1785），江春等盐商献出银子一百万两，以示庆贺乾隆登基五十年大典，江春受邀赴千叟宴，与皇帝同饮，授锡杖，其荣耀达极致。

徽商的第四大行当是典当。典当行风险小、获利稳、税额低、易获暴利，已是公开的秘密。一些商人在做木材、茶叶生意获得一定利润之后，就想寻找一条更容易发财的捷径，其中之一便是经营典当。徽商开设的当铺，一度遍布大江南北。在旧上海，典当业几乎是徽商

传说中江春一夜造出来的扬州白塔

垄断的行业，当铺押肆随处可见，清末上海 69 户典当行，徽商所开有 30 户，占总数的 43%，一人开设二三号典当铺者不足为奇。

以上所说，是四百多年间徽商主要从事的四大行业。其他如粮、油、土布、麻、丝绸及百货生意，徽商都做，不少徽商兼营各类商品。

徽商吃苦耐劳，不仅在创业初期做到紧衣缩食，就是在初步发财致富后，也不会大吃大喝浪费钱财，仍以节俭为荣。许多徽商开始做生意时，看上去蓬头垢面、破衣烂衫，他们背着布袋走遍各地，布袋里装着充饥的徽饼，还有绳索。徽饼可以当饭，绳索的作用是什么呢？说起来这是徽商的成规："出门三条绳，万事不求人。"行囊散了或者是扁担断了，都得用绳索捆绑，生意做得不行，血本无归、走投无路时，可以用它来上吊自杀。由此可见，做徽商无异于生死搏斗，不仅要能够吃苦耐劳，而且还要有破釜沉舟、战死商场的决心和意志。

有资料说，徽商鼎盛时期，曾掌握了整个中国资产的七分之四。作为明清时代中国商帮中最著名的徽商，其主要经营特色是什么呢？

一是持价平实，薄利多销。徽商认为：一味抬高价格，是目光短浅商人的经营之道，而持价平实，坚持薄利多销，以正当的手段获取合理的商业利润，才是长久之计。

二是以仁爱之心对待顾客，确保商品质量，不做假冒伪劣之事。在经营中，如果徽商发现自己进了假货，或者发现货物变质霉烂，宁可自己亏本，也要把假货和变质霉烂之货做销毁处理。明正德年间，安庆、潜山、桐城一带发生灾荒，粮价暴涨。从事粮食经营的休宁商人汪平山，不但没有借机高抬粮价以谋暴利，反而把库存谷物全部借给了无钱买粮的穷人，也不要他们付利息。清代汉阳饥馑，休宁人吴鹏翔恰从四川贩运来大米数万石，他将粮食全数按平价卖给百姓，使百姓度过饥荒。徽商通晓大义，终为自己赢得了宝贵的信誉，进而开拓了稳定的市场。

三是重承诺，守信用，以信接物。不管是借贷银钱、收取存款，徽商都能做到守信不渝，因而无论官府衙门、朝廷官员，还是地方士人、百姓，都乐意向徽商提供贷款，或者将存款交给徽商经营生息。清代有个名叫汪源茂的徽商，有朋友将几百两银子存在他店内作为资金以生利息。不久，这位朋友突然因急病身亡。店中的伙计和那位朋友的家人，均不知其存银之事，但是汪源茂不因朋友暴亡、他人不知情而私昧，而是将几百两银子如数交付给朋友的儿子。

四是注重文化沉淀，向往由商入仕。徽商与其他商帮的最重要区别，是重视对文化的学习，爱读书的人比比皆是。很多徽商一生的奋斗目标是读书、入仕做官，这个愿望，如果自己这一代实现不了，便要寄希望于自己的后代去完成。明代歙县商人郑孔曼，出门经商第一件要带的东西就是书籍。他每到一个地方，空闲时间就是读书，而且抽时间访问当地的文人学士，与他们结伴游山玩水，吟诗作文。休宁人汪应诰，出身于盐商世家，四书五经无所不通，对《通鉴纲目》等典籍研究很深。传说他商务空隙间，读书常常读到如醉如痴的程度，有时甚至能在书房中整整坐上一天，专心致志地研究学问。一次，有人临科考试茫然不知论题出自何处，听说汪应诰有学问，便向他来讨教，他即能告诉询问者此题出于何处。询问者回去翻书，竟然丝毫不差。黟县商人胡春帆，每到一地，必先到书市，一买就是几十本，以至于每次换做生意的地方，都要装运大箱大箱的书籍。后来这个人成为徽商中的富商，但却保持着徽州人祖辈传统的节俭美德，全家老小不着锦衣，不吃美食，唯有买起书来从不怕花银子。

徽商初起于南宋，明时已与晋商平分秋色，至清代跃升为中国商帮之首，活动范围东抵淮南、苏浙，西达滇、黔、关、陇，北至辽东，南到闽、粤，甚至更为辽阔的海外市场。其资本之巨、人数之众、活动区域之广、经营行业之多、能力之强，都令人叹为观止。

及至清末，徽商渐倾没落。

没落原因之一，官府政策变革和调整，阻止了徽商发展。清道光十一年（1831），时任两江总督的陶澍看到盐商获取的巨额利润已威胁到国家财政，便对盐政实行改革，推出了专门制约盐商的“票法”，只用了六年时间，不但让官府过去亏欠商人的数千万两银子一笔勾销，还使官府增加了千万银两的收入，使徽人盐商受到沉重打击。清咸丰三年（1853），朝廷允许发行纸币，这对经营钱业的徽商造成强烈冲击；同年，朝廷实行“厘金”，各地税卡林立，长途贩卖的徽商赚钱越发不容易。康熙和乾隆年间，朝廷开始对典当商查禁重利，后又增加了“典税”，导致许多徽人典当商关门歇业。

没落原因之二，外来势力的侵入，给徽商树了劲敌。鸦片战争造成的五口通商，使资本主义国家舶来品倾销中国，徽商经营的手工业品，如传统土织布，最终敌不过外商用机器生产的洋布；就是独成一家的徽墨，也受到西方舶来品钢笔和墨水的沉重冲击。同时，大量洋商进入中国，国内买办阶级的出现及其与官绅的勾结，成了徽商的宿敌。1881 年，著名的红顶徽商胡雪岩集所有资金囤积蚕丝与洋商决一死战，最后以惨败收场，象征着徽商走到历史的尽头。

没落原因之三，忽视时代变化，忽视对新产业的培育，不思变革。徽商长期拘泥于封建落后的经营方式，自我削弱了市场竞争力，在与新兴的福建、广东、江苏和浙江四省商帮的竞争中，由于经营方式老化而逐步被压倒。同时，徽商发财致富后，往往不去继续扩大经营规模或投资工业，而多回故乡大兴土木建造高屋华府和楼堂馆所，从而消耗掉好不容易积累起来的资金，无法形成新的生产力。

没落原因之四，战乱干扰。咸丰、同治年间，徽州本地战乱达十年之久，开始是团练的输捐和搜刮，后来是曾国藩督师祁门又纵兵大掠，使徽州全郡财富扫荡一空。太平军与清军相互攻防争夺中，激战不断，残酷地焚、杀、掠、掳，尸首遍野，庐舍为墟，徽州遭受到自古以来罕见的战争灾难，从而严重摧残了徽商的人力、物力、财力。

清代徽商老宅气势不减当年

没落原因之五，少数徽商穷奢极欲，加剧了自己的没落和衰亡。清代扬州的徽籍盐商牟取暴利后，不少人寻欢作乐、挥金如土。那时，他们竞相建造豪华的宅第和精致的园林，夏天是冰绡竹簟，冬天是锦幕貂帷，酒宴达旦，歌舞升平，真可谓“穷耳目之好，极声色之欲”。盐商家里成立戏班，征聘四方名伶，演戏一出，赏赠千金，仅供家宴演出，每年就得花几万两银子。盐商蓄养奴仆成群，居家“金钗十二，环侍一堂”；出外“仆从如烟，骏马飞舆”。徽籍盐商们的奢靡之风，隐藏着衰败和灭顶之灾的危机。雍正初年，胤祯曾谕旨各省盐官，要他们“约束商人，崇尚节俭”。然而，封建社会的本质决定了徽籍盐商的命运，腐化奢靡的风气不但没有制止住，而且愈演愈烈，直至最后大业轰然倒塌。从乾隆年间扬州盐商的全胜，到嘉庆初期的急剧衰落，仅仅二十多年。徽籍盐商垮台如此迅速，连当时的盐法大臣也惊呼“没有估计到”。

徽商是封建时代经济的产物，历经了漫长的五百年，曾为封建经济的发展起到很大的推动作用，但由于没有适应社会的发展，当中国社会进入半殖民地半封建阶段时，它的衰退已是无可避免。

壹

休宁少年郎

一

祖孙情深

1880年深秋，从古徽州休宁县城北一栋陈旧的住宅大门口，走出一个郁郁寡欢的少年，他背着简单的行装，跳上一辆马车，回过身来，向祖父、母亲和其他的亲人挥手作别。

陪同这个十四岁少年坐上马车，并一直送到屯溪新安江码头的人，是他的父亲，休宁城无人不知的“学长”汪仁徵。而这个少年正是要到上海祥泰布庄做学徒的汪宽也。

汪仁徵所办的私塾，在休宁县城七八所私塾中，是很有名气的，所教的十几个孩子，也都比较有出息。由于汪仁徵十分热心教育，众私塾和社会各界一致推举他当了休宁县城的“学长”，行使指导和协调初等教育之责。

身为休宁“学长”，却让儿子弃学经商，到很远很远的上海当学徒，说什么也不是个滋味，因此，他采取了很低调的方式：不事张扬，也不对任何亲朋好友解释什么。

十四岁的汪宽也，就这么悄悄地离开了故乡，犹如山间的一缕微风，不经意地吹向东方。

山风中，人们仿佛依稀听到一首古老、悲伤而无奈的徽州歌谣：

前世不修，生在徽州。十三四岁，往外一丢。

初起于南宋，从明朝中期蓬勃兴盛的徽商，及至清末，历经近五百年。

汪宽也出生于1866年，从1880年起到1923年，他为上海祥泰布庄奋力打拼，期间的四十三年，恰恰是中国土布在洋纱、洋布和机制布的双重压迫、挤兑下迅速崩溃的时代，也是近五百年徽商最终走向衰落的时代。

汪宽也，名声洪，自幼聪明，五六岁时开始在祖父汪作墉的引导下读诵诗书。祖父十分宠爱这个相貌端庄、聪明乖巧的长孙。汪宽也刚满四岁，汪作墉就教他背诵“白日依山尽，黄河入海流。欲穷千里目，更上一层楼”，背“大漠孤烟直，长河落日圆”，他巴不得自己的孙子长大后能够成为休宁城第一号才子。

身为清末落魄秀才的汪作墉，自幼就记得先辈们的告诫：万般皆下品，唯有读书高。在他的心目中，一辈子做个读书人，并最终挣得个一官半职，那是光宗耀祖的光彩事儿。

是啊，休宁县的读书人谁不知道，仅是清代，本县就出过十多个状元。状元中，光是姓汪的就有康熙时代的汪绎、汪应铨，乾隆时代的汪如洋和道光时代客籍江西的汪鸣相。一笔写不出两个汪，五百年前是一家，他们都是汪氏家族的精英。光绪时代的休宁县，能不能再出一个汪姓状元，似乎谁也说不准了，因为状元毕竟是万里挑一么。

由读书而进入仕途的梦想，汪作墉为之奋斗了一生，最终也没有实现。他不但从未有过一官半职，自己的三个儿子也与乌纱无缘。大儿子以种田为生，三儿子在本城做点小生意，每天清晨到城西河滩去贩卖一些鱼虾糊口，春天到山里倒腾些茶叶，冬天卖木炭之类，最终没成气候，连商人都算不上。说起来，只有二儿子汪仁徵，走的算是读书之路，但数次应考举人，都没有成功，也就没再像《儒林外史》中的范进那样执著地继续考下去了。自小读书，人到中年，种田没有力气，做生意没有本钱。思来想去，不能甩着双手吃闲饭，于是便发挥一技之长，当了教书匠。在老父亲汪作墉的帮助下，觅一处闲房，配上五六张桌子，再弄来十多个板凳，就成了个小私塾。

汪仁徵学问底子好，教书又认真，从他的私塾出来的孩子，和别的私塾教的孩子就是不一样，学问高出一大截。几年下来，汪仁徵开办的私塾便成了休宁县城中的名校，以至到了有口皆碑的程度，许多名门大户人家，争着把自家孩子送到他这儿来读书。看到二儿子当教书先生如此受人尊重，汪作墉在精神上得到了莫大的安慰。

汪作墉特别关心的是，自己最宠爱的孙子，就在汪仁徵的私塾中念书。通过读书做官，这个梦想仍然时时在汪作墉的脑海中萦绕，儿子辈没有做官的料，他寄希望于孙子，如果汪宽也读书能读出个一官半职，自己也就心满意足了。

汪宽也从五岁起，按照祖父的意愿，到父亲汪仁徵开办的“塾堂”读书。塾堂是休宁土话，就是小私塾。汪作墉把汪宽也当做命根儿，虽然让孙儿去念书，但自己一时半刻看不到孙儿，便心里着急。于是，私塾的功课一上完，汪仁徵便吩咐汪宽也先回家陪伴祖父说话。

到了八岁，汪宽也可以背诵《三字经》、《百家姓》和《诗经》的大部分内容，还能背诵出一百多首唐诗宋词，如此一来，更加得到祖父的喜爱，成

清代私塾教学情景

了掌上明珠。

一个春天的头晌，私塾没有上课，汪宽也从外面玩耍回来，口里唱着一支歌子，蹦蹦跳跳推开了大门：

摘茶姐，卖茶郎，
一斤糕，两斤糖，
打发哥哥进学堂，
读得三年书，中个状元郎。
金童来报喜，玉女来送房。
阿姐做新人，阿哥做新郎。

正在正屋沉思默想的汪作墉，听到孙子念诵的民歌，不禁眉头一皱，没等孙儿的人影进入眼帘，便高声训诫道：

“小声洪！你这小孩子是从哪学来的这些歪七歪八的俗诗？书还没读

成，怎么就可以想着娶媳妇呢！我告诉你许多回，自小须读唐诗、宋词、《千字文》、《弟子规》！知道吗？这些书才是做学问的正道！乡下俗语歌谣，不可诵唱！”

听到祖父的严肃责备，汪宽也吐了吐舌头，伸长脖子，看看在正屋端坐的汪作墉，赶快应道：“噢，是了，爷爷！”随即开始张口念诵早已倒背如流的《弟子规》：

“凡出言，信为先。诈与妄，奚可焉。话说多，不如少。惟其是，勿佞巧……”

汪作墉：“停！你说说，这句讲的是什么意思？”

汪宽也：“这句说的意思是，为人说话要守信用，做不到的事情，不要许诺。说话也要说有用的话，少说废话，而且不可油腔滑调……”

汪作墉：“嗯，大差不差。接着背，人有短——”

汪宽也：“人有短，切莫揭。人有私，切莫说。道人善，即是善。人知之，愈思勉。”

汪作墉：“说说这句讲的什么意思？”

汪宽也：“是说不要在背后说别人的过错和短处，多说别人做过的好事，别人知道了，自然会改正自己的不足之处。对吗，爷爷？”

汪作墉：“嗯，孙儿回答大差不差。凡取与——”

汪宽也：“凡取与，贵分晓。与宜多，取宜少。将加人，先问己。己不欲，即速已。恩欲报，怨欲忘。报怨短，报恩长。”

汪作墉：“说说这句话的意思。”

汪宽也：“这个……大概是说碰上什么好处的时候，让别人多得到一点，自己少得一点没有什么关系。还有，别人对自己做过的好事，自己要记得，别人对自己的怨恨呢，要学会不必介意，千万不要耿耿于怀。”

很快，汪作墉眉开眼笑了，他表扬汪宽也道：“呵呵，这就对了！孙儿你背诵这些文章诗句，爷爷我呢是最爱听！记得：将来不论做什么，做人和守信最重要。孙儿千万要记住，人生一世，不可做欺诈他人谋利之事。”

汪宽也连连称道：“是的，是的！爷爷的训导，孙儿一定铭记！”

别看汪宽也只有八岁，小小年纪的他也已经有了自己的想法。对于之乎者也之类的文章，在祖父和父亲的教导下，能读能背诵，也能说出其中的意思，但是从内心里，他不喜欢这些词句枯燥的文章。汪宽也喜欢的仍然是市井孩童口中流传的那些歌谣。这些民间的东西，虽然书上没有，但内容饶有风趣，念唱朗朗上口，十分押韵。有一首《骑马过伦堂》，环环相扣，采用左应右和的唱法，一学就会。玩游戏时，汪宽也把小伙伴们分作两拨，自己的这拨由他领唱，对方领唱的也是个精明男娃，两拨娃娃首尾相接，一唱一和，满大街抑扬顿挫的童音绵延不绝：

月光光，斫柴郎。
骑白马，过伦堂。
伦堂铃铛响，金凤银凤对鸳鸯。
鸳鸯对，卖韭菜。
韭菜不曾秧，去家卖生姜。
生姜辣徐徐，去家卖雪梨。
雪梨水渍渍，去家卖畚掇。
畚掇不掇银，去家讨新人。
新人不插花，去家卖冬瓜。
冬瓜一肚子，生个好儿子。
冬瓜水洋洋，生个好姑娘。
姑娘会做花，做枝什么花?
做枝牡丹花，牡丹花上一点油。
观音菩萨坐龙头，龙头龙尾巴，
观音菩萨坐莲花。

在休宁县城的街头巷尾，什么盖房子唱的歌，娶亲唱的歌，汪宽也一听便会。有一首《上梁歌》，他能把歌谣的曲子唱得婉转多变，十分优美耐听：

金斧一动天地开，鲁班先师下凡来。
东家择个黄道日，要做万年大屋宇。
百样材料都备足，今日正上梁栋材。
金斧响到东，文官在朝中；
金斧响到西，福寿与天齐。
上有金鸡叫，下有凤凰啼。
金鸡落地，大吉大利。

对孙子喜欢的这类歌谣，汪作墉不屑一顾地评价说："这哪里是诗？哪里是什么学问？随口编唱的俗语罢了，不可与《诗经》相比。自古以来考状元，可不会考这些乡俚俗语！唯有念好四书五经，作好文章，那才是正宗的学问。"

汪作墉不止一次地告诫汪宽也道：

"你这娃娃，黑发不知勤学早，白首方悔读书迟！别跟外面的娃娃学那些乡俗歌谣。好好念你的正经诗书！书中自有黄金屋，书中自有颜如玉。"

现在，当汪作墉听到孙子朗朗上口地背诵出《弟子规》，还能准确地解释出大意，心里特别高兴。一高兴便说："孙儿，离吃饭还有一个时辰呢。爷爷先给你说个典故如何？"

汪宽也瞅瞅爷爷，皱皱眉说："爷爷，我知道您又要说万知县的故事，您已经给我说了好多遍啦，我不要再听那个万知县！"

汪作墉哈哈大笑起来，他非常喜欢这个孙子的聪颖和爽直，喜欢就是喜欢，不喜欢就是不喜欢，从不会当面说奉承话讨长辈的欢心，从小看八十，长大了一定是个忠厚人。他连忙搬了个木凳，吩咐汪宽也靠近坐下，笑吟吟地说：

“好！好好，今天我就不说万知县了。我给你说戴震的故事吧。戴震是乾隆年间咱们休宁县的大学问家，幼读私塾，读书过目不忘，且善思好问，认真到每个字都要穷究其义。”

汪宽也点头道：“那好吧！就听爷爷说戴震的故事！”

汪作墉说：“这个戴震，不但是咱休宁县历史上最有学问的人，也是咱们全国数得着的大学问家呢！”

汪宽也开心地对爷爷说：“我喜欢听学问人的故事，爷爷你说吧。我好好地听！”他瞅瞅方桌上的紫砂杯，立起身来，端起紫砂杯，到厨房续上水，然后小心翼翼递到汪作墉手上。才想坐下，忽然想起什么，他赶忙跑到后院，把正在玩耍的弟弟汪声渊和汪声潮喊来，一起听故事。

看到汪宽也如此孝敬和懂事，汪作墉喜不自禁，他吩咐孙儿们坐定，开始侃故事：

“爷爷开始说戴震的故事，不许你们插嘴打岔儿！戴震，是一个人的名字，戴，是戴帽子的戴，震呢，雨字头，下面一个生辰八字的辰。”

“戴震此人，天文、地理、历史、数学，无所不通。戴震小的时候啊，那是十分聪明，自幼读私塾，过目不忘，善思好问。不过有时候呢，也像你们一样异常顽皮。九岁的时候，戴震已经在家塾馆念了好几年诗书啦。戴震念书倒是肯下工夫，可就是有个很大很大的毛病……”

说到这儿，汪作墉故意模仿说书先生，停顿一下，卖个关子。汪宽也忍不住插嘴追问道：“大学问家会有什么毛病吗？”

汪作墉瞪了汪宽也一眼，说：“人生在世，都会有毛病！不是说好爷爷讲故事的时候，不许你们插嘴吗？”

“爷爷，您是故意逗我们插嘴的呀，说到要紧之处，您就不说了，怎么能让我们不着急呢？您经常对我们说，学问，学问，一要学，二要问，只有这样，才能成为学问之人。这可是你说过的吧？”

汪作墉哈哈大笑，说：“小声洪言之有理，言之有理！我继续说故事——其实这戴震的毛病呢，论起来，真不能算是毛病，应该是优点。就是他喜欢给教书先生出难题，也就是刁难先生啊。这个戴震，经常提问一些怪异的问题，先生又回答不出来，因为书上没准备那些答案呀。于是，经常让教书先生丢面子。”

汪作墉又停顿住不说了，他喜欢这样逗孙儿们，让他们急一急，问一问，这不但可以加深他们对故事的印象，还可以判断孙儿们是不是在认真听他的故事。

“什么怪异问题呢？”果然，三个孙子异口同声地插嘴了。

“戴震对先生出的什么难题，我看过的故事书上没有说清楚，但下面的故事中有了，孙儿们不要心急。”

“有一天，戴震的父亲散步经过学馆，教书先生顺便向他告了一状，说戴震如何如何调皮，经常提问一些怪怪的问题让他作难。戴震的父亲一听，非常生气——学生能对先生这样无礼吗？简直就是大不敬！于是戴震的父亲虎着脸，令儿子当众跪下，向教书先生赔罪道歉。戴震年纪小，胆子也小，他见父亲发怒，吓坏了，便赶快跪伏在地，一边哭泣一边为自己分辩说：‘父亲！我不过是提问题请教先生罢了，绝没有发难先生的意思。’”

听到这里，汪宽也不由得插嘴说：“是啊，读书读到不明白的地方，提问题出来让先生解答，怎么能算发难呢？”

汪作墉正色道：“不许插嘴，听爷爷往下说——”

“戴震的父亲一听，儿子此话也不是没有道理啊，于是面色慢慢缓和，让儿子站起来。但总要让教书先生下台阶呀，于是，戴震的父亲严厉地对儿子说：‘你说你没有故意刁难先生，难道是先生诬赖你不成？你的学问总不会比先生还要高明吧？那好，今天当着我和学生们的面，请先生考考你到底学识如何？’”

清代大学者戴震画像

汪宽也和两个弟弟不约而同地失声道："这下子糟了！后来呢？"

"先生一听，心中暗喜：戴震呀戴震，你这个小东西！看我如何当着你父之面把你的骄横气焰打下去！"

孙子们的脸上露出紧张的神情。

"这位先生也是有学问的人。他抬头扫了一眼学馆墙壁上挂的一幅仿板桥墨竹，眉头一皱，计上心来，遂以此为题，吟出一幅上联——'画竹终难生笋'。"

凝神静听的汪宽也，认真想了想，不由得轻声道："爷爷，这教书先生出的题果真好厉害！戴震是如何应对的？"

"是啊！爷爷，戴震对出来了吗？"见哥哥插嘴，两个弟弟也耐不住脱口而出。

汪作墉看到孙子们着急的样子，呵呵一笑："孙儿们不要担忧。天下学士，有几个能难倒戴震？教书先生出的上联，委实比较高明，其一，含沙射影地批评戴震自小油腔滑调，不虚心读书，长大后很难有出息；其二，上联确实也属不凡之词，没有一定的笔墨和诗书功夫，很难作出对仗工整的下联——"

汪宽也追问道："后来——"

"谁知戴震转动眼珠，向周围扫视了一遍，恰巧瞅见学馆窗台上放置着一盏油灯，他顿时眼睛一亮，下联脱口而出：'书灯也可开花。'"

"好哉，妙哉！"汪宽也欢呼雀跃道，"这个教书先生不算笨，可是戴震更聪明！"

弟弟们一起欢呼道："这一下，教书先生无法神气了！"

汪作墉说到了故事的结尾：

“那位教书先生一听，顿时窘得满面通红。教书先生这才知道，别看戴震年纪小，不但满腹学问，而且颇有志向。三思之后，教书先生向戴震的父亲拱手道：‘令郎出口成章，将来必是出人头地之才啊，老朽我无用，由我教授诗书，会耽误了令郎前程，您还是另请高明罢。’不论戴震和他的父亲如何诚意挽留，教书先生最终不愿再为戴震之师。收拾好他的书本和戒尺，断然辞馆而去。”

孙儿们齐声欢呼，为戴震的最后胜利兴奋不已。

听完了故事，声渊和声潮依旧跑回后花园玩耍去了。汪作墉却见汪宽也仍然托着下巴坐在那儿，悄不作声地在发呆。汪作墉不由轻声问道：

“小声洪啊，你又在想些什么呢？”

祖父的这一问，汪宽也忽地回过神来，喃喃道：“爷爷，我在想，这教书先生，他是走了好呢，还是不走的好？”

“哟？那你说说看，教书先生到底应该走呢，还是应该留下来？”

“依孙儿之见，这教书先生的毛病就是太爱面子。不就是一副对联吗，其实这有什么呢。再说，教书先生的上联出的也有学问。我觉得他还是个挺好的教书先生嘛。”

汪作墉心中一喜，咦，这个孙子倒是很有自己的见解啊。不过，按照祖宗流传下来的常规做人之理，他仍然训诫汪宽也说：

“许多做人处事的道理，你年纪小，还有所不知。君君、臣臣、父父、子子。自古来，君要臣死，臣不得不死；父要子亡，子不得不亡，这是规矩！虽说现在不会这样严厉了，可君臣间、父子间的上下秩序，是不可颠倒和违逆的。师生间也是如此，一日为师，终身为父。臣不可言君之过，子不可论父之错，师生亦然。想想看，教书先生出的上联，竟然没有难倒一个九岁的孩子，他这教书先生如何继续做得下去？”

汪宽也哈哈大笑道：“所以最后教书先生只有溜之乎也！依我看，教书先生是不应该走的，他留下来继续和戴震一起研究学问才对。”

“你说的么，听起来是有些道理。不过呢，先生和学生平起平坐，不要说在一百多年前是不可能的，就是放到现在，怕也行不通噢！因为戴震的才华伤了教书先生的脸面啊，所以逼得先生非走不可。这个教书先生辞馆离开后不久，戴震的父亲又请来个年轻的教书先生，结果没有多少日子，又让戴震的提问给难住了，不过这个年轻的教书先生倒不介意学生的提问。戴震读书，短的文章看一遍就能背下来，有时候一天可以背几千字的文章。因此这位年轻教书先生很喜欢戴震。当教书先生教到《大学章句》中‘右经一章’的时候，戴震问教书先生：‘这凭什么知道是孔子的话，而由曾子所记述?’ 年轻教书先生回答说：‘这是朱文公说的。’戴震马上追问年轻教书先生：‘朱文公是什么时候的人？’年轻教书先生回答说：‘宋朝人。’戴震问年轻教书先生:‘曾子和孔子是什么时候的人？’年轻教书先生说：‘他们俩是周朝人。’‘周朝和宋朝相隔多少年？’年轻教书先生说：‘差不多两千年了。’戴震问教书先生:‘既然这样，那么朱文公怎么会知道周朝的事情？’年轻教书先生没有什么可以拿来回答，于是对戴震的父亲说：‘你的儿子不是一个平常的孩子。’”

听祖父说的这第二个故事，汪宽也非常开心，说：“这个年轻的教书先生倒是真的应该离开的呀，他自己对历史都是糊涂的，只知道照本宣科，怎么能做戴震的老师呢？”

汪作墉隐约感觉到，孙儿汪宽也倒是个很有主见的孩子，或许将来会成为像戴震那样的大学问家。不过继而他摇摇头，暗自苦笑一下，自言自语道：“汪家家道中落，孙子的书究竟能读到什么时候，都很难说，嗨，还是不要做那个美梦了吧。”

正在这时，“学长”汪仁徵从学塾办完事情后匆匆推开了大门跨进院子。汪作墉对汪宽也说：“声洪，你父亲回来了！”

二 家道中落

说到汪作埔和汪仁徵父子，休宁县治所在的海阳镇，可谓家喻户晓，妇孺皆知。但是，真正了解汪氏家族根梢源头的人却不多。这是因为“汪”不仅乃休宁第一大姓，在整个徽州，汪氏也是家族如云。休宁县姓汪之人比比皆是，且并非一个祖先，七枝八杈从远古繁衍到现在。绝大多数汪姓人家对自己的祖先都已经说不清楚来龙去脉，更没有那份闲心去过问别的汪姓家族的根根梢梢了。

从汪宽也的二弟汪声潮的后代中查考到汪作埔家族的蛛丝马迹，汪氏的繁衍，竟然与唐末五代时的迁徙有关。据《休宁名族志》中的“吴氏宗谱”记载：唐代朝廷中有一侍臣，名叫吴少微，不知道犯了什么过错，受到朝廷严厉处罚。吴少微担心家族受到株连，于是携带妻儿千里迢迢躲避到徽州休宁，从此未敢再回长安。吴少微先是寄居在休宁城北瑞芝坊，为了后代的安宁，让儿子入赘于凤湖村一汪姓人家，做了上门女婿，所生子女皆以汪为姓，从此成了休宁一汪。

吴少微，唐代文学家。新安（今安徽黄山休宁）人。字仲材，号遂谷。生于唐高宗龙朔三年（663），卒于明皇天宝八年（749），与夫人朱氏合葬于休宁石叶山（后改名为凤凰山）。追溯汪作墉家族的祖先，最早应是唐朝侍臣吴少微。

汪作墉家族的祖先，原居住在距休宁城西一里路处的凤湖村。

据汪氏目前所存世谱记载，从1800年左右第十七世孙汪国柱，到2012年止，这支汪氏，已经繁衍到第二十五世孙。其间九代人繁衍生息了约二百年。如果汪氏祖先确属迁徙休宁的吴少微，即使是唐朝末年，至今也已经有1100多年时间，按照二十五年一代，总计应繁衍40—45代子孙。

这样一来，不仅排序第一至第十六代的子孙，汪氏家谱没有记载，就是第一代之前大约二十代子孙，也已湮没于漫长时光的浓雾之中，成为千古之谜。

现在从有据可查的汪氏第十七世孙汪国柱起，说说汪作墉家族。

汪国柱，字廷佐，凤湖人，后迁居城南，任职候选州同。汪国柱少年为孤，出身极贫寒，成年后经过努力奋斗，家境开始转为富裕。此后乐善好施，嘉庆年间，休宁逢灾荒，汪国柱捐白银八百两以赈灾。同时，对于休宁文庙、城内排水沟渠、凤湖街南门正街、南城外大路等十多处修缮、修建工程，汪国柱均热心给予资助。

由于汪氏家中人口众多，汪国柱在休宁南街建造了一座很大的住宅，取名“乐园”。汪国柱有五子，长大后，均成家立业。大儿子的后代外迁，大部居住在汉口；二儿子的后代，一支外迁到潜山县，一支定居在休宁城内；三儿子的后代，一支定居休宁县城，一支居南乡钟泽、江村和孝塘；

四儿子的后代，原住在商山，后散居省外；五儿子的后代定居休宁。汪家氏族第十八世孙汪作墉，究竟是汪国柱的哪个儿子，无从查考。

《休宁名族志》记载，自十七世孙汪国柱之后，汪氏家族历代“以诗礼承家，文人高士，抱节明经，代不乏人。有以计然致富者，有以盐筴起家者，连檐比屋，皆称素封，至于成均之俊乂，庠序之贤良，济济多士，彬彬群英，行将为庙廊重器，振大家声，诚望族也”。汪氏家族中，有读书做学问的，有为人出谋划策的，有做卖盐生意的，有种田的，也有读书成名做了官的。做官的人中，级别最高的是以“乡贡”资格做了四川绵竹县尹的汪引之。以数量看，文化方面的人才多，有获“太学国学上舍”称号的汪文焰、汪文烛等 15 人；有获“文学庠生”称号的汪扬清、汪道昕等 11 人；有获“赀级”称号并做下级官员的儒生汪子受等 3 人；还有获“乡宾庠生”称号的汪文炜。这证明汪家世代多是饱读诗书之人，可称为知识分子家族吧。

十七世孙汪国柱，不但是一个家境相对较宽裕并十分重视教育的读书人，而且也是位热心帮助贫寒子弟攻读诗书的善良之人。虽说休宁山地瘠薄，老百姓生活贫苦寒碜，有志于读书之人却是不少，一定是感觉只有用功读书走科举之路，才能改变自己命运的原因吧。然而赴省、赴京考试，路途遥远，花费颇多，出身贫苦人家的寒门子弟往往力不从心。自清初始，休宁县的官府和富户对参加科举考试的贫寒子弟多出资相助，这是当时社会倡导的善行。

清康熙十四年（1675），休宁县监生程子谦，捐白银三百两修缮休宁学宫，又捐白银一千两购田，以田租资助参加科举考试的学生作盘缠，从而为他人做出了范例。到了嘉庆十二年（1807），担任休宁候选州同和职监职务的汪国柱，重教敬学，极为热心教育，他在为海阳书院捐办学经费一千两白银的同时，又捐白银五千两，存入休宁 35 家典铺，以所生利息作为休宁学子参加考试的费用。由于五千两白银平均分存到35家典铺，尾数不好计算，后来汪国柱又添加了二百五十两银子。为了让这笔资金真正用于资助需要资助的读书人，汪国柱与管理资金的相关绅士磋商，制定了“乡试旅资规条”，对于存入休宁县各典铺的本金管理，以及利息的计算、提取和使用，都作了严格规定。

“规条”共十条，其中首条曰：

> 本县职监汪国柱捐输本邑士子乡试盘费生息，九五平九六色本银五千两，遵发典商领运。查休邑典铺现开三十五典，照捐分领，均有零尾。今该职监加捐银二百五十两，连前共捐银五千二百五十两，业据各典分领，每典领去银一百五十两，照海阳书院规条每周年一分二厘行息，所有息银至乡试之年按季计利，交司事绅士汇收，余非乡试年份存典，不必交付。若有新开典铺，各典将本均派应扣若干付于新典一律生息；若有歇典，将原领本银及该利息一并缴经管书院董事随即分派现在各典领运，总以交接，同时庶无迟延，息亦不缺。

捐助寒门子弟考试盘缠一举，使汪国柱在休宁名声大振。在汪国柱的影响下，其好友、休宁竹林人徐名进，不久之后添捐白银五千两，以表示对汪国柱的支持。

此时的汪国柱，可以称得上是休宁大户人家的读书人，说起来十分体面。谁也没有想到的是，嘉庆之后，汪氏家族开始衰落。十八世孙汪作墉，也就是汪宽也的祖父，虽说也是读书人，但经济方面每况愈下，元气大伤，家境已大不如从前，除了书籍和衣物外，家中几乎没有什么值钱的东西。再加上汪作墉的儿子一个接一个地娶妻成家，于是汪作墉钱财散尽，很快出现了衣食拮据的尴尬局面。

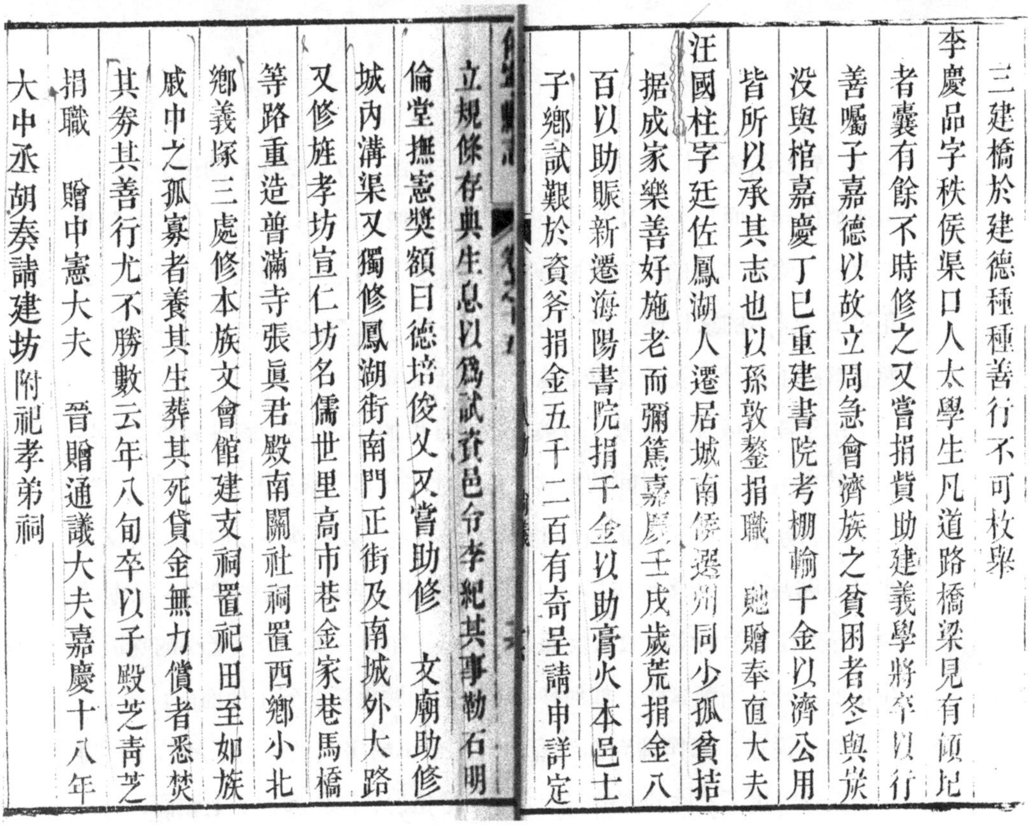
三建橋於建德種種善行不可枚舉
李慶品字秩侯渠口人太學生凡道路橋梁見有傾圮
者囊有餘不時修之又嘗捐貲助建義學將卒以行
善囑子嘉德以故立周急會濟族之貧困者冬與炭
没與棺嘉慶丁巳重建書院考棚輸千金以濟公用
皆所以承其志也以孫敦鏊捐職　貤贈奉直大夫
汪國柱字廷佐鳳湖人遷居城南侯選州同少孤貧拮
据成家樂善好施老而彌篤嘉慶壬戌歲荒捐金八
百以助賑新遷海陽書院捐千金以助膏火本邑士
子鄉試艱於資斧捐金五千二百有奇呈請申詳定
立規條存典生息以爲試資邑令李紀其事勒石明
倫堂撫憲獎額曰德培俊乂又嘗助修　文廟助修
城內溝渠又獨修鳳湖街南門正街及南城外大路
又修旌孝坊宣仁坊名儒世里高市巷金家巷馬橋
等路重造普滿寺張眞君殿南關社祠置西鄉小北
鄉義塚三處修本族文會館建支祠置祀田至如族
戚中之孤寡者養其生葬其死貸金無力償者悉焚
其券其善行尤不勝數云年八旬卒以子殿芝青芝
捐職　贈中憲大夫　晉贈通議大夫嘉慶十八年
大中丞胡奏請建坊附祀孝弟祠

道光三年《休宁县志》记载的汪国柱善行事迹

最终，汪作墉顾不得读书人的脸面，在休宁城北的迪祥湖开办了一家糟房制酒，用现代的话说，就是逼迫之下，下海经商，由“儒”变成了“儒贾”。

糟房在汪作墉的十多年辛辛苦苦打理下，基本上解决了全家人的吃饭和穿衣，还积攒下一些银子，解决了男婚女嫁费用开支。但后来由于修缮房屋，财力破费甚多。不久后，休宁开糟房者又有数家，生意越来越难做。年过花甲的汪作墉感觉身体渐衰、力不从心，不久便闭门歇业，把糟房盘给了别人。

放弃了糟房生意，一家人如何度日？生活的重担照理落在儿子汪仁徵的头上。于是汪仁徵不得不放下读书做官的打算，为了糊口，在城西设立了私塾，接收一些孩子，实施启蒙教授。说来这位汪仁徵倒是十分令人尊敬，他不但认真教孩子们读诗书，而且教他们如何做人。他经常带学生们远足，教授给孩子们许多社会知识。凡是在汪仁徽学塾读书的孩子们，不但成绩优异，而且十分有教养，从而受到县城人的交口称赞。汪仁徽教书的收入，除按当时的行规收取一定的“束修”（钱或以物代学费）外，逢年过节，学生的家长还会送一些肉、鱼、米、油之类以慰问，这样一来，暂且解决了父母、妻子及四个儿子的生活温饱。

由于汪仁徽育人有方，后被公推为县里的“学长”，管理和协调全县学塾教育事宜，随着时间的推移，他的才华尽显、威望渐长。但是，“学长”的职务并非官员，而是民间和半义务性的，要耗费不少时间为大家谋事且补贴甚少，或多或少影响了自己的教书，自己办的私塾学生渐渐减少，导致汪仁徽的实际收入反而有所降低。如此一来，全家老小的吃饭和生活所需开支渐渐紧张，如何挣钱养家的问题重新摆到了他面前。

前面说过，汪作墉弃儒经商，开了个小糟房制酒，由于经营不甚得法，仅仅解决了家庭开支的三分之一。严格说，汪作墉称不上徽商，只是小小休宁县城的一个小作坊罢了。真正能成气候的徽商，其原始资本不是靠家庭原有积蓄，而是靠借贷、变卖家产，或靠母亲、妻子的嫁妆及首饰等筹集，不惜任何代价走出去打拼。可汪作墉下不了孤注一掷的决心，自然也就成不了大气候。根本原因是汪作墉的思想观念没有从根本上转变，本质上仍然看不起商贾之业，所以他开的糟房没有什么拓展，收入只能让全家人吃饱肚子，老小穿衣、孩子们读书，都顾不上。但是，汪作墉的梦想一直不变，在整个清代，休宁县是经常出状元的地方，别人的后代能由读书步入仕途，为什么自己的后代就不行了呢？

因此，汪作墉常常训诫儿子们：

“咱们家只要可以不走，就不要走做生意的路！做生意不但要吃苦，而且让世人嫌弃，无商不奸，无商不诈，商人的名声多是贪婪和无利不图。”

有一次，汪作墉这样说的时候，汪仁徽无意中反驳道：

“父亲，您还是不要这样说吧！您在开糟房的十多年里头，可曾做过欺凌老弱的事情？比如说缺斤短两，比如说在酒中掺水之类，没有吧？可见商人之中善良之人还是有的。不过好事不出门，坏事传千里，一颗老鼠屎坏了一锅汤罢了。”

汪作墉对儿子的话是听一半、拒一半，没好气地回答道：“你的话说得倒是不错。徽州商贾固然多是忠诚老实之人，不欺弱小，然而世上商贾，如徽州人这般老实诚信的不多。既然有那样多的人经常诅骂‘无商不奸’，那一定是吃了奸商之亏，所以商贾中，奸商乃常见之徒。所以，人不到迫不得已，就不要做商贾之事。咱们汪家的先人，读书的多，也有做官之人。因此，汪家的后人还是要继承先祖的传统，以勤奋读诗书为上！”

自然，汪作墉的轻商思想，既不是与生俱来的，也不是从天上掉下来的，而是受自古以来官府和市井对工商业者评价甚低的影响。

在很长的历史时期内，学而优则仕，学问人是最高尚的，而“百工”和“商贾”都在九流之末。官府一直这样宣传，久而久之，影响了百姓，百姓也普遍轻商贱商，明清时代尤甚。明朝初年大名鼎鼎的开国皇帝朱元璋，就曾下过一个相当极端的命令：“农民之家，许穿绸衫绢布；商贾之家，止许穿布。农民之家但有一人为商贾者，亦不许穿绸衫。”瞧，做生意的商人在衣服穿着上，不但他本人受到严格限制，还连累全家不能穿绫罗绸绢，只可以穿普通的土布；而普通的农民倒可以穿绫罗绸绢，商人的地位在农民之下。同时，一户农民家中如果有一人在外面做生意，那这农民全家也要跟着倒霉，只能穿土布衣服。

朱皇帝的意思，就是要大家在大街上一眼可以辨认出谁是商人，谁不是商人，不但让公众鄙视商人，而且让商人时刻须提醒自己：注意啊，我是商人，我可得处处显得低人一等啊。

朱皇帝颁布的这个奇怪的着装规定，确实是过分了，即便是他和马皇后穿的衣服，也要经过商人的运销和衣匠的制作，才能穿到自己身上啊。不过想想，朱皇帝的偏激，有他自己的身世根源：他是农村穷人出身，小时候要过饭，身上肯定穿得破破烂烂不像个人样。他讨饭的时候一定去过做生意的富人家，看到他们身上穿的是绸衫绢布；或者曾经让身穿绸衫绢布的商人歧视和侮辱过。因此，还是穷人时候的朱元璋，对于穿着绸衫绢布的商人，非但不羡慕，倒是产生了强烈的“仇商”心理。后来朱元璋命运大变，当初的讨饭花子当了皇帝，穿上比绸衫绢布还要高级许多倍的锦绣龙袍。但他的“仇商”心理却没有消失，仍然非常强烈，注定了他要报复一把。与以前不同的是，现在他是一国之主，他可以制定政策，贬低商人的地位，将商人踩到社会的最底层，让商人在公众面前难堪，从而向整个商人阶层报了“一箭之仇”。

后来，有一位朱元璋很器重、胆量也比较大的大臣，很理智也很委婉上谏，他劝说朱皇帝：“请陛下不要让做生意的商人如此难堪，官府和百姓，要吃，要穿，军队要粮草，要服装，要旗帜，就是刀枪武器的材料，也要经过商人之手运输和购买啊。”朱皇帝一听，嗯，这个大臣说的确实有道理，虽然皇宫里不需要商人直接把百货杂物送进来，皇宫中有专门采购物品的官员，出去之后还是要让商人解决物资供应的问题啊。于是，朱皇帝不再继续与商人为难，他制定的奇怪的着装规定才有所收敛。但官府的抑商政策仍然一直没有改变，到了清朝，依然把社会分为四个阶层，士排第一，农民次之，三为工匠，四为商人，仍然将商人放在了社会的最底层。

官府都这样鄙视商人，自然影响到市井百姓。于是大家都把做生意的人看成“小人”，社会地位没有了，人人瞧不起。在中国，提到商人，人们头脑中的词句往往就是奸、滑、骗。

明清时代贱商、轻商的传统价值观念，同样无形中给从商的徽州人带来心理压力，使他们内心深处有一种强烈的自卑感。有不少徽商自己吃的是经商饭，却口口声声教育儿子说：“你长大了，要奋发读书啊，千万不要像我这样做生意，会让世人瞧不起。”

可见，在某些历史阶段，徽商的自卑感相当强烈。

“学而优则仕”的道路，在徽州也很难走。读书成功后戴上官帽子的人，毕竟是极少数，而且读书成本也相当高，没有巨额钱财的支撑，书也难以读到底。如此一来，明清时代徽州人多地少矛盾制造出来的严重生存危机，最终逼迫派生了商业扩张观念，使经商从贾成为徽州人求得生存与发展的唯一选择。徽州人面前的唯一选择，就是面对商贾之业建立新的价值观，以对抗传统的“学而优则仕”的观念。

在商贾和文化两个方面，徽州人没有走极端，没有完全肯定商贾和否定读书，从而对传统的价值观进行了折中与调和，提出了“贾儒合一”或“儒贾合一”的思维模式。很多在外面做生意的徽商，学会了把子弟带到身边，要他们在大地方读书，通过科举考试，考秀才，考举人，到京城考进士。因此，徽州商人对教育一向很重视，国有学，州有序，乡有塾，建立了一级一级的学校。乡村里的私塾基本上都是民办的，其中有不少是徽州商人做生意成功后捐资办出来的。

汪作墉偏重于读书，不愿让儿子和孙子去做商人，只不过是重儒轻商传统观念的返祖。汪作墉早年是读书人，后为生活所迫开办过糟房，但崇文重德、尊崇文化教育的思想没有改变。在徽州，像汪作墉这样的人比比皆是——自己读过书，做生意后便希望自己的儿子不再做生意，而是好好念书，最后能挣得个一官半职。

然而，汪作墉的儿子汪仁徵，则不是这样去想了。汪仁徵非常固执地认为，读书能读到做大官的人，确定太少太少了，更多的人是半途而废——读了不少年书，始终也没有做到官。原因很清楚，科举制度是宝塔型的，向往做官的人千千万万，而官位子只有几百个。僧多粥少，大多数的“和尚”要饿肚子。等到功不成名不就，再回过头来到店铺当学徒做生意已经迟了。

从实用主义的角度看，汪仁徵是对的。读书做官无异于用自己的一生去赌博，一旦失败，损失难以弥补。在他看来，儿子汪宽也喜欢读书，粗看来是个读书做官的材料，如果一直读下去，或许有那么千分之一甚至几百分之一做官的可能性——但是这个概率是太小了，希望渺茫，简直就是赌博，要投入一大笔读书的经费，还不知道最后能读出个什么结果。最让汪仁徵头疼的现实问题是，家里没有给儿子继续读书的钱。

如果走做生意的道路，情况会完全不同。汪宽也刚刚十三岁，已经掌握了初步的学问，记账和写信，足够用的了。现在抓紧时间学生意，十年后，则很有可能成为“儒贾”。汪仁徵不是商人，但他对商人形成的轨迹有一定的研究，特别是对明代徽商和晋商进行过反复研究和比较。徽商和晋商在明代中期，实力不相上下，可以说是势均力敌的中国两大商帮。但是，到了明代后期及清代嘉庆、道光年间，两淮盐业中的徽商，如下海蛟龙迅猛发展，而晋商每况愈下，差不多被徽商完全挤垮。是什么原因呢？汪仁徵想来想去，两大商帮的差异还是出在“读书”上。晋商淡薄功名而重视赢利，不重视读书，在他们看来，做生意只要会数钱就行，其他天文地理的知识没有用途。所以山西人让聪明的孩子去当学徒，做生意，而将智商中等的、不太聪明的孩子，做生意脑袋瓜反应不行的孩子，送进私塾去念书。最后的结果是，智力中等以下的孩子才华平庸，读书应试难中科举。而那些没有读书的聪明孩子，也由于缺少文化，做生意的心计跟不上去，不能和上层人物沟通，与水平高的同行难以竞争，最终做不成大生意。徽商呢，差不多都要让孩子从小接受教育，到十三四岁的时候，根据家庭经济条件进行分流，或继续读书，或去学生意。特别是去学生意的孩子，他们在生意场上的心计，那是绝对超过没有接受过教育的孩子的。

汪仁徵的结论是，家庭贫穷的孩子，读书读到一定程度，如果感觉没有把握成为做官的材料，那就赶快经商。生计是汪家的燃眉之急，把汪宽也送出去学生意，不但家中少了一张吃饭的嘴，而且三年学徒期满，便可以帮家人挣钱糊口。如果让汪宽也继续念书，家里的负担日益沉重，生活的尴尬让他无法想象。

于是，休宁“学长”汪仁徵决定把儿子汪宽也送去做学徒。

汪仁徵的决定，不但在学子如过江之鲫的县城引起轰动，而且在汪家老少三代中引发了一场激烈的争执。

在那个时代，女人们很难参与家庭重大问题的讨论，更不要说决定什么了。男人决定了的事情，能通报女人则算很好了。汪仁徵把打算送汪宽也去做生意的事情通报给妻子吴月莲，用不着费什么口舌。无论在娘家还是嫁到汪家，吴月莲都没有拿过大主意。特别是嫁到汪家后，家中事无巨细，一切听丈夫的安排。但这一次不同了，突然把年幼的儿子送出去学做生意，做母亲的怎么着也心存不舍。经过汪仁徵一再劝说，吴月莲百般无奈，认可了这个事实。

汪仁徵的母亲，也就是汪作墉的发妻胡氏也是如此，凡家中大事，一辈子唯汪作墉之计是从，只要汪作墉赞成的事情，她便认为一定是正确的。但是，汪仁徵知道，在老父亲汪作墉没有赞成的情况下，不宜和老母亲胡氏通报。至于汪宽也，只要他祖父也同意他去做生意，自然就没有选择的权利，只有唯命是从。

正如汪仁徵所预料，最难过的一关，是老父亲汪作墉。

汪作墉对于汪宽也学做生意，明确表示反对。当汪仁徵把自己的想法婉转告诉汪作墉之后，汪作墉非常生气地说：

“不行，我不赞成！声洪是个读书的材料，读书才有前程！”

不等汪仁徵分辩，汪作墉便教训儿子道：

“我开办糟房辛辛苦苦这么多年，也算是做生意吧？结果又是如何？你让他去做生意，岂不毁了他的学问哪！”

汪仁徵反驳父亲说：“您又说读书。我从小是听您的话，依照您说的做了吧，读书，读书，一读就是一二十年，现在又如何呢？一家人我都养活不起了，再让他念书，你想想看，半拉子秀才出来，到头来文不能文，武不能武，又有什么用？”

儿子的话，更让汪作墉火冒三丈，他沉下脸批评道：

“你念书虽然未能谋得个一官半职，可不能断定声洪也会半途而废！他跟在你后面念书，也有七八个年头了，是不是读书的材料，你做父亲的不清楚？万万不可耽误了孩子的前途，声洪是咱们汪家的希望所在啊。”想了想，汪作墉又提醒道：

“咱们休宁人出过大学问家戴震，出过珠算家程大位，出过画家胡正言，还有十多个皇上钦定的状元！休宁是读书人的风水宝地，咱们汪家就是出不了状元，也总要有个一官半职的人在外面撑撑台面，让祖宗显耀显耀。”

“唉，父亲呀，您老人家一辈子是死要面子活受罪！为什么咱们汪家非要出个官家的人？出又怎么样，不出又怎么样？休宁那么多种田人，好多人家几辈子连读书的人都没有，不也是同样劳作吃饭过日子么？”

对于父亲固执坚持的读书做官论，汪仁徵感觉很头疼。在汪仁徵的眼中，无论是种田、经商或者读书从仕，都要顺其自然，根据自己的家境决定孩子的走向。读书自然是高雅的选择，但它必须有家境的支撑。如果全家人吃饭都成问题了，这书如何读得下去？

汪仁徵平心静气地说服老父亲：“全家的生计是燃眉之急。世间万事都可以缺少，只有吃饭之事，不能休停一日啊。”

汪仁徵的肺腑之言，让汪作墉一时无言以对。

汪作墉坚持让孙子读书，从道理上说无错。但他不得不承认，一大家七八口人生计艰难，这是个不能回避的事实。他心里明白，自己不让孙子去学生意的另一个重要原因，是难以割舍祖孙间的深厚情感。汪宽也是在祖父的膝前长大的，从早到晚，爷爷长，爷爷短，久而久之成了汪作墉的掌上明珠，真是须臾不可分离。现在如果突然将孙子送出去学做生意，不知道什么时候能回来，或者会从此漂泊在外。

这样的选择，让汪作墉在感情上很难接受。

汪作墉心里明白，把孙子送到别人家的店铺做学徒，其实就是受苦。就是盼到出师做了店员，也得要起五更睡半夜，打杂受累。端人家的碗，受人家的管，整天让人家吆三喝四，谁也不知道自己什么时候能够熬出头。

徽州流传的《学徒谣》是这样唱的：

学徒苦，
学徒愁，
头上带栗包，
脊背挨拳头，
三餐白米饭，
两个咸鱼头。

栗包，就是学徒在做错事受罚时，脑袋上被师傅或老板打出来的包块。做学徒时挨打受骂，是再普通不过的事情了。汪作墉自然舍不得让老板虐待自己的孙儿，就是出去做生意，也得找一个自己信得过的东家。但无论如何，孙儿到别人店铺里做学徒，总是没有守在祖父跟前自由和快乐。

“也许儿子的话是对的。”汪作墉终于开始想通了，“一家人的生计是大事，吃饭穿衣样样少不了用钱。只靠儿子一个人教私塾养家糊口，担子太沉重了。除了让长孙弃学经商，似乎没有什么其他的好办法。”

父子俩沉默了好长时间。汪仁徵等父亲的火气稍稍消下去之后，平心静气地说：“父亲呀，我不是不想让声洪读书，但家中的生计，实在难以继续维持。您老人家再好好合计合计，等您想明白了咱们再做决定。”

全家生计这笔账，实在是用不着儿子为自己盘点。汪作墉读的书也不算少，他何尝不是通情达理之人？只是他舍不得让自己心爱的长孙去做学徒，毁了汪家读书入仕的梦想。他自己是没有希望了，儿子也没有出头的指望了，汪家要想东山再起，出个光宗耀祖的人物，只有依赖聪明好学的长孙汪宽也。

少年入贾，十二三岁甚至八九岁当学徒，在徽州这个地方不是稀罕事儿。休宁山地多，耕地少，且十分贫瘠，年年难有好收成，所以在那个时代，休宁乡下，多数农家每年所种的米粮，只够吃三四个月。剩下那八九个月的缺口，都要到休宁城或到粮业发达的屯溪甚至江西鄱阳等地籴米。

乡村如此，休宁县城所在的海阳镇也是这样，粮食是各家各户的头等大事。于是，山地乡民为了活命生存，除少数人家能够供男孩子读些书外，多数人家等到家中男孩十二三岁时，想方设法送到店铺中做学徒。徽州民谣中所说的“十三四岁，往外一丢”及“经营四方，以就口食”，说的就是徽州民间真实生活状况。小小年纪便跨入商贾之道，为吃饱肚子远游四方，这样的情景在徽州比比皆是。

在汪作墉的心灵深处，有一种古怪的念头，一直在骚扰着他，永远不得安宁。这个念头，就是鄙商。

从明至清，几百年漫长的时间里，无论是官家还是民间，对生意人的鄙视和轻蔑一直顽固地存在。开店铺、做生意、南贩北卖，被看做社会的最底层，是“下九流”的职业。

自清朝中期开始，社会对商贾的态度渐渐有了些微变化。各个阶层的公众慢慢意识到，无论什么人，他的日常生活都不能离开商品，而驱使商品进入流通的人，正是商贾。从另一个角度看，做生意的商人，既不偷，也不抢，用自己的辛苦和智慧光明正大挣来的钱，有什么可耻的呢？鄙视商人，可谓无缘无故，又可谓莫明其妙。商人中有奸商，这不错，但奸商毕竟是极少数，何况哪行哪业没有刁滑之人呢，为什么单单对商贾如此苛刻？

及至汪作墉的时代，虽说商人地位还没有抬升到社会的上层，但至少已不再是让公众耻笑的“下九流”了。由于前面所说的各种原因，导致徽州这个地方从事商贾之业者不计其数，巷巷有、家家有，甚至村村有，已成为徽州民风。法不责众，商也不责众，谁也别嘲笑谁，民风所至，大势所趋，经商既不为耻，也不值得炫耀，权且把它看成养家糊口的手段罢。

汪作墉的重仕轻商思想，仍然没有完全转变。自己年轻时开的那间糟房，虽说是前店后坊养家糊口的小本生意，总也沾了个“商”字，确属无奈之举。现在呢，把孙子汪宽也送出去学生意，仍然是无奈之举。

一个人可以承受梦想的破灭，但不能承受对梦想的背叛。全县城的人都知道汪作墉发誓要把孙儿汪宽也培养成读书做官的人，因此在汪作墉看来，视为掌上明珠的孙子放弃读书去做学徒，无论怎么解释，都是自己对理想的放弃和背叛。这一点，让汪作墉十分痛苦，而且很不甘心。脸面眼看着要丢了，全县城的人一定会议论纷纷：瞧！以读书为荣的汪作墉，不也把孙子送去当学徒了么？哼，天下大事，吃饭第一，人啊人，谁也拗不过注定的命运。

经过痛苦的折磨后，最终，汪作墉默认了汪仁徵的决定，同意让汪宽也当学徒。汪作墉理解儿子，这是汪家的命运使然。作为钟爱孙子的祖父，汪作墉现在唯一可以做的是，要为汪宽也挑选一个好的东家，否则他会寝食不安。

让汪宽也去哪儿学生意呢？汪作墉和汪仁徵父子俩又产生了分歧。

汪作墉说，娃娃毕竟年龄小，我看还是放在休宁，或者送到屯溪吧。在休宁县城，如同在家中，可以天天看到；屯溪离休宁不到四十里，想去看看也不难，这样家里省心。

汪仁徵不赞成把汪宽也留在休宁，也反对把儿子送到屯溪做生意，他说：“男子汉大丈夫，守着家门口学生意，能有多大出息？要做商贾，就要做大商贾，走出休宁，走出徽州，见世面，经风雨；要不做，干脆待在家里吃闲饭，本乡本土的，不要给我丢人现眼！”话里有层意思他还没完

徽州屯溪老街繁华不逊当年

全挑明——别看汪仁徵表面上对父亲和儿子说得头头是道，其实自己的骨子里，“鄙商”的思想依然存在，本质上还是瞧不起做商人的行当。汪仁徵的实际思想是仍然对读书非常看重，如果儿子金榜题名，他绝不会怒火中烧。可是家境又不允许他让儿子走这条路，实在是逼迫无奈呀！要是把儿子留在休宁或者屯溪做学徒，要不了十天半月，休宁城人会家喻户晓，那时说什么的都会有：“瞧，满腹经纶的汪学长不也把儿子送到店铺当学徒了，还开什么书馆教人家的孩子金榜题名呢。嘻嘻，自己的孩子都不成材。”这不但对他这个“学长”的名声不利，甚至对他在塾堂教书也不利。因此，汪仁徵坚持让儿子远走高飞，避开众人闲言，正所谓眼不见，心不烦。

汪仁徵的那点顾虑，让汪作墉全都看透了，不点破而已。于是，为儿子的自尊考虑，汪作墉最终同意将孙子送出徽州。但他一定要找一个可靠的东家和店铺，把爱孙汪宽也托付于他。

汪作墉再三考虑，决定亲自出面，去找休宁城的有名商贾、自己的本家汪厚庄。结果事情出奇的顺利，汪厚庄一口答应了下来。

三

祥泰东家汪厚庄

汪厚庄一口答应收下汪作墉的孙子汪宽也，并不是发现汪宽也有什么经商的天分，而是因为汪作墉乃同族本家。"汪"是休宁大姓，成千上万，攀个本家并不难，但汪厚庄知道，汪作墉此人一辈子老实巴交以诚待人，只要是自己能过去的坎，他不会给别人添麻烦。现在这个老实巴交的汪作墉找上门，把钟爱的长孙托付于他，他只有收下的话，辞不掉。

按照休宁汪氏的辈分排列，汪作墉和汪厚庄平辈，汪作墉比汪厚庄大几岁，汪厚庄以兄相称，那么小小的汪宽也自然要喊汪厚庄为"叔公"了。

虽说同姓一个"汪"，查汪厚庄家族的家谱，与汪作墉家族联络不上，也就是说，他们两个汪氏家族，上溯到哪一代祖先是同根，压根儿无法验证。但有一条是确凿无疑的，汪氏宗族在休宁是最大的姓氏，五百年前是一家，一笔写不出两个汪。一个“汪”字能让徽州所有的汪姓人很快亲近和信任，这就是中国宗族观念的魅力所在。

休宁城不大，各姓氏平民百姓间关系密切，名门望族之间也都有来往。汪作墉与汪厚庄两个家族之间的关系要更亲密些，所以彼此对家境大致有所了解。在汪厚庄的印象中，汪作墉的孙子汪宽也，是个挺懂事也挺有个性的孩子。

汪宽也从1880年十四岁起进入汪厚庄在上海的祥泰布庄做学徒，后当店员，1897年被年事已高的汪厚庄聘任为上海祥泰布庄经理。1905年汪厚庄去世后，祥泰布庄由汪厚庄之子接任东家，仍然续聘汪宽也为经理。1924年初，汪宽也因患顽疾不得不离职从上海回休宁休养，一年后溘然去世。这四十多年时间，汪宽也一直为汪厚庄的祥泰布庄打拼，从而为汪家资本的不断累积耗尽了一生精力。反过来看，汪宽也主持经营的祥泰布庄，最终能在上海布业界独领风骚，成为那个时代的沪上布业巨子，自然与当年汪厚庄的接纳和引领分不开。

对于汪宽也四十多年的布业生涯，汪厚庄这个人物非常重要。

所以，说汪宽也的事迹，一定要把汪厚庄的故事说明白。

自古以来，在徽州休宁，汪、吴、朱、夏、何五大家族势力最盛，其中汪家为第一。及至清末，休宁汪氏家族中，又数汪厚庄这支最为财大气粗。富不富，看屋子，人们一看到坐落于休宁城北的汪家大院，就会为它的富豪气派而惊叹不已：几十栋黑瓦白墙的房屋高高低低、错落有致，远远近近连成一片，房屋之间开辟出大花园、小花园。进入其内，碧水环绕，曲径通幽，真让人恍惚间有刘姥姥进了大观园的感觉。

这所大宅院的主人就是汪厚庄。

汪厚庄出生于1828年。身材中等，形体精瘦、干练，布衣土鞋，初看上去，貌不惊人，声不压众。谁也不相信，这个看上去像个农民的朴实憨厚汉子，会是休宁最有钱的大户之主。

说起来犹如传奇，汪厚庄不但不是休宁汪氏的纯粹后代，而且他也不是休宁人。

汪厚庄出生在与休宁相邻同属徽州所辖的歙县。他的父母，是吃苦耐劳的山村农民，由于时间久远，家族情况已无法查考。

汪厚庄是受苦人家出身。他小的时候，因为家中人丁多，生活拮据，全家人饥一顿饱一顿。碰上灾荒年月，以野菜和山菇充饥已是司空见惯的事。

因为穷困，汪厚庄念不起书，五六岁起便砍柴、放牛，为生活奔波。汪厚庄十二岁那年，父亲领着他到同村一个铜匠家拜了师傅，学起了铜器活。荒年饿不死手艺人，从十四岁起，汪厚庄便挑起担子，在歙县城里和乡下，走街串巷，大声吆喝招徕铜器修补活儿，依靠自己的聪明和勤快，挣点儿碎银子养家。

说起来，铜匠是手艺人，所学的技术也很多。但铜匠的地位，似乎与铁匠、木匠、剃头匠差不多，也是混口饭吃，只是比讨荒要饭的叫花子要体面多了。肩挑沉甸甸铜匠担子的汪厚庄，从年头到年尾，风里来雨里去，所挣的钱财也只能帮家里糊一半的口，对于他的父亲来说，这已经够宽慰的了。

一转眼，汪厚庄长到十七八岁，按照徽州人的习俗，到了考虑提亲的时候，但是，一直没有媒婆上门。原因有两个，一个是因为家境贫穷，富人家的闺女自然不会看上他，穷人家的闺女也不愿意嫁过来一辈子再受穷，提亲难；另一个原因，是“铜匠担子”的职业不雅，汪厚庄挑着个担子走街串巷，像浮萍一样流浪四方，哪有女人愿意嫁一个这样的男人呢。再说，媒婆们跑腿、饶舌，能说得天花乱坠，也是为了挣点辛苦钱。曾有几个媒婆上门，一看小铜匠的家境，那份热心肠一下就冷了半

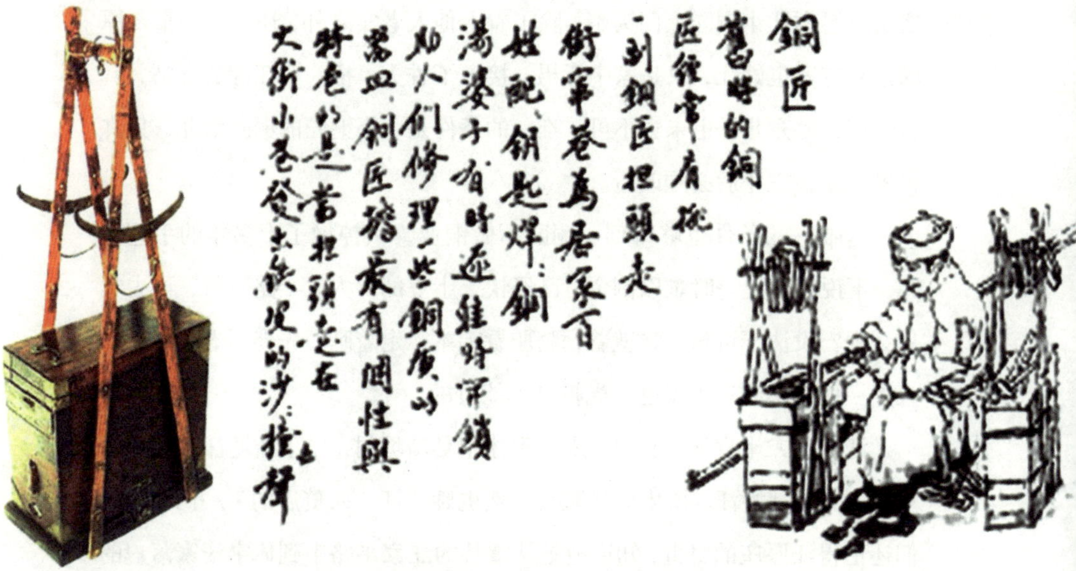

旧时乡村铜匠图，左为铜匠担上用来熔化金属的小风箱

截，缩回去了。

可怜的小铜匠汪厚庄。

即使汪厚庄再穷，从事的职业再低贱，上天也赋予他传宗接代的使命。一个在世上活了一辈子的男人，连老婆也娶不起，面临“绝后”，那才是真正的羞辱。

于是，小铜匠的父亲筹措了一些银子，请一位本家媒婆帮忙，为小铜匠提亲。那媒婆倒还不错，也是可怜小铜匠吧，绞尽脑汁盘算提亲的事。组合了好几次，没有成功。有的人家感觉小铜匠忠厚老实，也不嫌男方穷，但看不上小铜匠的职业，整天走乡串户，早晚也不着个家，不会是个安分守己过日子的人，考虑几天之后，结果都是一样，婉言回绝。

小铜匠的父亲终日愁眉不展，唉声叹气地说：“我这儿子，怕是娶不到媳妇了！”

苍天有眼，小铜匠十九岁头上，这位热心媒婆终于提亲成功。不过不是小铜匠娶新娘，而是新娘娶小铜匠，倒插门。有意思的是，女方的父母之所以愿意让小铜匠上门为婿，除了看上他人老实之外，还有一个重要原因是对方家也姓汪，只是家中无男，接不了香火。招一个汪姓的女婿，真真假假，冒充儿子也未尝不可。唯一的条件是，小铜匠的铜匠活儿，只许再做三年，三年后必须改行。

这唯一的条件也够苛刻。铜匠不做铜业，丢掉做了十多年的手艺活儿，不说感情上一时难以割舍，已经快二十岁的男人，半路改行，再去学什么呢？没法子可想，将就着，骑驴看唱本，走着瞧，先娶了老婆再说，人生一世，不到迫不得已，光棍是不能打的。

汪厚庄二十岁那年正月，入赘到休宁县新塘村，做了新塘汪家的上门女婿。夫妻都姓汪，所生后代顺其自然也姓了汪。入赘后的头一两年，人们还记得汪厚庄的身世，知道他是从歙县的汪家半路来到休宁汪家落户的男人。两三年后，汪厚庄和新塘村的老少爷们慢慢混熟了，大家开始把汪厚庄当做新塘汪氏的儿子，忘记了他的女婿身份。特别是外村嫁进的汪家新媳妇，同辈的都叫他哥，没有喊姐夫的。这无形中使人们忘记了汪厚庄的入赘身份。

有一年年底，新塘村汪家长辈们请了先生序家谱。排到汪厚庄家，大家犯了愁。这几位年纪大的汪氏长辈反复地讨论，汪厚庄怎么排？按女婿还是按儿子？这情况让汪厚庄的岳父知道了，嗯，可是个移花接木的好机会呀，他赶快杀了一头猪，请序谱的长辈们到家里来喝酒吃饭，说了一大箩好话，最终老人们一致同意破个例，把汪厚庄当做他儿子排入汪氏族谱。于是汪厚庄的岳父变成了汪厚庄的父亲。好在那个时候序家谱，女儿的名字不得进入其中，所以汪厚庄的移花接木最终不留痕迹。过个三代五代，有谁能记得曾经发生过这样的事情？

汪厚庄入赘后，仍然以铜匠为业。和在歙县稍有不同的是，他多半在家揽一些铜匠修补活儿，从歙县随身带到休宁的那副铜匠担子，放在柴房里，极少再挑过。

无论是歙县汪厚庄的故乡，还是他入赘的新塘，谁也没想到，汪厚庄后来因与赵公元帅有缘而一步登天。

歙县汪厚庄的祖先，单传四五代。家谱上记载的祖宗，曾是在杭州做茶叶生意的大徽商，不久后生意做到了广州，还把茶叶卖到了英国，发了财。不知何时，他将一大笔银钱存到了一家外国银行。后来存钱的祖先突然病故，没来及向后代交代这笔存款。于是，这笔存款放在那家外国银行一百多年，本生利，利滚本，利上加利，最后变为两万多两白银，一直不为人知。鸦片战争前，那家很守信用的外国银行发现了这笔“死存”，经过反复查核，最后按照存款人留下的中国徽州歙县的地址，拐弯抹角地寻找存款人的后代。几经周折，最后寻到汪厚庄家。此时，汪厚庄的父母早已病故，按老规矩，已经出嫁的妹妹没有继承权，这笔巨款全部落在入赘休宁的汪厚庄名下。

有道是，有心栽花花不发，无意插柳柳成荫，天赐万金汪厚庄，得来全不费工夫。

汪厚庄得到这笔巨款，自然喜不自禁。按照一般的情况，他要拿出一部分银两添置衣服，修葺房屋，好好地享受一下，过一过发财人的日子。从小过惯了勤俭刻苦日子的汪厚庄并没这样想，他是受苦人家出身，对这笔不是依靠自己努力赚来的财产，没有权利去挥霍浪费，甚至他连盖一座好房子、给家人添置一身好衣服的念头都没有。

他打算做什么呢？汪厚庄要用这笔巨款做资本，去做他从小梦想的事情，他要通过自己的努力，成为休宁乃至整个徽州万人瞩目的大商人。现在，实现自己梦想的资本终于从天而降。小铜匠当年走街串巷七八年，他所梦想的，就是什么时候做一个体体面面的老板，可以不再挑着铜匠担子四处流浪，可以开上一个铺面，可以让老婆孩子享受他所挣来的荣华富贵，那才是一个可以称得上是男人的男人。

这样的时机到底来了。两万多两白银，在那个时代，汪厚庄可以用它足足开上三五个像模像样的大店铺。

这时的汪厚庄，刚刚二十三岁。

看起来汪厚庄年纪不大，但他做铜匠时走街串巷，经得多，见得广，做生意的头脑很灵活，知道这钱怎么花，花多少，而且在赚取一定比例利润的同时，知道如何确保老本不蚀。这是他的高超之处，如果头脑发热胃口大开，把资金老本全部抛出，假若做折了生意，他就极有可能重新回到从前那个穷光蛋的状态而永世不得翻身。

没有钱做不成生意，这是肯定的。一旦有了资金不知道如何调度使用，到头来生意失败，仍然会两手空空。十分聪明的汪厚庄拿出大部分资金，先做风险小的生意，先后在休宁和屯溪，开起万洪、万隆和万泰三家当铺，后来又开了一家只赚不赔的大丰盐栈。这四个店铺的投资，几乎都是零风险，开张两三年，利润相当可观，投入的本钱全部赚回。

按说，此时的汪厚庄，要见好就收适可而止，舒舒服服地做老板了。当年的小铜匠可不这么想，他是个很有点小野心的精明人物。汪厚庄并不满足做休宁、屯溪的徽州本地生意。本地生意做得再好，也是土财主，别人瞧不起的。现在人们看到了汪厚庄的真实思想——走街串巷做小铜匠生意的时候，这个半大的孩子受了不少屈辱，而现在他渴望用不平凡的成绩洗刷曾经的羞辱。只有到大都市发展、发财，才能让过去的人们重新认识这位当年的小铜匠究竟是个什么样的男人。

汪厚庄的目光，盯上了武汉、杭州、南京，还有远在千里之外的上海。

于是，1849 年，汪厚庄把自己的资金，义无反顾地掷向了已经被资本主义用舰船打开了门户的上海，而且首选徽商并无成熟经验的土布业。这个休宁商人，要用他的力量挤进上海最热门的棉布市场，以证实自己的有所作为。

汪厚庄看到了上海棉布业中隐藏的商机。

通过在上海做典当生意的徽州同行，汪厚庄了解了上海的棉布市场行情，认定此时做棉布生意有大利可图。抓住这个商机把资本打入上海棉布市场，可能会大赚一笔。

后来的事实证明，从短期行为上看，汪厚庄的投资是对的，祥泰布庄在上海开张七十五年，无论利薄利厚，没有发生过亏损；但是，从长远的发展看，汪厚庄投资上海土布是一个失误，祥泰布庄开张七十五年之后的倒闭，证明了汪厚庄投资的盲目。这不能责怪汪厚庄，在世界经济的赌盘上，如果加入了枪炮的因素，再聪明的商人也难以判定自己几十年之后的得失。

为什么说从长远目光看，投资上海的布业是失策呢？

历史上，上海地区属于松江府，其治下包括上海县在内的松江地区，确实是中国植棉、纺纱和织布的重要基地。“松江之布，衣被天下”，从朝廷官员、军队士兵到平民百姓，绝大多数都采用松江纺织的棉布制作衣物。因此，从元到明，从明到清，在松江地区做土布生意的商人，几乎个个赚得腰包满满。

但是，1840 年的鸦片战争，使中国棉布（这里说的是中国手织土布）情况发生了不妙的变化。已经完成工业革命的西方资本主义国家，它们迫切需要更多的销售市场和原料产地，所以加紧对外扩张，很快看准了原料丰富的中国，并且看到这个国家具有封闭、落后和官府腐败的弱点，最终用枪炮打开了中国封闭的大门。道光二十二年（1842），清朝在与英国的第一次鸦片战争中战败。清政府代表在泊于南京下关江面的英军旗舰康华丽号上与英国签署《江宁条约》，又称《中英南京条约》。帝国主义者要求中国将广州、厦门、福州、宁波、上海五处辟为通商口岸，实行“自由贸易”，实际是强行打开了中国的大门，使中国成为西方列强的商品倾销地，从而破坏中国原有的封建经济结构。1843 年，“五口通商”正式实施，上海地区最先受害。迫不及待的外国资本开始入侵中国封建经济，而纺织业首当其冲——洋纱和洋布源源而来，很快对上海民族土布业形成了严重威胁。价格和质量占优势的英国洋纱洋布、印度洋纱和日本洋布以虎狼之势逼近上海。

这些军事和经济形势，远在徽州休宁山区中的汪厚庄很少知道，他有经济头脑，但缺乏资本主义经济常识，也不会研究帝国主义的洋枪大炮和中国土布业之间的关系。上海的徽州商人朋友传达给他的信息，仍然是棉布生意“尽可为之”。于是，1850年的夏天，汪厚庄把屯溪当铺和盐栈积累的一大笔资金毅然投向上海，打出了“祥泰布庄”的招牌。

平心而论，资本主义洋布的入侵过程开始比较缓慢，加上中国的平民百姓长期穿土布的习惯一下子改变不了，所以，上海的布业经营状况确实还行。开始生意做得还不错，也赚了一些钱。布业生意重在薄利多销，做的人也多，想成为暴发户很难。

祥泰布庄的成功，让千里之外的汪厚庄信心大增。后来，汪厚庄利用上海积累的一部分资金，在休宁城和景德镇开设了天生堂药店。汪厚庄做生意确实有一套办法。他的屯溪广源盐栈，生意可谓一本万利，盐栈做到兴盛时，大有左右和垄断皖南盐业市场之势。及至清末民初，屯溪商业重地老街的一大半店铺都有汪家的投资。

汪厚庄其人基本上算是专业的生意人，不着意与官场上拉拉扯扯。但后来竟然也和官家有一点沾亲带故，他的一个儿子娶了休宁进士吴廷芬的侄女为妻，因而他与吴廷芬也成了八竿子可以打到的远亲。吴廷芬是清代同治进士徽州名宦，年轻时做过短暂的生意，中年入仕后，做过清廷户部候补主事、工部左侍郎、参赞军机，光绪二十六年（1900）官至左都御史，为朝廷一品官员，并被授予光禄大夫爵位。对这门高官亲戚，在汪厚庄的商业经营中，并没有直接起什么作用。汪厚庄本人，在休宁城从不欺凌弱小，汪厚庄的生意，也是凭借自己的聪明运作和努力打拼所取得。但至少，汪厚庄经营店铺多年，从未受外来干扰和欺辱，或者吴廷芬权势的震慑，已悄悄融入不言之中。不管别人怎么说，只要做生意不受人欺负，汪厚庄便谢天谢地。

清代典当情景

1880 年，年过五旬的汪厚庄将族兄汪作墉的长孙汪宽也收入祥泰为徒。到了 1897 年，汪宽也做了祥泰经理后，布业生意才真正发达旺盛起来，利润成倍增长，没有几年，布庄发了大财，发展成为汪厚庄家业的主要支柱。后来，在汪宽也的积极主张和策划下，汪厚庄又在上海开设钱庄，并在杭州、无锡开辟了新的店铺。同时，以不断创业为荣的汪厚庄，马不停蹄地在九省通衢的湖北汉口投资四百万银元，开设鼎泰油行，做大宗桐油、秀油、洪油和皮油生意。据说，生意兴隆时，每天都有几十条汉口油行的到货船只，在汉口码头江面连成一片，让人惊叹不已。

汪厚庄的生意发达之后，在休宁海阳北街大兴土木，营建亭台楼阁，这很让他扬眉吐气。休宁民谣“东门牌楼西门店，北街住户南门田”中所说的北街，差不多半数是汪厚庄的资产。由此判断，他的财产底数至少得有三百万银元。说汪厚庄是休宁首富，实在是名不虚传。

最让世人看不懂的是，汪厚庄这样一个腰缠百万贯的大富商，在日常生活中竟是一个节俭到苛刻和吝啬程度的老头儿，一个典型的乡巴佬式的土财主。这种类型的商人，在徽商中有是有，但为数很少。

汪厚庄教导儿孙们的口头语是“要知家苦”、“不要忘本”。并经常告诫他们，不要“吃了白米饭，丢了乞丐棒”。

尽管汪厚庄的家里绫、罗、绸、缎，什么衣服都有，可是汪厚庄除了在应酬宾客和年节时象征性地穿一下，平时的装束都是老土布短打，脚上一双土布鞋。不认识汪厚庄的人，第一次到他家做客，他亲自开门迎候，十有八九被客人当成家里的老佣人，等到汪厚庄把客人带到客厅分主宾坐定，客人才知道这个开门的“老佣人”就是休宁首富汪厚庄。客人不免有些尴尬，主人倒是坦然自若，不当回事。

汪厚庄六十五岁那年，去上海查看一下祥泰布庄的经营情况，也顺便观光大上海。由于汪厚庄常年在休宁，上海祥泰布庄店中的伙计们根本就不知道东家是什么样儿，在他们的想象中，东家一定头戴瓜皮帽，长袍马褂，脑袋后边拖条长辫子，手里拄条文明棍，活脱脱的一位大财主。

汪厚庄由一个孙子陪着，千里迢迢到了上海，东绕西绕一路找到了祥泰布庄。伙计们一看，一个土里土气的乡下老头儿，说着谁也听不懂的徽州方言，赶巧汪宽也出去办事还没回来，于是大家把他当成了汪厚庄派到上海办事的家仆，很随便地让老头儿到厨房等候。伙计到了胡永坤的管事室报告说：“胡管事，从休宁来了个乡下老头儿，说话很难懂，好像是东家派来办事的呢！”

胡管事一听，怔了一下，立马道：“什么乡下老头儿？这就是咱们祥泰布庄的老东家呀！赶快迎到正屋好生侍候！”

就是在厨房等待这点儿时间，也让汪厚庄发现了问题：烧饭的厨师，竟把门面零售剩下来的布头儿，蘸上油扔到灶膛当“引火”。汪厚庄一看，立刻怒从心起，大声训斥厨师是“祥泰的败家子”，说：“什么样的家当，也会让你们这样烧光！”在汪厚庄眼里，这些布头儿不是废物，一是可以贱价卖给家境穷的市民做衣服，二是可以选择面积大一点的，分给店员带回家补衣服。当引火柴烧了，岂不是暴殄天物吗？

正生气的当儿，胡管事赶来了，连连承认是自己管理不善，一定改正，老头儿这才作罢。那几个伙计，吓出了一身冷汗："喔唷，谁能想到他就是老东家呀！"

再说汪厚庄的"吃"。

汪厚庄此公，一辈子长年累月青菜萝卜、腌菜、豆腐，很少吃鸡鸭鱼肉。自己节食吧，也就算了，他不吃，也不让别人吃。他特别关照各店铺里的管事先生，除了初一和十五这两天可以吃荤，平时店员吃的一律是蔬菜、咸菜和粗饭，各店铺都不得违反。为了以身作则，汪厚庄一般不在自己的店铺吃饭，免得厨师专门为他加菜而铺张浪费。到店铺查看生意，赶上吃饭的时候，他就两头瞒，到东家，他说在西家吃过了，到西家，又说在东家吃过了。之后，他会溜到街头巷尾小摊上，买点便宜的玉米饼充饥。

有一天中午，汪厚庄到屯溪的盐栈查看生意，看完后出来已经中午，他就到街上买东西吃，结果到处找不到便宜的玉米饼。吃别的东西吧，要多花钱。转了半天，怎么办呢，硬着头皮到自己的当铺吃饭。进去一看，伙计们已经开始吃饭了，一看东家突然来了，都端着碗直直地愣在那儿。咦，东家怎么会突然到盐铺吃饭了？

汪厚庄径直进了厨房，灶台上还摆着两碗米饭，米饭上盖着一大块黑乎乎的炒腌菜。他一看，很满意，炒腌菜，还有半条咸鱼，嗯，日子过得节俭。汪厚庄一向这样训导店铺的主管："做生意不容易，不要把挣来的钱吃掉了。"于是，汪厚庄高高兴兴顺手端起一碗就吃，吃着吃着，他奇怪起来，怎么炒腌菜下面会有一大块二两重的红烧肉呢？今天既非初一，也非十五啊。

原来，店铺里的管事不忍心伙计们的生活太苦，于是隔三岔五地让厨师买点大肉给大伙吃。好心的管事又担心不知道汪厚庄什么时候会来店里查看，所以让厨师给大家盛饭时，把大肉放在腌菜的下面，用以掩饰。哪知道今天老东家会到盐铺吃饭呢。

汪厚庄这一筷子下去，翻出一块红烧肉，足有二两，当时气得他将碗向灶台上一掼，骂了一声“败家子”，脚一跺，不吃了，把管事喊来，着实训斥了一通，气冲冲地走了。没走几步又气呼呼地回来，原来他的一把旧雨伞忘记在店里，那把油纸雨伞用了好几年，旧得白送也没人要，但如果丢了，汪厚庄会心疼得一夜睡不着觉。

可能是当年挑惯了铜匠担子，汪厚庄有轿不坐、有马不骑，喜欢安步当车，夹着把油纸伞，穿着土布鞋，在新塘、休宁城和屯溪之间不停地奔走。

有一次，年纪已经五十多岁的汪厚庄到屯溪办事，天不亮起身，走到一半路时，到路边的茶馆休息，两个铜子要了一杯茶，慢慢喝完了。岂料他起身离开前，很认真地对茶店的伙计交代道：“这茶叶你不要倒掉呀，下午从屯溪赶回来，再冲给我喝。”此言一出，茶店的伙计们大眼瞪小眼：这就是休宁首富汪厚庄吗？

这就是汪厚庄。至于别人怎么议论，他汪厚庄才不管呢，我行我素。他这一辈子只恪守自己的生活法则：

“历览前贤国与家，成由勤俭败由奢。”

此话后来应验在汉口汪厚庄的一个店铺的管事先生身上。这个管事，本来是汪厚庄的心腹，既精于经营，又善于瞒天过海。店铺开张初期，因为管事先生在交易场是一把好手，财源滚滚而来。问题是，管事先生又是赌博场上的一把好手。有了钱，手头上阔绰，染上赌博恶习，深陷其中而难以自拔，没日没夜地狂赌。有一天，管事先生赌红了眼，竟然叫手下的人到钱庄取出五万大洋，装到小汽车上，开进赌场疯赌一把，结果全部输光。天长日久，把个好端端的聚宝盆给砸了，最后店铺亏空倒闭。休宁的汪厚庄已经年逾八旬，病危弥留之际，接到汉口打来的电话，报告说店铺让管事弄垮了，他长叹一口气说：“这下子，我苦了一辈子的财产，去掉了一半啊！”说完一命归天。

汪厚庄的后代中，大多继承了他的节俭家风。

咱们再说汪作墉把孙子汪宽也托付给汪厚庄学生意的事。

徽州人具有强烈的家乡观念和宗族观念，特别是在外经商之人，需要人手或有人想到自己的店铺当学徒，对来者的挑选十分严格。首选往往是“自己人”，父带子，叔带侄，舅舅带外甥，里里外外全是自己人，做起生意来，格外放心。这种以血缘、宗族、地缘关系为纽带组成的经济团体，集聚财力、物力、人力参与市场竞争，从而形成了对城镇市集的垄断性家族经营。明清时代的江南“无徽不成镇”的局面，就是在徽商宗族势力齐心合力下打造出来的。有许多地方建立了“徽州会馆”或“安徽会馆”，犹如徽人建在异域他乡的祠堂，对徽商的宗族力量起了很大的凝聚作用。徽商们利用会馆处理徽商内部事务或者外部商业问题，同时，会馆代表徽商利益，与官府就相关商业事务进行交涉，则方便和体面多了。另外，会馆利用徽商们捐助的款项，举办公益事业，让在外徽商受益不少。

休宁城汪姓是大户，族人数不胜数，但对汪作墉这一支汪氏家族，汪厚庄格外另眼看待。论起辈分，汪厚庄和汪作墉是平辈，年纪比汪作墉小几岁，应该叫汪作墉作堂哥。汪作墉向上，几辈子都是读书人，或是半道做了生意的读书人，文化品位高，让人看得起。汪作墉家教严格、教育子孙有方，这成为汪厚庄所信任的可靠根据。汪厚庄对汪宽也这个娃娃，略有那么一点印象，是个挺老实的孩子。但要说怎么特别看重汪宽也，也不至于。本族堂兄汪作墉为了孙子做学徒找上门来，他不可能推辞；同时，只要娃娃不调皮捣蛋，到他的布庄做个学徒，小事一桩。所以，汪厚庄非常爽快地答应下来。

汪厚庄长年累月身在休宁，难以考察各个店铺店员们的具体情况。对汪宽也，也是如此，他从来没有特意地去重视和培养汪宽也，自然也想不到重用。老老实实学生意，能挣碗饭吃，只要不出事，不给东家添麻烦就好。汪作墉的态度，基本也是这样，孙子到上海做学徒，只要平平安安就可以了。祥泰布庄的总管事，自然也不希望店员中冒出一个能人取代自己。

唯一让汪厚庄没有预料到的是，十七年之后，自己会把祥泰布庄的经营权交给汪宽也。

四

泪别学塾

小时候的汪宽也，聪明好学，待人接物十分谦虚、诚实，知道处处尊重别人，而且同情农民和家境穷困之人。汪宽也的守信，一向为左邻右舍赞誉和称道。

有一天，祖父汪作墉给汪宽也十文钱，吩咐他到西街胡开文墨店，买一锭朱砂墨。那年汪宽也才七岁。

胡开文墨店的老掌柜是胡开文的第四代孙，他一眼认出买墨的娃娃是北街汪作墉的爱孙，便语气十分和蔼地问道：“小声洪呀，你来买墨？这墨，是你爷爷用，还是你父亲用?”

“我爷爷要写字，”汪宽也恭恭敬敬地把十文钱放到柜台上，说，“父亲有时候也要用。”

老眼昏花的老掌柜收下汪宽也手中的十文钱，从柜台中摸出一锭朱砂墨，也没细看，就递到他手上。

汪宽也将墨带回家，交到祖父手上。祖父一看，说：

“噫！店里给错了墨么？这是御制朱砂墨，要值四五十文呢。是谁卖给你的？是铺子里的小伙计吧，粗心大意。”

汪宽也赶快说：“不是小伙计呀，是老掌柜爷爷，他说和您很熟。”

汪作墉想了想，吩咐汪宽也道：“嗯，这样吧，声洪，你再跑一趟西街，把这锭御制墨还给老掌柜，换那块十文钱一锭的。”

“嗯，”汪宽也答应了一声，刚要抬脚出门，只见院内忽然狂风大作，树叶纷飞，黑压压的乌云迅速涌到头顶，眼看一场大雨就要降临。汪宽也笑着对爷爷说：“看看！要落大雨了，我明天去吧。”

汪作墉说：“爷爷不是告诉过你，今天必须办的事，就不要拖到明天么！”

汪宽也赶快说：“记得，记得。今日事，今日毕！”

汪作墉开心地笑了，说：“这就对了。如果你不马上还给人家，墨店晚上盘货对不上账，找到我们家门上索讨，咱们不是贪，也是贪，可就跳到黄河也洗不清了！即使无意，也不要沾别人的便宜，因为这是不义之财。知道是不义之财，就要赶快退还给人家，退得越快越好。”说着，回厢房找来一把油布雨伞，递到汪宽也手上，叮嘱道：“慢慢去，不要慌张，不要忘记给老掌柜说声对不起。”

“为什么要说对不起？是老掌柜没看清楚给错了墨呀！”汪宽也有些疑惑不解。

汪作墉道：“买货之人也有过错啊，应该细看一下是不是自己要的货物，这样就不会酿成差错了。因为你不懂墨的品牌，所以老掌柜不会责怪你，爷爷也不责怪你。但是，说声对不起，是谦虚礼貌之语，也是待人接物中必须做到的礼节。”

听了祖父一番教导，汪宽也明白了。噢，处理生意上的差错，特别是占别人便宜的差错，要速速为宜，而且还要讲究礼节呢。于是他高兴地说："爷爷说得对，我这就去换墨！"

汪宽也将墨用纸包好，紧握在手心，又夹起油布雨伞，一路小跑奔西街而去。走到半路，天上下起瓢泼大雨，汪宽也怕淋湿墨，赶快撑开雨伞，并把墨锭塞入怀中，一鼓作气飞跑到胡开文墨店。汪宽也进了店门，从怀中掏出墨锭，又把事情原委一五一十地告诉了老掌柜。老掌柜非常感动，说："哎哟，我还不知道拿错了墨呢，你这个娃娃，真是个忠厚诚实的好孩子！"

"是我爷爷叫我立刻来换墨！"汪宽也赶快解释，"爷爷说，人不可占别人的小便宜，也不得贪图不义之财，今日事，今日毕，一定要马上送过来。"

老掌柜脸上笑成一朵花，满心欢喜地赞扬道："对！对！你爷爷说得好！从小学得诚实守信，这才是汪家的后代。诚实可成大器之人。娃娃呀，将来你要是做生意，一定会做大生意，成为徽州大商人呐！"

话一出口，老掌柜想想不妥，商贾的社会名声不高啊，怎么能鼓励汪作墉的爱孙去做生意呢？于是连忙改口道：

"不过，你不要去做生意，还是要好好念书！做生意要吃很多苦，只能混口饭吧，名声不好，就是能挣几个钱，里里外外上不了大台面！书中自有黄金屋，书中自有颜如玉，还是念书吧，念好了书，做了官，什么都会有，更能为你们汪家祖宗增光添彩呢。"

汪宽也说："谢谢老掌柜！我一定好好念书！"

"诚实能做大生意"，这句话是汪宽也第一次听别人这样说。多年后，汪宽也执掌祥泰布庄获得成功，此时，他再琢磨当年墨店老掌柜那句话，才真正领悟到其中的道理。

墨店老掌柜一番肺腑之言，给年幼的汪宽也留下了深刻印象。虽然这个时候的汪宽也还没想过做生意，但为人处世应该诚实，这种做人法则是永恒的。

1880 年中秋节后不久，一天晚饭后，汪仁徵将汪宽也唤到正屋，父子俩进行了一次郑重其事的谈话。父亲说：

“声洪，我想让你到上海去学生意。”

听父亲这样说，汪宽也愣了一下，很快回答说：“我不喜欢做生意，我要念书。”

汪仁徵笑笑说：“你的心思我知道。可是，你看咱们家，老的老，小的小，人口越来越多，全依靠我一个人养家，我挣钱也不多，致使家中生计愈来愈困难。所以，我同你祖父已经商量过，你的书读了也有七八年，学问么足够用了，现在决定让你去学生意。你祖父给你安排了，去你汪厚庄叔祖开的上海祥泰布庄当学徒。汪叔祖会捎信给上海，让布店的师傅多多关照你。”

汪宽也是个聪明孩子，对于这个安排，他已有所闻。他央求父亲道：“我还想继续念书，挨到乡试的时候，考一考，看看究竟行不行。难道爷爷没有对您说过吗，我是不喜欢做商人的！”说毕，眼泪哗哗地从腮边流下来。

汪仁徵听儿子说想继续读书，心中也十分难过。汪仁徵不是不愿让儿子继续读书，实在是家庭生计窘迫，全家八口人的吃饭穿衣，全部由他一个人教书挣钱，确实已难以维持。他对儿子好言好语道：“喜欢读书是好事，但家中要有银两供应，娃娃中你是老大，这个道理，你应该懂得。三个弟弟年纪都小，总不能把他们送去做学徒吧。”

汪宽也的母亲不知什么时候进来了，在一边默默听着父子俩谈心。她看到儿子伤心流泪，心中十分悲伤，于是，试探着插嘴道：“洪儿这样喜欢读书，我看让他再读两年吧，这娃娃年纪还小呀。”

汪仁徵一听，生气了：“十四岁了，还说年纪小！别人家，十一二岁的娃娃做学徒的多的是！就算让他再读两年书，咱们家的情况又能好到哪里？无钱供应娃娃读书，到头来不是还得做生意吗？与其晚走，不如早走！”

母亲叹息一声，不再插嘴。丈夫说的是实情，家里的生活开支入不敷出，已经到亲戚家借用周转了不少银钱，这样下去，是没有办法了。

看着低头垂泪的儿子，夫妻俩再也无话可说，想，等儿子哭够了，安静下来，再慢慢说些生活的道理吧，这娃娃最终会想通。

让汪宽也最终破涕为笑并接受商贾命运的人，是最疼爱自己的祖父。

汪作墉说服孙子弃学经商，其实是最尴尬也是最困难的事情。汪作墉一向轻视商人，他如何在孙子面前转这样大的弯？只有借用说故事的办法，委婉地转变孙子的念头。

汪作墉开导孙子借用的事例，自然不会使用戴震这类读书入仕的人物，而是要找经商成功的典范。思来想去，汪作墉想到了胡开文。胡开文是 18 世纪中叶休宁西街胡开文墨店的创业者，一百多年来，他的鼎鼎大名天下知道的人越来越多。

那天下午，汪作墉把汪宽也喊到正屋，让他坐下。看到孙子满脸不高兴，一副闷闷不乐的样子，汪作墉开导道：

“书念得好，固然有

休宁西街上的胡开文墨店原址

做官的可能，但世间成才，不一定非要走入仕之路。三百六十行，行行出状元，这是古训。譬如前些日子，我让你去买墨的那家胡开文墨店，就是一百多年前一个叫胡天柱的小学徒闯荡出来的大家业，很值得孙儿效仿！”

汪作墉为汪宽也讲起了胡天柱的故事。

胡开文墨店创始人胡开文，原名叫胡天柱。胡天柱不是休宁人，他的故乡在徽州所辖的绩溪县上庄村。胡天柱出身十分贫穷，但他生性聪明，做事极认真，而且只要认准一个目标，不达目的誓不罢休。1755 年，十三岁的胡天柱因家庭贫困，来到休宁县城，托人说合，进了西街汪启茂墨店，做了学徒。由于胡天柱格外诚实勤劳，到了店里不久，便熟悉了各种业务，因此很快得到店主汪启茂器重。为了培养这个学徒的经商能力，汪启茂安排他做推销，走南闯北、跑码头、奔商埠，几年下来，推销生意做得很好，既积累了经商的经验，又为汪启茂的墨店积蓄了可观的资本。由此而来，店老板汪启茂喜欢上了这个年轻人，认为他有经商的前途。

后来，胡天柱娶了汪启茂的独生女为妻，变成了老板的女婿。到乾隆三十年（1765），胡天柱继承了岳父汪启茂的墨店，开始走自己的路，他决心打破墨业陈规，制作名牌徽墨，用名牌闯市场。胡天柱亲自挑选旧墨模中的精品，花很多钱购买来上等原料，并聘请优秀的工匠刻模制墨。

胡天柱想，名牌商品需要一个响亮的名字，那么应该起一个什么名字呢?

有一天，胡天柱经过徽州府的孔庙，看到了大门门楣上的金匾写着“天开文苑”四个字，他的眼前一亮：中间两个字，好认又好记，不错，于是他果断地打出了店号“胡开文墨庄”！

喜欢创意的胡天柱，接过岳父的墨庄，真是如鱼得水，大展宏图。经过他的一番拼搏，终使“胡开文墨”在如林墨家中独占鳌头，获得清代四大徽墨之一的称号，赢利颇厚。

后来，胡开文不但在屯溪设立分店，而且还开设茶号、枣庄，置田产，成为徽州巨富。

从普通的学徒走向著名商家，创业成功的事例远在天边，近在眼前。

听完祖父述说的胡开文墨庄创业史，汪宽也不禁怦然心动，钦佩之情油然而生。

汪宽也自小读书之余，喜欢和几个要好的小伙伴去城西的夹溪河滩玩耍，摸鱼、捉虾、捞蛤蜊，十分有趣。到河滩去时，可以从北街绕，也可以穿越商铺林立、车水马龙的西街，走西街，不但更近些，还可以看看店铺的热闹，非常好玩。西街店铺鳞次栉比，一座座老屋马头墙耸立。其中有座二层木楼的单间门面，就是当年曾叫过的“胡开文墨庄”，不知从什么年代又改名为“胡开文墨店”。因为偶尔会去为祖父或父亲买墨，他便借机观赏店中墙壁上悬挂的条幅。店里一位小伙计说，其中还有名人墨迹呢。在汪宽也眼中，条幅上的字写得非常有功夫，那样的字，一个一个可真叫漂亮。对于胡开文墨店，汪宽也虽然熟悉，但它的创业史，还是头一回听祖父说。于是，汪宽也记起了几年前老掌柜说的那句话：

“诚实，守信，不贪不义之财者，可成大商贾！”

不过，曾经一心一意要自己好好读书的祖父，现在却又和父亲站在一起，规劝他去做学徒，对于这一点，汪宽也对祖父有点生气，说：“爷爷您不是一直要求我要好好念书吗？为什么您也改变了主意？”他要看看祖父如何解释。

汪作墉避开了孙儿提出的问题，微笑道：

“小声洪，咱们休宁出外做生意的读书人，自古以来，大有人在。出去见见世面，到大上海闯闯世界吧！咱这穷乡僻壤大山沟，有什么可留恋的？世上三百六十行，行行出状元，你到上海学卖布，兴许能有一番大作为。”他叹口气，声音里透出一丝感慨：

“爷爷年轻的时候开的糟房，那算什么呀，什么也不算，只是个糊嘴的门面。爷爷现在老了，跑不动了，要是在四十年前，我也想出去闯荡闯荡……”

汪宽也的心里渐渐亮堂起来，感觉爷爷说的这一番话，也有道理。但他记起同样是爷爷说过的关于读书的大道理，于是他皱皱眉头，反问道：

“爷爷，我不是说做生意不好，我是想好好念书、写字，等到我长大后，再确定我做什么事情合适。您不是经常教诲我，要好好念书，做一个有学问的人，而且要争取做像戴震那样的大学问家吗？”

汪作墉让孙子的话噎住了。

多少年来，社会对商人的评价，不外乎“无商不奸”、“发财靠胡来”，而且人人都可以说出商人许多奸邪事例，举不胜举。但仔细琢磨，谬误之处在于一叶遮目，不见泰山。“好事不出门，坏事传千里。”世间老老实实做生意的，大有人在，但却很少有人去传播他们美好的名声。人们喜欢传播的，差不多都是那些百里挑一的奸商，一颗鼠屎坏了一锅汤，结果将所有商人的名声都毁坏了。

汪作墉自觉尴尬，呵呵笑着自我圆场道：

“我是说过。此一时，彼一时也。声洪孙儿，你年纪尚小，许多事情并不懂。这世间有很多事，是由不得自己的。读书做官，人人思之，顺理成章，不为过错也！然而天下诸事，吃饭穿衣是头等大事。咱们家这许多人口，柴米油盐哪里来？紧衣缩食，日子越来越难过，光依靠你父亲养活不是长久之计！你已经长大，要懂得为家中分担忧愁了。”

汪作墉说罢，面对空旷的屋顶，徐徐叹息道：“去吧，孙子，到上海学生意去吧。咱们汪家人，大概没有做官入仕的命喽。”

祖父的一声叹息，犹如醍醐灌顶，惊醒了沉溺于读书做官梦想中的汪宽也。原来，敬爱的祖父心中，也有许多人一生中解不开的疙瘩和无奈啊。

汪宽也感觉自己突然长大成人了，他站起来，郑重其事地给爷爷鞠了一躬，说道：

“爷爷，现在我明白了，我到上海去做学徒吧！”

一行老泪，从汪作墉眼眶中汩汩流出，流过脸颊，落在花白的胡须上。唉，作孽啊！让小小年纪的娃娃，从此浪迹天涯，这可是自己视为命根的孙子啊。

不知不觉中，那首古老的徽州歌谣，又一次从汪作墉口中喃喃而出：

前世不修，生在徽州。十三四岁，往外一丢。

听祖父念诵这首歌谣，汪宽也张了张嘴，想对祖父说些什么，欲言又止。终于，他笑起来，笑得十分开心。刚才还为做学徒生气、想不开呢，怎么忽然心情好起来了呢？

汪作墉莫名其妙地问孙儿：“呵呵，闹不明白，这首歌谣有什么好笑的吗？”

汪宽也告诉祖父说：

“爷爷，这首歌谣，还有一种说法，后面还有好多句子，我都能全部背得出！”

“是么？你背诵给爷爷听听！”

汪宽也脱口而出背起了那首完整的歌谣：

前世不修，生在徽州。
十三四岁，往外一丢。
雨伞挑冷饭，背着甩溜鳅；
过山又过岭，一脚到杭州。
有生意，就停留；
没生意，去苏州。
转来转去到上海，

求亲求友寻路头。

同乡多顾爱，答应肯收留。

两个月一过，办得新被头，

半年来一过，身命都不愁。

汪作墉连连称赞道：“不错，你背得不错！我听过，年轻时我都会的，现在你这一背诵啊，一段段我都想起来了！你知道做商人的苦楚，这叫有备无患啊。”

祖孙俩越说越投机，说到很晚才回房入睡。

天亮后起床，汪宽也来到正屋，到祖父写字的桌上，铺纸，磨墨，润笔，赋诗一首：

少年辞故乡，虽稚也悲伤。

泪别慈祖父，流落走四方。

晌午时分，汪作墉捧着一叠纸，到东厢房看望孙儿。汪宽也拿起自己早上写的诗，捧给爷爷道：“爷爷，我要出远门了，这是孙儿写的一首打油诗，留给您作个纪念吧！”

汪作墉接过孙子的诗，看了一遍，连声说：“好好好，孙儿的诗写得好，简洁凝练，纸短情长！爷爷收下了！”

言毕，汪作墉把自己手中的那叠纸递到汪宽也手上，认真指点道：

“这是两章休宁商贾流传的老歌谣，历来休宁外出为商贾者无所不知。此乃千百从贾者自古以来经商、行事、为人之心得，我特意抄写出来给你，你可在路途之中细读之，相信其中有许多道理，你细细思索，会有所收获。”

汪宽也一面从祖父手中恭恭敬敬接过抄写的文章，一面笑嘻嘻地说：

"做生意，不就是买与卖双方之事么，难道还有什么大道理？"

汪作墉微笑道："不做商贾者，可不知，既然从商，就要有所知。孙儿你可于车船旅途中细细阅读。"

迫不及待的汪宽也，赶快借窗外的光亮，一目十行扫了一遍，不由得喜形于色道：

"商贾之人，原来也有这许多道理！"

汪作墉呵呵一笑说："去上海的路上，有五六日空闲，你带在身上，有空就读读，可谓有备无患也！"

贰

上海，一位土布商人的故事

五

布庄来了个汪宽也

1880年深秋，那个阳光灿烂的清晨，十四岁的汪宽也告别了休宁，离开了徽州的山山水水。

古老的徽州，在交通落后的时代，差不多像是与世隔绝的世界。看不到边际的崇山峻岭，苍苍茫茫的密林，万山环绕中奔流而出的新安江，给古老的徽州染上一层醉人的景色。

然而，常常为生计发愁的徽州人，很少有欣赏身边风光的那份闲情逸致，他们注目的中心，是如何走出这片古老的土地，去开辟新生活的疆场。

“天下之民寄命于农，徽民寄命于商，而商之通于徽者，取道有二：一从饶州、鄱、浮（均在江西），一从浙省杭、严，皆壤地相邻，溪流一线，小舟如叶，鱼贯尾衔，昼夜不息。”说的是徽商离开故乡的出路，明清时期徽州通往外面的主要途径还是新安江。新安江是徽州联系江浙沿海的一条黄金水道。

一自渔梁坝，百里至街口；
八十淳安县，茶园六十有；
九十严州府，钓台桐庐守；
潼梓关富阳，三浙垅江口；
徽郡至杭州，水程六百走。

这首由歙县徽商之口编唱出来的《路程歌》，细致描绘出那时的徽州商人，从位于歙县城南练江的渔梁坝出发，沿新安江顺流而下到杭州的路线图。

山高水急，石险浪激的新安江边上，至今还留有许多水码头，渔亭、万安、渔梁、岑山渡、漳潭，都是明清年间徽商出入次数最多的村落或码头，徽州商人一次次地从这里别离家乡，一次次地在这里弃舟登岸，衣锦还乡。

明清时徽商乘船赴浙江、上海必经的新安江渔梁坝

汪宽也先是搭一辆运货的马车，由父亲送他到屯溪镇。汪仁徵把儿子托付给汪厚庄盐栈的一个黄姓管事，再请黄姓管事托付回屯溪镇省亲的祥泰布庄账房程如林，最后把他带往上海。

动身的时间是说好了的，汪宽也在屯溪镇只停留玩耍了一天。傍晚时刻，汪宽也来到新安江边，他的第一感觉是屯溪镇的码头要比休宁的码头大得多，也热闹得多。屯溪镇位于横江与率水汇合之处，两水汇合而成的新安江自此波涛滚滚涌向东南。环顾四周，山清水秀，江回峰转。此时恰是黄昏时分，远自杭州、淳安，近即渔亭、龙湾的舟船逐渐汇集于此，只见十里江面上帆樯林立，各路船家停泊待旦，桅火与街灯相映成辉。而明天一早，这些帆船将各奔东西。果然，第二天早上，程先生带上汪宽也，来到了江边码头，搭上一艘驶往杭州的木帆船，沿新安江向东南顺流而下。

汪宽也站在船上，沿江一带辽阔的视野让他的心情开朗极了，或者是第一次出远门的原因吧，他感觉眼前的一切都很有趣，从船头到船尾，绕来转去，兴致勃勃地观看沿岸风光，搜索那些身着各色服装的人们。

第二天，汪宽也便感觉江岸风光千篇一律，竟然有些无聊了。于是，他回到船舱，从行李卷中翻出祖父抄给他的两篇文章，开始仔细阅读。

第一篇《士商规略》曰：

> 夫人之于生意也，身携万金，必以安顿为主，资囊些小，当以趋疾为先。
>
> 但凡远出，先须告引；搭伴同行，必须合契。若还违拗，定有乖张，好胜争强，终须有损。
>
> 重财之托，须要得人，欲放手时，先求收敛。未出门户，虽仆妾不可通言；既离家庭，奔程途而贵乎神速。若搭人载小船，不可出头露面，犹恐船夫相识，认是买货之人。
>
> 陆路而行，切休奢侈；囊沉箧重，亦要留心。下跳上鞍，

必须自挈，岂宜相托舟子车家。早歇迟行，逢市可住，车前桅后，最要关防。

半路逢花，慎勿沾惹，中途搭伴，切记提防。小心为本，用度休狂，慎其暑寒，节其饮食。到彼投主，须当审择，不可听其中途邀迎之言，须要察其貌言行动。

好讼者，人虽硬而心必险，反面无情；嗜饮者，性虽和而事多疏，见人有义；好赌者，起倒不常，终有失；好嫖者，飘逢不定，或遭颠；以上之人，恐难重寄。骄奢者，性必懒；富盛者，必托人；此二等，非有弊而多误营生。

直实者，言必忤；勤俭者，必自行；此二般，性着实而多成。买卖语言，便捷扑绰者，必是诓徒；行动朴素安藏者，定然诚实。

义利之交，财命之托，非良心者，不可实任也。

买卖虽与之议论，主意实出乎自心。如贩粮食者，要察天时；既走江湖，须知丰歉。荒年艺物贱，丰岁米粮迟。堆积粮食，惟在收割之时；换买布匹，莫向农忙之际。须识迟中有快，当审好处藏低；再有紧慢决断，不可狐疑。

凡货贱极者，终须转贵；快极者，决然有迟。迎头快者不可买，迎头贱者不可停。

《道德经》云：欲贵者，以贱为本；欲高者，以低为机。价高者，只宜疾赶，不宜久守，虽则有利而不多，一跌便重。价轻者方可熬长，却宜本多，行情一起，而得利不少，纵折却轻。

堆货处，要防于水火；卖货处，要论之去头。买要随时，卖毋固执。如逢货贵，买处不可慌张；若遇行迟，脱处暂须忍耐。

货有盛衰，价无常例。放账者，纵有利而终久耽，虚无力量，一发不可；现做者，虽吃亏而许多把握，有行市得便又行。

明代徽商离乡图，于继东绘

得意者，志不可骄，骄则必然有失；遭跌者，气不可馁，馁则必无主张。买卖莫错时光，得利就当脱手。

《士商规略》为五百年商贾经验教训之集大成，是明清时代徽州商人驰骋商场的总结，也是徽商入道的经典教材。汪宽也离家时匆匆看过，已有印象，现在细读，大多懂得。其中有告诫经商之人应该具有的道德水准，也有生意场上如何辨别商机的计谋，还有商人在暗流涌动的商场上如何保护自己的种种策略。这些文章文字精练，表达清晰，比那些“之乎者也”之类的书看起来要有趣多了。

第二篇文章的题目为《士商十要》，其中不少内容与前一篇相似，但表述更朴实，遣词造句更压韵易记，文曰：

凡出门，先告路引为凭，关津不敢阻滞。投税不可隐漏，诸人难以挟制。此系守法，一也。凡行船，宜早湾泊口岸，切不可图快夜行。陆路宜早投宿，睡卧勿脱里衣，为防备不测，二也。凡店房，门窗常常要关锁，不得出入无忌；铺设不可华丽，诚恐人动耳目，此为谨慎小心，三也。凡在外，秦楼楚馆之处，不可私自潜行。适与酌杯，不可夜饮无度。此为少年老成，四也。凡待人，必须和颜悦色，不得暴躁骄奢。高年务宜尊敬，幼辈不可欺凌。此为忠良厚善，五也。凡收账，全要脚勤口紧，不可蹉跎怠惰。收支随手入账，不至失记错讹。此为勤谨细心，六也。凡与人交接，务宜察言观色，必要避恶向善。处事最宜斟酌，切勿欺软畏强。此为刚柔相济，七也。凡遇事，必须公众商议，不得一意为主。买卖见景生情，不得胶柱鼓瑟。此为活动乖巧，八也。凡公席，务宜谦恭逊让，不得酒后喧哗。出言要关前顾后，切勿胡言乱谈。此为笃实至诚，九也。凡见人博奕赌戏，宜远不宜近。遇人挟妓作乐，切勿沾染作耍。此为至诚君子，十也。

以上十条，虽系俗谈乱语，实系少年切要。初出江湖士商，闲时细览，方知商贾经营，非易事也。

听到汪宽也经常口中念念有词，什么“重财之托，须要得人”，什么“奔程途而贵乎神速。若搭人载小船，不可出头露面，犹恐船夫相识，认是买货之人”，程先生一开始还不知道汪宽也读的是什么文章，后来慢慢听出一些名堂，很奇异地询问道：“好熟悉的句子呀！你读的是经商之类的歌谣吗？”

“是的，程先生！离家时祖父交给我的文章，要我细心研究，定有所用!”

这一来，程先生方知汪宽也手中的文章，是汪作墉所授经商之词，感觉有些新奇，说：“给我看看。”

程先生把两篇文章索去，认真看了一遍，对汪宽也笑道：

“嗯，你祖父推荐的两首歌谣，早年我也读过，编写得顺口易记，合情合理，其中不乏行商为贾之道，可为初入商门者学习借鉴。不过……”程先生沉思了一下，诚恳地告诉汪宽也说，“其实真正的生意场上，有许多暗道机关，不像这两篇文章写的这样直白易辨，似是而非、近于两可之间的多，又像商机，又像陷阱。究竟哪些是商机，哪些是陷阱，很难一下分得清楚，需要你细心观察才是。”

程先生想了想，又说：“你所读的这些告诫，有不少是有银钱商贾的防身之术。娃娃，你到上海是做学徒，学徒是发不了财的，实在没有必要防备别人盗抢和欺诈呀。”

“噢，原来是这样。”汪宽也若有所思地应着程先生，“程先生，古话不是说有备无患吗？学徒总要做些进货之类的事吧，万一身带货款被贼人发现，岂不是冒险之事吗？”

“有道理！行商防盗，应防患于未然呀！宽也，你这孩子小小年纪，看不出竟然十分有心计，真是难得。”程先生高兴地笑起来，着实把汪宽也夸奖了一番。初次接触汪宽也的程先生，这个少年给他留下了不错的印象。程先生热情鼓励汪宽也说：

“你如此努力，到布庄之后，只要勤奋敬业，一定大有作为。”

三天后，船到杭州。下了新安江的木船，上岸后在一家旅店好好睡了个安稳觉。次日一行人换乘运河客船，两天后抵达嘉兴。从嘉兴坐车到上海后已经是离开休宁的第七天了。七天的路程，把人走得很疲倦，但头一次出远门的汪宽也却是兴致盎然。这一路，除了观看沿途景色和各种人物，一早一晚他已经把祖父给他的“规略”和“十要”记得滚瓜烂熟。

那天下午，车开到上海。下车后，汪宽也背着小小的铺盖卷，跟在程先生后面，七拐八绕走了一个多小时，天挨黑时跨进祥泰布庄的店门，伙计们里里外外正在忙活着呢。

清末上海外滩

对于汪宽也来说，四十余年的布业生涯，从这一天起拉开了序幕。

初来乍到的汪宽也，对祥泰布庄的一切充满了好奇。正在忙碌的店员们看到账房先生回乡省亲回来，纷纷向他请安问好。同时，大家对跟在程先生身后的这个陌生少年点点头，笑笑，算是表示欢迎。

汪宽也好像听到他们的窃窃私语：

“毛头娃娃哪里的？”“听说是老东家介绍来的本家。”“休宁来的吗？像个学生娃呀，这么远到上海当学徒，家里人怎么舍得喔。”“肯定不是富人家的娃呀。哎，管那么多干啥呢，又不是你家亲戚！”

程先生先把汪宽也带到学徒住的屋子。这间屋子住着5个人，还有一张空床，正好给汪宽也。汪宽也将行李放下，洗了把脸，程先生便带他去见布庄总管事胡永坤。

那是放着一张大桌子和许多木椅的大房间，房间的两端各悬着一盏雪亮的电灯，墙壁上还有马灯和汽灯。马灯和汽灯，汪宽也在休宁见到过，屯溪的戏班到休宁演出时，戏台上点的就是汽灯，贼亮贼亮的，隔一会儿要有人向灯里打气。不用油的电灯，汪宽也是第一次看到，祖父曾和他说过，大上海就有这样的灯，好使是好使，就是怕停电。什么叫“停电”？为什么会“停电”，汪宽也就弄不明白了。汪宽也想，布庄的马灯和汽灯，大约就是为了防备电灯“停电”吧。

一个四十多岁戴眼镜的高个儿瘦男人，正在电灯下翻阅一个很大很大的账本。他抬头看到程先生进来，便很客气地寒暄道：“程先生你可回来了！一路上辛苦了吧？”接着，他从眼镜边缘瞅了瞅汪宽也，很和气地说：“这娃娃就是老东家介绍的小学徒吧，汪声洪？”汪宽也点点头，有些腼腆地笑笑，然后恭恭敬敬地说：“我今年十四岁，初次出门，还请管事伯伯和程先生多多关照！”

听汪宽也这样说话，胡管事满面笑容地说：“呵呵，不错呀，不错！不愧是徽州人的儒家风范哪，遣词造句彬彬有礼，极像个秀才呢。”

原来，胡永坤也是徽州人，老家歙县，他的父亲和汪厚庄的父亲是拜把兄弟，早年时，相互来往十分密切。因此汪厚庄对胡永坤如同心腹，将打理祥泰布庄的全部事务都交给了他。

胡管事和汪宽也简单聊了几句家常，转身对程先生道：“时候不早了，路上走了六七天，你们也累了，这样吧，你带小宽也到厨房吃个饭，再洗个澡，就早早歇息吧，具体活计上的事情不要着慌，咱们明天细说。”

第二天早饭后，程先生来了。他带着汪宽也又到了昨晚胡管事办公的那间大房子。胡管事早早就来了，他给汪宽也看了一张写了许多字的纸，说是“契约”。汪宽也看完后，自己也说不出有什么意见，反正有老东家介绍，又有程先生关照，大约是不会有什么差错的。于是，按照胡管事的指点，汪宽也在契约上签了名，按了手印。按照上海绝大多数店家流行的规矩，店中收徒应由中间介绍人画押作保，由于汪宽也的介绍人是祥泰东家汪厚庄，这个学徒的情况就有点特殊了，不便再给东家添麻烦。于是由程先生在契约上画了个押，算是代表汪厚庄收了这个学徒。

画过押，程先生对汪宽也半开玩笑道："在祥泰布庄你可要认真做事呀，弄出点什么麻烦来，我这个画押的可是有责任哟！"汪宽也憨厚地笑着说："程先生你放心好了，我一定好好干活，绝不会丢你的脸面。"一番话不但说得程先生眉开眼笑，就连胡管事也夸赞不绝地说："这娃娃倒是个极懂事的孩子，很不错！"程先生道："胡先生请放心！咱们东家向来看人不会走眼，调皮捣蛋的娃儿进不了祥泰的门。"

程先生先将汪宽也带到了账房，取出一套祥泰布庄学徒穿的衣服，让他换上。接着，程先生告诉汪宽也，凡刚进布庄的学徒，初来乍到，头三天是不安排做事的，确定好师傅之后，由师傅带领着，在布庄的门面、仓库各处转转。自然，汪宽也也不例外。汪宽也是汪厚庄介绍来的本家祖孙，与一般师傅介绍进来的学徒，在地位上自然有所不同。于是，胡管事就请程先生抽些空闲亲自带领汪宽也熟悉店情。

两三个时辰转下来，汪宽也知道了什么叫"堆积成山"，祥泰布庄的布就是"堆积成山"。布庄是一座三进深院，进到大门里面是第一进，左右各有四间房子；穿过小院后是第二进，仍然是左右各有四间房子；再进一个院，是一座二层楼，上下各有 8 个房间，有 4 间住着家在外地的店员和学徒，除了管事、账房办公和休息的地方，再除去厨房和洗衣服（也兼店员们洗澡）的地方，其他做了堆放布匹的仓库。做仓库的房间地板上，高高堆码着一摞又一摞的土布，大多是织成的白色原布和彩色条纹布，也有少量染成全色的布匹。

"哎呀，这里竟然有这样多的布，可以给好多好多的百姓做衣服！"初见世面的汪宽也不由得惊叹布庄的布匹如此之多。程先生笑道："这也叫多？娃娃，你这是新来乍到，少见多怪呀，总共不到一万匹布呢。等到深秋时节收布旺季，最多时咱们一天能收进八九万匹，屋里放不下，就堆积在院子里。"汪宽也吐了吐舌头道："那真是布山布海了！堆在院子里，

清代布庄（模型）

碰上下雨不就淋湿了吗？”程先生说：“亏得你想得周到，布庄有大油布，下急雨时盖起来就行了。不过最好是搬到屋里，布不能淋雨，也不能长时间受潮。”汪宽也问：“如果淋湿了呢？”程先生说：“一出太阳就要赶快搬出来晾晒！否则布会发霉变色，发霉变色的布，客商是不会进货的。如果报废了，就只好打入亏损。”

汪宽也的勤学好问，给程先生留下了第一印象。

祥泰布庄的店员和学徒真是不少，吃饭的时候，厨房边上的餐厅，二十多名店员和学徒，能坐上满满三桌，人多的时候，常常还要加一桌。

上海的一切对于汪宽也都是生疏的、新奇的，无论是外面宽宽的马路、数不清的各式店铺、一辆又一辆的洋车、黄包车，还是祥泰布庄内朝夕相处的人，都和休宁城大不相同。祥泰布庄的店员和学徒，三分之二来自浦东川沙、浦南松江，还有青浦和嘉定，他们用上海本地方言交谈时，汪宽也一句也听不懂。好在还有三分之一的店员，还有管事、账房都是徽州人，与这些徽州老乡说话倒是毫无障碍。大家对这个刚刚从徽州到上海的新学徒，投来的目光中，有好奇和友好，也有冷淡和戒备。不少当地伙计和学徒发现，这个名叫汪宽也的学徒不一般，管事和账房先生对他都有几分客气。于是大家认为汪宽也有靠山和背景，绝不会像他们那样凭出苦力挣钱。这样一想，许多店员和学徒对汪宽也敬而远之，很少有人主动和他搭讪。

这让汪宽也隐隐约约产生了不安，只能偶然和程先生说说家乡话，至于胡管事，他从不敢去打扰。不久，汪宽也就开始想家，想念辛辛苦苦为生活忙碌的父母和慈祥的祖父祖母，还有自己调皮的弟弟们。

汪宽也毕竟还是个大孩子，他想念休宁的北街、南街、西街，想念老西街最西头那条清凌凌的夹溪河——现在不是下河玩水的节气了。如果在夏天，汪宽也可是游泳戏水的一把好手，读书之余，约上三五个小伙伴在河面上穿梭二三个来回那是轻而易举的事。

清代布号内室情景（模型）

现在，汪宽也明白，自己已经来到了上海，做了学徒，意味着踏上生活的道路。他只能向前走，不能后退。

徽州人送男孩到外面经商，当学徒，差不多各家父母都会这样叮嘱："娃娃，记住了，出去须吃得苦中苦，千万别做茴香萝卜干！"

凡做徽商的人，都知道这句徽州俗语的含义："茴香"，谐音"回乡"，"萝卜"，谐音"落魄"。一个男孩出门学做生意，如果半途而废"回乡"，意味着自己一生的"落魄"和失败，那会让自己家人和社会上的人瞧不起，甚至将来没有女子愿意嫁给他。

开弓没有回头箭。汪宽也想起离开故乡时父亲的教导和祖父的嘱咐："做了学徒，不像在家了。你要和别的学徒一样，扑下身子老老实实地干活，多做少说；人家流多少汗，自己也要流多少汗，别人能够吃的苦，你必须也能吃。"他记得，慈爱的祖父特别叮咛过自己："吃得苦中苦，方得甜上甜。"还给他说过卧薪尝胆的故事。

时间一长，大伙儿见汪宽也是个肯出力气的孩子，开始的排斥和戒备便慢慢消失了。何关林、乐北钊、周梅林、倪伟荣、冯毓章、司庆云、顾文琪这些年轻的店员们，十分喜欢汪宽也的吃苦能干和直率。稍有闲暇，汪宽也便会用浓重的休宁口音给他们讲许多有趣的故事，别人听不明白的，他反复为大家解释。好在休宁话是祥泰布庄的"母语"，上海籍的店员大多能听明白。汪宽也的朴实使众人和他无话不谈。从店员们口中，汪宽也慢慢了解到，上海的学徒生活很苦。

那个时代在店铺当学徒，过的是没有自由和安逸的日子。无论什么行业，无论在什么样的店里，学徒干的活普遍最脏、最苦、最累，地位也最低。学徒不仅要完成店铺规定的繁重劳动，管事和师傅布置的要干，不布置的，也要主动去干。干得好，是应该的，没有谁来表扬你；干得差，就得受训斥；如果把事情干坏了，店铺受损失，学徒还要赔偿。另外，学徒还要受师傅的压迫和管制，替师傅做杂事，如洗衣服、洗鞋子、买香烟，各种杂事和跑腿，师傅在那里呼唤一声，徒弟就要雷厉风行马上做，延误一点，就要挨骂，挨骂算是轻的，碰上师傅火气上来，甩两巴掌，徒弟也不得回嘴。由于徽州人讲究儒家风范，所开之店，以语言教训和指点者居多，体罚者甚少，实在不行，解除学徒契约是最严重的，也是一了百了的惩罚。

徒弟对师傅如此谦恭和忍让，除了师道尊严，还有一个想法，想让师傅多教授自己一些做生意的技术和秘诀。在祥泰布庄，徒弟要学的就是收布、验布和卖布的技艺。只有把师傅的手艺学到手，出了师，才算熬出头。师傅愿不愿意教给徒弟真本事，则是另一回事。很多师傅对徒弟，是非常保守的，就像猫不愿意把上树的本领教给老虎那样，关键的手艺给了徒弟，自己就完了。所以，教，固然还是要教，带徒弟是店铺给师傅的任务，是行规，但关键手艺和业务诀窍的掌握，主要得靠学徒自己的悟性和修炼。门面上的算盘，种种布匹的质量鉴别、与客户接触和磋商，都需要学徒跟在师傅后面，察言观色、用心领悟。

祥泰布庄的店员多为本店学徒出身，大都是上海周边农村贫穷农民子弟，通过说情、送礼、请托，好不容易找到了当学徒的路径。进店时，除了要有熟人介绍，还要有人作担保或铺保。由店职员介绍的学徒，就不需要这个铺保了。上海土布行有个不成文的规矩，凡本店介绍来的学徒，介绍人承担管教责任，学徒犯了错误，介绍人负连带责任。有一些布庄，对犯错的学徒，不但实行体罚，而且命令由这个学徒的介绍人动手实施。祥泰布庄没有体罚，学徒犯了大错，卷铺盖了事。在那个时候，乡村农民的孩子能到上海的布庄做个学徒，是很不容易的，为了端牢饭碗，极少有学徒敢做越轨之事。

胡管事为汪宽也选定的师傅，名叫严锦贤。严锦贤是祥泰布庄资格最老的看布师傅，他十五岁那年，经人介绍进了祥泰，已经干了十五年，算是布庄的老店员。严锦贤脾气好，人也厚道，但对徒弟做事、干活，要求十分严格，犹如他的姓氏“严”一般。这下子，“宽”徒弟碰上了“严”师傅，看严锦贤如何为师。严锦贤虽然知道汪宽也是汪厚庄的本家，但对这个徒弟却没有丝毫的宽大和特殊，他对汪宽也说：

“咱们做土布生意这一行，靠的是手勤、眼快、鼻子尖，眼要会看，手要会摸，鼻子要会闻，特别是收布的关口要把牢，质量不能出丝毫差错。一旦不小心收了假布和次布，败坏了祥泰的声誉，造成损失咱们谁都担不起。”

“是，师傅！我一定小心行事！有失误之处，请师傅及时指教！”

严锦贤道：“说不上什么指教喔，胡管事让我带你，我有责任呀。师傅不周之处，也请你多多包涵啦。”

看到别的学徒空闲时总是随时留意为师傅做一些打杂的事，汪宽也留心忙里偷闲，要给严锦贤洗衣服、买香烟。严锦贤婉言制止道：“你与别人不同，东家的祖孙呀，师傅的杂事免做。但你要好好地学生意，我会好好教你，生意学不好，我没法向管事交代，东家也会生气。我带徒弟，喜欢要求学徒任何事都要做，不能怕吃苦。知道吗，做学徒怕吃苦，将来出了师，是没有多大出息的！还要头脑机灵，多看，多想，多练，功夫慢慢就会学到手。告诉你吧，要师傅手把手全心全意把技艺都教给徒弟，除非徒弟是自己亲生儿子！自古来，师傅领进门，造化靠自己！”

汪宽也非常感激严锦贤的肺腑之言，他说：“我愿意按照师傅所教授之辞行事，请今后您对徒弟多多指教。”

在后来的日子里，汪宽也强烈地感受到布庄学徒的辛苦。

小时候，汪宽也在休宁老家的生活很有规律，早晚都可以看到太阳的起落，可以去正屋看条桌上放置的那架自鸣钟，它的钟摆每天走动不停，有祖父定时为它上弦。那还是祖父的父亲年轻时，托人从杭州带回来的天津货，走得可准呢。

布庄的店员和学徒，没有看钟表作息的习惯，因为他们是干力气活的受苦人，生来就没有这样的福气。多少年来，大家都是根据天色明暗，掌握干活的时间。不论冬夏，天麻麻亮，大家就要起床，下门板，理货物，做开张前的各项准备；天亮一小时之后，就要正式开张收布或卖布；中午是没有休息时间的，大家轮换着匆匆吞上一碗饭就得回来，铺面的生意一刻也不能停。午休，那是有钱人的奢侈。生意一直做到天黑，做到眼睛没法看清布是什么颜色了，才可以收拾东西回店准备打烊。秋末冬初，是上海四郊农民的织布旺季，几十个大布庄，八仙过海各显神通，一个个争先恐后，大清早就纷纷下乡设摊收布，浦东一带产布区收布摊点星罗棋布，一句话，收到手的布就是银子。在这样的激烈竞争中，祥泰布庄自然不甘落后，凌晨四点多钟，店员就要一骨碌爬起来，抢在天亮前赶到三十里路外的浦东土布产地收货。忙活一整天，一直到晚上六七点钟各大布庄的摊点纷纷落市，大家才能收摊回店。

就这样，汪宽也跟在严师傅后面，马不停蹄地奔波于门面和乡下，验布、收布，人手不够的时候，还要包装、运布，十几个小时干下来，即使是铁人钢马也没有不累不乏的道理。可是没法叫苦，活儿就在那里，干不完谁也不能打道回府。偶尔，严锦贤会十分关切地问问汪宽也："你累不累？累么，咱们就歇歇。"汪宽也说："不累。"心想：干这样重的活，哪能不累呢，师傅能坚持，自然我也得坚持，大家能撑住，我也撑得住。严锦贤朝汪宽也竖了一下大拇指，夸赞道："你这娃儿，行，有种！"

大伙儿忙活一整天，收摊回店里，已经是天黑二三个小时了。汪宽也想，回来后应该先洗个澡，换上衣服，再吃饭，吃饱后再睡上一大觉，累也就缓过来了。谁知徒弟也没有这个福气，布庄里的活儿，多得没完没了。一些外地的大布商，随时随地都可能到祥泰布庄进货，要是没有现货，人家会立马去别的布店，竞争相当激烈，时辰就是银元啊。这话说得没错，因此各个布庄都要随时准备大批布匹，有备无患。从乡下把布收运回布庄，还得马不停蹄地对布匹进行分档、包扎和整理，一直要忙到九点多钟。九点多应该吃饭了吧？有时候行，有时候还不行。碰上需要第二天一早装运的布匹，那大家必须把打包、装箱的活儿做利索，经常忙到晚上十点，才能把一天的活儿全部干完。农民织布的旺季，布庄的伙计们往往干到半夜十二点。疲劳至极的人们稍稍休息三四个小时，就要开始第二天的作业。

累啊，累。这样的累，在休宁的时候，想也想不到。

汪宽也和其他学徒一样，干活的时间也很长。没开市前，他要起身为店里做清洁，白天要帮助做各项业务。夜晚打烊后，他要绕打包用的绒绳、整理招牌纸，还有其他种种无人做的杂事，只要师傅一个眼色或者一声吩咐，学徒就得闻风而动，不得偷懒。性格倔强的汪宽也，从来不让师傅特殊照顾自己，也不希望管事和账房招呼严师傅关照自己。他觉得，既然是学徒，别人怎么干活，自己也应当怎么干活。如果由于和东家汪厚庄的这层关系而受到特殊照顾，他就会被众人孤立。记得刚到祥泰布庄时，由于大家知道东家汪厚庄是他的本家叔祖，总是另眼看待他，有些疏远。汪宽也知道，要和大家和谐相处，用的不是花言巧语，而是汗水，是实实在在地干活。记得离家时父亲的告诫："端人家碗，受人家管。要好好干活，别人能吃苦，你也要能吃苦。这样才不会成为孤家寡人。"果然，汪宽也和大家一样起早摸黑，什么活都干，从不挑三拣四，多干些活，也从无怨言。半年时间下来，大家对这个做事多，说话少的徽州少年十分佩服，纷纷亲昵地叫他"小休宁"。

在汪宽也眼中，祥泰布庄中最值得同情的人，要数店里雇用的那些勤杂伙计们。收布旺季，布庄迫切需要回笼资金，为了早日收到货款，胡管事便要求勤杂伙计连夜包装布箱，往往要一直忙碌到天亮。勤杂伙计们干活的时间，每天都超过 12 个小时，有时会达到 16 个小时。这样辛苦的工作，时间长了，怎么能够忍受呢？可是勤杂伙计们竟然多无怨言。后来才明白，由于祥泰布庄经营不错，每到月底，店员们的薪水都能按时拿到，而且比其他布庄的薪金略高，且很守信用。在中国，往往越是最苦的人越是最容易满足，做勤杂活儿的伙计们虽然又苦又累，但这样相互比较一下，也就不再说什么了。到时能拿到薪金养家糊口，已经谢天谢地了。

从小在家娇生惯养，哪里吃过当学徒的苦。汪宽也明白，这样的生活，大概就是祖父反复说的“卧薪尝胆”。汪宽也明白，自己毕竟是东家汪厚庄介绍到祥泰的休宁小本家，和一般的学徒还有不同之处，人嘛，不看僧面看佛面，即使自己偶尔做得不好，或者懒惰一点，胡管事不会说什么，程先生就是批评，也会温和教诲，绝不会让他难堪，至于打骂、欺负、刁难的事情，几乎没有发生过。这里面主要有两层原因，一是汪宽也一向与人为善，二是汪宽也干活不比别人差，挑不出他的毛病。

“东家本家祖孙”这样的身份，从来没有让汪宽也沾沾自喜。他一直把自己看成与别人一样，依靠出卖力气和汗水吃饭。汪宽也想：“别人怎么想，是别人的事，我的职责，就是老老实实做好自己的分内事，不可以出任何差错。”

三年后，汪宽也学徒期满，正式出师成为店员。这一年，虽然他只有十七岁，但由于他在学徒期间一向谦虚谨慎，在店中的口碑倒是出奇地好，竟然没有一个人说个不字。特别是他满肚子的诗书典故和学问，让年轻的店员和学徒十分钦佩。

记得有一次，在仓库翻桩的何关林和顾文琪在休息时，为了黄道婆的故事而争执起来，一个说黄道婆当年到海南是让海盗劫持走的，一个说是黄道婆忍受不了婆婆的折磨，自己逃到海南去的，谁也说服不了谁，弄得两人脸红脖子粗，看热闹的伙计们也感到十分尴尬。此时忽然有人道：“你们俩去找汪宽也评判评判吧，他念的书多，知道的学问肯定多。”何关林不屑一顾地说：“汪宽也？他可能知道徽州的典故，但不一定知道松江黄道婆的故事。”顾文琪道：“可不一定，天下之人，只要读书或者织布，有几个不知道黄道婆？”

于是，两个人一起来到门面，请汪宽也做仲裁。

汪宽也问明两个人是为黄道婆而争执，感觉很好笑，他问道：“你们谁说黄道婆是让海盗抢到海南去的？”何关林道：“是我，我听了几个人都是这样说，要不，一个弱女子，如何到得了海南崖州？”顾文琪打断何关林的话头反驳道：“你说得不对！黄道婆就是自己跑到崖州的，我家住的乡下农村，就是黄道婆出生的乌泥泾，这事儿不比你清楚！”何关林嘿嘿一笑道：“你家就是黄道婆后代，又怎么样？你总不会是从元朝过来的人吧？”

顾文琪回击道：“你纯粹是道听途说！”

弄清楚原委，汪宽也笑道：“你们两位上海老乡真是大水冲了龙王庙哦。不过你们找我算是找对了判官，我还真查考过这个故事。去年我到乌泥泾收布，还特意向当地老人们打听过黄道婆。和你们争论的一样，老人们也是两种说法，一种说是抢去的，一种说是逃去的，公说公有理，婆说婆有理。不过呢，两年前我在旧书摊上买过一本石印的《木棉谱》，其中就有记载黄道婆经历的文字。”

何关林连忙插嘴道：“这本书在吗，白纸黑字，用不着争论了！汪师傅，你是否可以找来读与我们听听？”

汪宽也说：“好啊，你们代我看一下门面，我去去就来！”

不多会儿，只见汪宽也兴冲冲地拿着一本发黄的线装书，边走边翻，大声说道：“不用争论了，书上记载得十分周全!”

何关林和顾文琪赶紧凑上来，异口同声地说：“你念给我们听！”

因为线装书是竖排文言文，没有标点符号，汪宽也边念边断句：“这本《木棉谱》中有两处说到黄道婆，第一处是这样说的：黄道婆，本邑人，流落崖州海峤间，元元贞年间，携纺织具归，传其法于乌泥泾人，人皆大获其利。婆死，立祠祀之。明张之象复塑其像于宁国寺，今城中

从海南回到上海的黄道婆（腊塑）

渡鹤楼西北小巷内，亦立庙祀之。邑之女红，岁时群往拜礼，呼之曰黄孃孃。但所塑者如三十许女子，殊失实矣。第二处是这样说的：旧传黄道婆，能于被褥带帨上作折枝团凤綦局花纹，邑人化面为象眼、为绫纹、为云朵……”

何关林打断汪宽也道：“好了好了，不念了不念了，越向后越听不明白。不过，这书上说的只是黄道婆流落崖州，究竟怎么去的，并无交行啊。”顾文琪立即反驳何关林道：“书上说‘流落’么，自然是黄道婆自己去的，与你说的海盗劫持完全是两回事！”何关林毫不示弱地回击道：“这本《木棉谱》写了不过百年，黄道婆是五百多年前的人，她怎么去的海南崖州，我看这个写书人也未必弄得清楚！”

汪宽也沉吟片刻，平心静气地说：“依我之见，既然写在了书上，写书人是要作一些调查了解的，故书中记载仍为可信之言。传说传说，民间传说不足为训，三人成虎，极易走样。”

听汪宽也这样一说，何关林和顾文琪不再争论，异口同声地道：“你说得很有道理！黄道婆究竟是为什么和怎样去了崖州？”

汪宽也想了想，认真地说：“黄道婆的详细故事，我约略晓得，她是因为受不了丈夫和婆婆打骂，一气之下逃到海南的。去的时候是到外滩码头偷搭的福建海船，三十年后从海南返回来，是求松江到海南送货的船捎回的，所以才有海盗将她抢劫的误传。你们想想看，如果黄道婆最初是让海盗抢去的，她怎么能心甘情愿地在崖州定居三十年而安然无恙呢？”

这一下，算是把何关林和顾文琪镇住了，他们俩异口同声地说：“汪宽也，你肚子里的学问可真不少啊！土生土长在徽州，竟然也知道黄道婆这样多的故事！”

一直坚持黄道婆是被海盗劫持的何关林红着脸对汪宽也道：“你分析得有些道理。黄道婆不过是一个普通妇道人家，家又贫穷，也不是美女，海盗劫持她有什么用呢？而且对黄道婆毫无侵害，到了崖州，又放她下船安然度日，于情于理也说不通。”

汪宽也笑笑，开口吟出一首传诵黄道婆事迹的诗歌：

乌泥泾庙祀黄婆，标布三林出数多。
衣食我民真众母，千秋报赛奏弦歌。

汪宽也在做学徒的时候，就对松江土布的悠久历史产生了兴趣，黄道婆自然而然进入他的视线。

古代，纺织工具和纺织技术落后，所织棉布质量差，产量低，松江地区土布在很长时间内处于原始和徘徊状态。宋末元初，距松江府约五十里的乌泥泾，有一位名叫黄道婆的妇女，出身于贫苦农民家庭，十二岁时被卖给人家当童养媳，白天她下地干活，晚上还要纺纱织布，往往要忙碌到深更半夜。吃不饱穿不暖不说，还要遭受公婆和丈夫的打骂和非人虐待。“多年的媳妇熬婆婆”，一般人家的童养媳，都是忍气吞声，一天天、一年年，苦熬岁月，心里想着“总有出头的日子”。可是这位黄道婆，脾气特别倔，二十岁那年，火山终于爆发。黄道婆被公婆、丈夫一顿毒打后，她在房顶上掏了个洞逃出来，先是躲到黄浦江边的海船上，后来随船逃到海南岛的崖州。淳朴善良的黎族同胞十分同情黄道婆的遭遇，热情接受了她，帮助她盖了一间简单的房子，将当地的纺织技术毫无保留地传授给她。由于受南洋和广东纺织业的影响，海南的棉纺织器械和技术比松江地区先进得多，黎族人织出的黎单、黎饰和鞍塔闻名内外，黄道婆又惊又喜，她勤奋虚心地向黎族同胞学习，将两个民族的纺织技术进行了融合，织出的棉布质量和产量不但远远超过松江布，而且也超过了海南黎族同胞

黄道婆改良的捍花机取代了手工剥棉籽

所织的布。元贞元年（1295）的夏天，黄道婆在崖州偶然发现了一艘来自松江的货船，与船老大一番攀谈，方知故乡的纺织工具依然如故，于是决定返回松江。船老大听当地的许多人说过黄道婆的故事，十分感动，立即答应把已经五十岁的黄道婆带回松江。

重新返回乌泥泾的黄道婆，发现松江地区的纺车、织机和纺织技术，与三十年前相比竟然没有丝毫进步。籽棉加工成皮棉，仍然是动员家中的老人和孩子，用手将棉籽一粒一粒地抠出来。黄道婆感叹道："松江农家的许多工夫，都糟蹋在剥籽上啊！"于是黄道婆首先致力于改革纺织工具，制造出去籽搅车、弹棉椎弓、三锭脚踏纺纱车，并对织布机进行了改良。赶籽、弹花、纺纱、织布，各道工序都有了新工具，许多工序由以前的手工操作改革为半手工，劳动效率大大提高。棉籽剥离不再用手去一粒粒地抠，而是使用去籽搅车将棉籽一排排地从棉花中挤出来，十分省力。

黄道婆主要致力于解决纺纱慢于织布的问题。未改良前，松江及江南地区织户使用的都是旧式单锭手摇纺车，一个人扯着一根线，摇啊摇，功效非常低，要三四个人一起纺纱才可以供上一台织布机的原料需要。黄道婆和木工师傅一起，经过反复试验，最终成功地把原来用于纺麻的脚踏纺车改造为三锭棉纺车，一下子就把纺纱效率提高了两三倍。新式纺车一制造出来，在淞江一带很快得到了推广。之后黄道婆又把从黎族人民那里学来的织造技术，结合自己的实践经验，总结成一套先进的"错纱配色、综线絜花"等织造技术，热心向人们传授。松江和乌泥泾农民掌握了先进的织造技术，出产的被、褥、带、帨等棉织物，上有折枝、团凤、棋局、字样等各种美丽的图案，鲜艳如画，一时"乌泥泾被不胫而走，广传于大江南北"。明正德《松江府志》这样记载松江棉布业的盛况：

乡村纺织，尤尚精敏，
农暇之时，所出布匹，日以万计。

以织助耕，女红有力焉。

纺织不止村落，虽城中亦然，织者率日成一匹，有通宵不寐者。

里媪晨抱纱入市，易木棉以归；明旦复抱纱以出。

黄道婆去世后，有文人赋词赞曰：

前闻黄四娘，后称宋五嫂。
道婆异流辈，不肯崖州老。
崖州布被五色缫，组雾紃云灿花草。
片帆鲸海得风归，千轴乌泾夺天造。
天孙漫司巧，仅解制牛衣。
邹母真乃贤，训儿喻断机。
道婆遗爱在桑梓，道婆有志覆赤子。
荒哉唐玄万乘君，终腼长衾共昆弟。
赵翁立祠兵火毁，张君慨然继绝祀。
我歌落叶秋声里，薄功厚飨当愧死。

黄道婆的故乡乌泥泾，至今还传颂着民谣《黄婆婆》：

黄婆婆，黄婆婆，
教我纱，教我布，
两只筒子两匹布。

六 看布师傅

十分聪明好学的汪宽也，一年下来，不但出色地完成了师傅严锦贤分配给他的杂活和力气活，而且初步掌握了布匹经营中的技巧，从而在门市上能够独当一面——收买布匹、看货听价、搜集其他各布庄的行情和种种商机信息。同时，汪宽也弄清楚了布庄中“配布”、“看布”“会计”、“中班”、“学生”这些不同的分工和职责。三年学徒期满，汪宽也做了祥泰布庄的零布师傅（是看布师傅的最低级别），每天都要和络绎不绝的卖布乡民、布贩打交道。

清末时期的上海，各布庄的生意市场，一是在本地零售，二是批发给外埠商贩。土布货源基本上来自本地，因此，布庄自己要会收布，会收布的关键在于会看布，看布走了眼，差布当好布收进布庄，生意全盘皆输。上海的土布行业大大小小有几百家布店、布栈和布庄，收购布匹的方式可以说基本上差不多。祥泰布庄收布，也是通过两种途径：一种途径是坐庄收购，守株待兔，在门市上等农民和布贩将布送上门。店员们一大早就得起来下门板开张，及至晚上打烊，全天可收布一两千匹甚至更多，产布旺期可达万匹。另一种途径是布庄派人直接到产地向织布农民收购，或者从产地的小布贩手中收布。上海的布业竞争十分激烈，各大布庄为了增强实力，降低成本，一般都通过第二种途径争夺和控制货源。许多大布庄在产地自设固定采购点收购布匹，为确保布匹的质量，有的布庄还直接向棉织户发放银两，实行订货纺织包销。

到祥泰布庄门市送土布的，大多是川沙、南汇、青浦和浦东一带乡村的织户和坐地收布的小庄主。这些地方的织户秋后农闲，全家老小奋力纺纱，织出各色各样的土布，再送给布庄，指望卖个好价钱养家糊口。布匹织得少的农家，跑几十里地到店里送布很不划算，便以比较便宜的价格卖给专门到村中收布的小庄主，小庄主收拢一批布之后，再送到乡村集镇上大布庄设置的收购点，从中赚个差价，积少成多，利润也相当可观。有的小庄主为了多卖些钱，不怕路远，可以直接送到大布庄的门市。最可怜的还是农村的织户，他们把布卖掉，一算账，除去成本，所赚利润很少，能维持全家一日三餐算是很不错了。

汪宽也小时候生活的休宁城，与山区乡村隔河相望，每日有许多农民到城里卖菜卖柴，并捎回乡下人必须要用的油盐酱醋和针头线脑等日常杂物。在汪宽也的印象中，他每次出门上街，都会看到四里八乡摩肩接踵的农民，不但可以听到他们口中浓浓的乡音土话，而且还能吃到家人从他们手中买回来的蔬菜和鱼虾。祖父告诫汪宽也道："世上的人再有钱，也不能把银子当饭吃，更不能当衣穿，你须记得只有乡下人才是城里读书人的衣食父母。"农民是读书人的衣食父母？可是为什么总是农民的日子最苦呢？汪宽也弄不明白其中的道理，但从内心里对农民充满了同情，他想：

无论如何都应该善待农民，等我长大了，一定要为乡下农民做些事情，让他们的日子也像城里人那样过得富足和舒服些。

现在，面对川沙、南汇、青浦、浦东农村潮水般涌来的卖布农民，汪宽也童年时代许下的心愿倏然再现。这位祥泰布庄的零布师傅，对农民辛辛苦苦织出来的土布，只要质量合乎布庄的收购标准，都是客客气气地按照不同的质量级别收下来，并当场将所值银元递到农民手中。对送来的土布吹毛求疵、压级压价，甚至对送布人吹胡子瞪眼，这些让农民寒心的事情，在汪宽也身上向来没有过。

当时上海很多布庄、布店，利用“货到地头死”的心理优势，通过门市压级压价手段低价吞进农户布匹，这是许多布商惯用的手段。有一次，胡管事对汪宽也暗示说：

“收布时级别档次的控制，就低不就高，这样布庄才可以多赚钱。”对于这样的经商准则，汪宽也有些不以为然，他回答道：“我是按照祥泰布庄既定的标准收布啊，如果故意压价，会把老客户吓跑，老客户跑了，损失不就大了吗？”他记得，祖父抄写给他的《士商十要》中有这样一条：“高年务宜尊敬，幼辈不可欺凌，此为忠良厚善”，待人忠良厚善，就应当童叟无欺。既然童叟无欺，也可引申为不可对农民故意压价，此乃商人良心所在，怎么可以违背呢。

后来，汪宽也把这事情告诉了师傅，严锦贤说：“布业经营习惯一向如此，只要市面上货一多，布商都会立马变脸压价。胡管事是布庄的当家人，他的话你要应着。但验布、收布，还要按布庄的规矩办，乡民织布不易，咱们不可做昧良心之事。”

严锦贤的话代表了织户的利益，这并不奇怪，他就是南汇乡下人，他的家人和亲戚，有不少几辈子都是以纺织为生的织户。

后来，胡管事通过账户先生向汪宽也打招呼，仍然是那句老话，收布旺季，布匹如山，各大布庄都在拼命压价，谁不压价谁犯傻。这样的提示，让汪宽也十分为难。明明是达到“上上”级别标准的好土布，怎么能为了让布庄多得几钱银子而违心地硬向下压一个级别呢？望着乡村织户们那一张张充满焦虑和渴望神情的面容，汪宽也手中划价的笔杆，无论如何“压”不下去，还是按照实际的收购标准定级付银。汪宽也不采纳自己的暗示，让胡管事多多少少有些不高兴，但碍着老东家的脸面，想想也就算了。

汪宽也当然知道，身为祥泰布庄门面上的看布师傅，自然要为祥泰布庄的经营着想，把好收布关是他的职责，也不能仅仅因为同情农村织户，而把质量不合格的布匹收进，从而给布庄造成经济损失。

收布收得多了，对于各种土布的织作技术判定和质量鉴别，汪宽也慢慢心中有了数。有一部分织户送来的土布，之所以达不到布庄的收购标准，一是因为大多数织机结构落后，零件不标准，尽管织布人的手艺好，

清代布庄的看布师傅（影视资料）

但布的质量档次没有突破；二是织机没有问题，而是织户的操作技术不过关，所织出的布，看上去就不舒服，自然档次也上不去。只有织机好，织造技术精湛，所产出的布匹才能达到“上上”级别。

在收购土布的时候，汪宽也一边看布、定价格，一边热情帮助织户查验和分析布匹存在的质量问题，积极建议织户回去改进织机和织造工艺，并亲手教给农民提高土布生产质量方面的技巧。许多织户按照汪宽也的主意，回家后调整织机和织造技术，左邻右舍相互学习提高，不久后织出的布匹，质量有了很大提高。时间长了，一传十，十传百，许多农村织户都晓得祥泰布庄有个看布的小师傅，能一眼看出布匹的毛病所在，还热心指导织户如何织出上等土布。这一来，到祥泰布庄送布的农民越来越多，布庄生意越来越好。

这一点，是胡管事当初没有想到的，他对程先生说：“用不着压价收购，就能将布庄的生意引来，这汪宽也倒是个有心计之人!”

程先生哈哈一笑：“土布经营稳扎稳打，才是祥泰的长久之计呀。”

在严锦贤的言传身教下，汪宽也二十岁时，通过细心钻研，已将上海松江棉布琢磨得一清二楚，虽然品种和品牌千变万化，但其中最著名的不外乎四种：

第一种是三梭布，出自松江车墩一带，幅阔三尺余，特点是光洁细密。其中府城东门外离车墩不远的双庙桥有个叫丁娘子的女子，弹棉花技术极为纯熟，弹花时，花皆飞起，用以织布，尤为精软，因而人称“飞花布”，又称“丁娘子布”。在明代，松江府每年都要将三梭布作为贡品，送到朝廷供皇帝和皇后制作内衣。有朱彝尊作诗云：“丁娘子，尔何人，织成细布光如银。舍人笥中刚一匹，赠我为衣御冬日。念君恋恋情莫逾……”

第二种是番布，出自乌泥泾，为黄道婆所传授。这种布质优价昂，“一匹有费至白金百两者”。明朝成化年间，常常以此为礼物行贿朝廷高官及接近皇帝的大臣，而且布织得越来越精美，甚至可以织出龙凤、斗牛、麒麟等图案。

第三种是兼丝布，以麻丝或黄草丝与棉纱混合织成，多以麻为经，以棉为纬，适宜于染色。织成的布兼有麻丝的挺括与棉纱的柔软。

第四种是药斑布，又称浇花布，就是现在人们熟知的蓝花印布。初出于青浦重固一带，明代起松江城中多有流行。

松江棉纺织业的发展，带动了与其相关产业的发展，最明显的如鞋袜业。明代万历年间，松江城内出现专业鞋店和袜店。以前，松江没有鞋店，均为自制，“万历以来，始有男人制鞋，后渐轻俏精美，遂广设诸肆于治东”，“此后宜兴业履者，率以五六人为群，列肆郡中，几百余家”。

很早以前，上海地区不生产供夏天穿的薄袜，大热天年轻人和孩子可以光脚，上了岁数的老人和病人则不行，只能穿很厚的毡袜，易捂脚出汗导致各种脚疾。随着各式精细棉布纷纷问世，自万历年间起，松江地区有人开始采用尤墩布制作的暑袜，暑袜既轻薄又美观，一经上市，便迅速流行，很快名重一时，“远方争来购之，故郡治西郊广开暑袜店百余家，合郡男妇皆以做袜为生”。过去松江城中的袜子弄，因此得名。

棉纺织业的发展，使松江经济进入历史上最繁荣的时期。松江也由此成为中央政府积累巨额财政收入的重要来源地，“苏松财赋半天下” 的说法并非夸大之词。及至清代，松江棉纺织业开始退步，到康熙时，棉布加工集散中心逐渐向苏州转移。叶梦珠在《阅世编》中说：明朝 “标布盛行，富商巨贾操重资而来市者，白银动以数万计，多或数十万计，少亦以万计”，而到了清朝，“标客巨商罕至，近来多者所挟不过万金，少者或二三千金，利亦微矣”。鸦片战争后，外国资本主义向中国市场大量输入机制棉纱棉布，松江府首当其冲，棉纺织业受到致命打击。包世臣在《齐民四术》中说：“洋布盛行，价当梭布而宽则三倍”，“吾村专以纺织为业，近闻无纱可纺。松太布市，削减大半”。至此，松江棉纺织业趋向衰落。

但是，诸多史志记载中，仍可明白无误地显示出松江土布的繁荣：

松沪土产以棉花为大宗，村庄妇女咸织小布为养赡计，每日黎明，乡人提花挈布入市投行者踵相接也。交冬棉花尤盛，行栈收买，堆积如山。

棉花纱布乃邑产之大宗。布之种类不一，曰扣布、曰稀布、曰标布、曰小布、曰紫花布、曰高丽布、曰斜纹布、曰正文布、曰斗纹布、其名各殊，乡民赖以度日。然近年来洋布盛行，土布滞销，可见利源外溢也。

清《松江府志》载："松之为郡，售布于秋，日十五万焉。"清《南汇

上世纪50年代的浦东土布，经纬纱清晰可辨，陈建春收藏

县志》载："布，以木棉为之，比户纺织，日产数千匹，民间赖以为生。"农家"每夜静，机杼之声达于户外"，农民"仅种木棉一色，以棉织布，以布易银，以银籴米，以米充兑"。农家所织土布，除少量自用外，多数进入流通，故上海的土布商业极为兴旺。

到清末时，上海的布庄已经发展到三四百家。按照它们所销售地区的不同，划分为"南帮"和"北帮"两大派别。祥泰布庄主要做"北帮"生意，布匹销到北京、天津和东北。祥泰布庄在浦东收购的最大宗品种叫"套布"，又叫"标布"。标布早先是土经土纬的刷经布，"五口通商"后三十多年来，质佳物美的印度、英国洋纱大量涌入中国市场，农民嫌纺土纱费工，成本太高，很不划算，便慢慢地停止使用本地纱织布，而改为以进口的洋纱做经，仍以土纱做纬。

套布中，又分"东套"、"北套"、"翔套"、"紫套"和"加套"。洋经土纬的"东套"土布，标准规格是阔一尺，长十八尺，重一斤左右，差的十三四两（注：十六两制旧秤）。收布收的时间长了，不用看长阔，汪宽也用手一掂就知道布的规格和质量。

由于收布时汪宽也时时留心，数年来，在他手上没有发生过大的失误。

还有其他的品种，如"稀布"，其中分"西稀"、"东稀"、"单扣稀"、"杜扣稀"、"白生"和"花色土布"许多种。它们的规格和质量，在鉴别上也非常有学问。汪宽也通过目观、手摸、鼻闻和掂重，做到在片刻内就能鉴别出它们的质量优劣，从而确定合适的等级。

布匹收购是布商经营中最重要的环节。严锦贤十分喜欢汪宽也的谦虚好学，所以他尽量把自己多年的经验教给了他。

严锦贤告诉汪宽也说："要确保字号的布匹不出任何问题，就要把好收布的第一道关，在收购白布也就是坯布时，验收是关键。"

汪宽也问："如何才能掌握好这一关，做到在最短的时间内判定布的好与差？”

严锦贤说：“冰冻三尺非一日之寒，这就看验布人的灵性了。收白布，看毛头布，验光布，每个环节都有它的既定规矩。”他边说，边取过一匹南汇白布，为汪宽也指点道，“看白布的标准是筘门要密扎、花色要光秀、纱线要细紧，此为上等布；尺实沉重者为次等布。记住，布的经纬纱线，细要细匀、粗要粗匀，不可粗细不均。布的门面取其阔、尺稍取其长、上下边道取其齐、湾兜稍页不稀松，内外八面子眼一样细紧，这样的布，就是上等好布。反之，就是次品布，次品布也叫‘低布’。”

做学徒时，师傅并没有说得这样细，汪宽也只能照葫芦画瓢，现在师傅是认认真真地为他说清楚了其中的道理。汪宽也不由得十分感激，连连道谢。

严锦贤告诉汪宽也：“白布的标准既定，咱们收布就有了可靠依据。如‘入手先评轻重，斜看经纬均匀，门面尺稍如式，子眼细紧光明，上下边道齐整’，符合这些标准的布方称‘大号布魁’。但具体到门庄收布时，还得注意到六防，一防机关，二防面糊头，三防短布，四防破边，五防笑机，六防坏筘。”

“白布的匀、硬、软、重、阔、长、粗、朴、稀、松、毛，都有具体衡量标准。在按照这些标准看布和收布的时候，你要做到面面俱到、匹匹认真，丝毫不可以含糊，也不要犹豫不决，自无主意。两可之间的布，在级别上宁可压下，而不可上扬。”

“那么，看毛头布的精华秘诀是什么？”汪宽也问。

严锦贤说：“毛头布是指字号验收染坊染色的布匹。看毛头布的标准是，凡青、蓝布类，京蓝，‘紫红受踏者收，白边毛灰浇红者退’。因为紫红者色脚深，踹后光彩鲜艳。收这种京蓝布，需做到‘五防’：一防缸水死伤灰颜色，二防毛灰，三防缸水失灰，四防有花布或有脚灰，五防花边布。双蓝，分量沉重、色彩鲜艳明亮者可收，这样的布有些毛边也不妨；

白边花搭身轻脚重的布，退回不收。凡翠蓝、月白类，宝蓝、平直、清翠者可以收，有瘢青块、扫帚花和白点风的布退回不收。”

汪宽也说：“师傅，看光布是看布师傅的看家本领，这个技术的要领又是什么？”

严锦贤说：“看光布，指的是验看踹坊踹光的布匹。这一技术，在看布各个环节中要求最高，它会直接影响字号布匹的销路。要想看好光布就必须了解它的踹染过程。”

“您是说，要想做一个好的看布师傅，应该从源头印染学起，对吗？”

“对。当初我的师傅带我时，就让我到一个大染坊全程了解光布踹染。不了解这个全过程，就找不到光布标准真正的感觉。比如说节气的差别吧，都有影响，春、夏、秋、冬四季的‘水头’就有很大的不同。看光布有‘看重水’、‘取对水’、‘取松水’之别。重水布最难踹，也最难看，全要用手里功夫，取宝色，究纱线发亮如日出青天，毫无昏色，愈看愈精神。看松水布最容易，多系初学之人及老年人，往往拿不稳‘水头’。大体上凡看布，正、二、三月，讲究看水头，是不是踹得干；到了四、五、六、七月，虽然也要讲究水头，踹得干，但炎热天，看布者要体谅踹布的人，不一定要重水，只要求取对水便可；至八、九、十月，稍有西风起，天气凉了，水头可以重些；冬月、腊月天寒冰冻，其纱线必脆，恐绉破者多，水头不可太重。所以，取重水，还是取对水或者松水，不但要根据各种色布的具体情况，而且要根据天气情况和不同月份。双蓝布容易发霉，所以忌重水，以对水为上。无论哪种颜色的布，只要布的小眼亮而边缘整齐清爽，就可以定为优质档次。”

严锦贤对汪宽也再三强调道：“收布时，布匹成百上千，不可能一一打开验看，这时就要凭看布人的手指和眼睛。有经验的看布师傅，一看就知道，那些颜色明亮的布匹是优等货，而那些颜色昏暗的布匹质量肯定不行。”

介绍完“看布经”，严锦贤很认真地告诉汪宽也：“我说的这些方法，有些是上一代师傅传下来的，还有不少是我这些年来自己反反复复细心摸索出来的。这些摸索出来的看布标准，书上是没有的，只可暗记心中。刚才我告诉你的看布经验，虽然并不十分复杂，但实际操作起来却不容易。要知道，这些秘诀和经验只可意会，难以言传。”

汪宽也又问：“我想请教师傅，想把布看好，最重要的是什么？”

“问得好！”严锦贤微微一笑，“要学会做人，做一个诚实的生意人，看布用的是眼睛和手，可凭的是良心。不论看布标准规定得如何细致，如果心存杂念，或者受到他人干扰，看布就会走眼。所以每个布庄都把选择忠心耿耿的看布人当做一桩大事。”

严锦贤对汪宽也说的既是实事求是的话，也是掏心窝子的话。布业字号只有在重金礼聘优秀看布师傅，在收白布、验毛布、看光布各个环节上严把质量关口，才能在激烈的棉布市场竞争中创造出过硬的品牌。上海各大布庄、布号，哪个不想聘请到人品和技术都过硬的看布师傅？棉布市场的竞争，实际上从聘请人才时就已开始，人才竞争之激烈可想而知。上海上百家布业掌门人，都知道能不能找到一个经验丰富、为人牢靠的看布人，是自己的布业成功与否的关键。除了重金聘请，还要对应征的看布人细加考察，一定要选择正直、没有私心和技术娴熟的人担当看布重责，做到万无一失。

虽然上海每个布庄的看布师傅地位高、薪水多，但没有真本领的人，不敢吃这碗饭。为什么？看布的水平关系到这家布庄字号和招牌的声誉，责任重大。同时，看布人还要处理好与织户、踹染匠的关系，既不降低布的质量标准，又能谅解各方的难处，让大家都满意。因而，看布这个职业被人称为“是非衙门”，按照迷信的说法，属于“五逆生意”。

在师傅严锦贤几年来的言传身教下，汪宽也基本知晓了看布的重要，也知道看布的风险。他之所以醉心于掌握看布本领，是感觉它是祥泰布庄能不能做成生意的“命脉”。“土布店好开，牌子难打”，各地布商在上海开设的布庄可以说是星罗棋布，祥泰布庄要想立足上海，收布质量是第一大事。如果质量出了问题，轻则会败坏祥泰的名声，重则让祥泰身败名裂，所以丝毫马虎不得。好在汪宽也没有辜负师傅的教诲，在几年来的收布生意中，时时小心，处处谨慎，做到既善待织布人和送布商贩，又严把收布标准关，让织布人和商家都无损失。

入门祥泰布庄仅仅四五年时间，汪宽也的技术业务水平能达到这个程度，委实不容易。他的看布本领不但得到师傅严锦贤的认可，也得到了胡管事的赏识。胡管事对程先生说：

“写信向东家谈经营情况时，请你把汪宽也的情况说说，让老东家放心。”

尽管汪宽也天天与土布打交道，但是他一直没有忘记过读书。有一点空闲的时候，就想方设法借来一些诗文阅读，后来又开始寻找与上海棉布有关的书籍，但这方面的书籍实在是太少。

碰到生意清淡的季节，汪宽也便去外面买一些徽墨、宣纸，练习写字。收到父亲或者祖父写来的家书，他会很认真地回信，说一说自己在布庄的工作情况，请家人不要担心。家人从他的来信中知道他已经成为技术很好的看布师傅，都很高兴，尤其是祖父，会不停地絮叨：“声洪成了看布师傅！嘿，这娃儿，自小起做事就很仔细，当看布师傅，很适合。”

本应成为一介书生的汪宽也，在祥泰布庄勤勤恳恳埋头干了六七年，他的经营能力和人品，不但得到管事、账房的认可，也得到老东家汪厚庄的由衷赞赏。老东家除了逐年为汪宽也增加一些薪水，到年底也会给他一个红包。生活非常简朴的汪宽也，除去吃饭穿衣和买点书、纸、笔的开销，节余的钱全部让人捎回休宁家用。

在汪厚庄的心中，祥泰布庄的人事不甚理想，当家的胡管事管理事务过于小心谨慎，布庄经营的魄力不大，但鉴于他是远亲，多年来对自己忠心耿耿，履职无误，无可指责，自然没有借口更换。同时，汪宽也才二十岁出头，自然无法破格重用。

这是汪厚庄自己的想法，汪宽也并不知情，即使他知道老东家的想法，也不会接受“管事”职务。上海土布市场前景并非高枕无忧，祥泰布庄承受的压力越来越大，已面临生死抉择。汪宽也还没有主持祥泰布庄的勇气和策略。

七 拍案而起

19 世纪 90 年代初，上海的土布业经营每况愈下，很快演变到了将要被洋布逼入死胡同的艰难境地。

1840 年的鸦片战争，帝国主义以坚船利炮打开了中国的门户，逼迫中国“五口通商”，到 1893 年已经是整整半个世纪。五十年的反复较量后，中国棉布与外国洋布的“肉搏”期终于到来，上海土布成为外国纺织资本家的首选攻击目标。

鸦片战争之后，大量的洋纱和洋布，以其价廉物美的优势，逐步入侵和占领中国布业市场，打破了数百年来中国土布行业的宁静和平衡。政治的抗争，最终变为经济利益的打拼。上海农村越来越多的织户精打细算之后，得出了结论：用洋纱作经、土纱作纬织布，这样织造效率高，可以使成本大大降低。有这样的好路子，为何还要像傻瓜一样地坚持使用成本高、质量差的土纱呢？于是，一部分织户尝试使用洋纱作经、土纱作纬，织造的土布看上去比全土纱土布漂亮得多。再到后来，竟然发展成经纱、纬纱全用洋纱。这样的土布，用西方的原料，以东方的织机和劳工织造而成，堪称中西结合。

对于这种变味的土布，起初，上海土布行业不约而同进行了顽强抵制，许多布庄、布店拒收、拒售。但是，由于洋纱使用量越来越大，其势头不可阻挡，土布商行如果继续拒绝收购和销售洋纱、土纱混杂的土布，僵持下去最终的结局只能是：农民的布找不到市场，只好停产，饿肚子，同时意味着上海的土布业只有倒闭。

生存法则开始起作用。正是为了土布业自身不至于消亡，原来坚持经营正宗土布的布庄和布店，在抵制了一阵子之后，纷纷开始动摇，最终妥协。他们将布庄的大门打开，无可奈何地接受洋经土纬或洋经洋纬的“新土布”。于是，土布的生产和销售渠道重新接通，布业市场仍然像过去那样，重新开始运转。

无论是当初作为祥泰布庄的学徒或店员，还是到后来担任执行经理而主持布庄的经营和管理，汪宽也一生中都在维护真正意义的土布，土经土纬，不容一丝洋纱掺入。可是独木难支，祥泰布庄抵抗不了洪水般侵入上海市场的洋纱。祥泰东家要赚钱，祥泰的一百多号人要吃饭，布庄停止营业一天，就会亏掉几百上千两银子，这样的竞争，谁也输不起，东家汪厚庄也不允许身为布庄掌门人的汪宽也做这样绝对排斥洋纱生意的傻事。汪宽也唯一能做的只是自己身上不穿一丝洋纱。

寒来暑往，不知不觉，到 1893 年，汪宽也已在祥泰布庄度过了十三载光阴。

这十多年来，汪宽也凭借吃苦耐劳、恪尽职守的敬业精神，得到了管事胡永坤的信任和器重，不仅让汪宽也重点把好看布的关，而且将布庄经营的许多重要事务和与外面交涉业务的大事儿，委派到汪宽也头上。时间一长，难免闲言碎语，布庄中有人说，这还不是老东家汪厚庄的关照？汪宽也是东家的本家祖孙，老东家怎么着也不能不给本族兄长一些面子吧。

其实胡管事心里清楚，对于东家介绍来的汪宽也，东家从没有说过需要特别关照的话。祥泰布庄如何使用汪宽也，远在休宁的汪厚庄鞭长莫及，很少过问。一方面，汪厚庄并不了解布庄人事管理方面的具体情况，他不好在休宁乱插嘴；另一方面，汪厚庄和胡管事有过君子协定，东家不干涉祥泰布庄的人事权。用谁，不用谁，当初明确过，除了账房职务调整须由汪厚庄亲自确定，其他中层人事安排，一律由胡管事做主。

汪宽也对胡管事一向十分敬重，无论大事小事，都听从胡管事的安排。对于胡管事经营管理上的事情，如果胡管事不主动征求他的意见，只要没有太大的失误,他也不轻易发表自己的见解。汪宽也记得祖父的嘱咐——“不在其职，不谋其政”，自己只是一名负责看布的师傅，职责是把布的质量看好就行了。至于收什么样的布，定什么样的价格，那是胡管事职权范围之内的事情，自己没必要去多嘴。

19 世纪末，外商倾销到上海市场的英、印、日产的洋布越来越多。因为洋布质量好、生产成本低加上关税低，倾销到中国市场的价格自然低于国内的手工织布。面对高质量和低价格的双重诱惑，平民对洋布的态度由一开始的观望到买一点试试，最后终于认可，从而争相购买。

洋布市场越来越大，上海土布价格一路下跌，逼得一些布店和布庄开始接纳洋布生意。为了祥泰布庄的生存，在本地土布货源缺乏的淡季，胡管事默许门面上收进一些由掮客们倒腾进的洋布，以维持祥泰布庄的经营，让员工们有饷可发，而且确保布庄不亏损。

汪宽也虽然极不赞成祥泰布庄参与经营洋布，但他一名小小的看布师傅无力抵抗棉布市场的潮流。胡管事采取了妥协的态度，小店员汪宽也又能怎么样呢？但汪宽也有一个不允许突破的底线，这就是布的质量，在任何时候，不得以任何理由经营假冒伪劣商品。

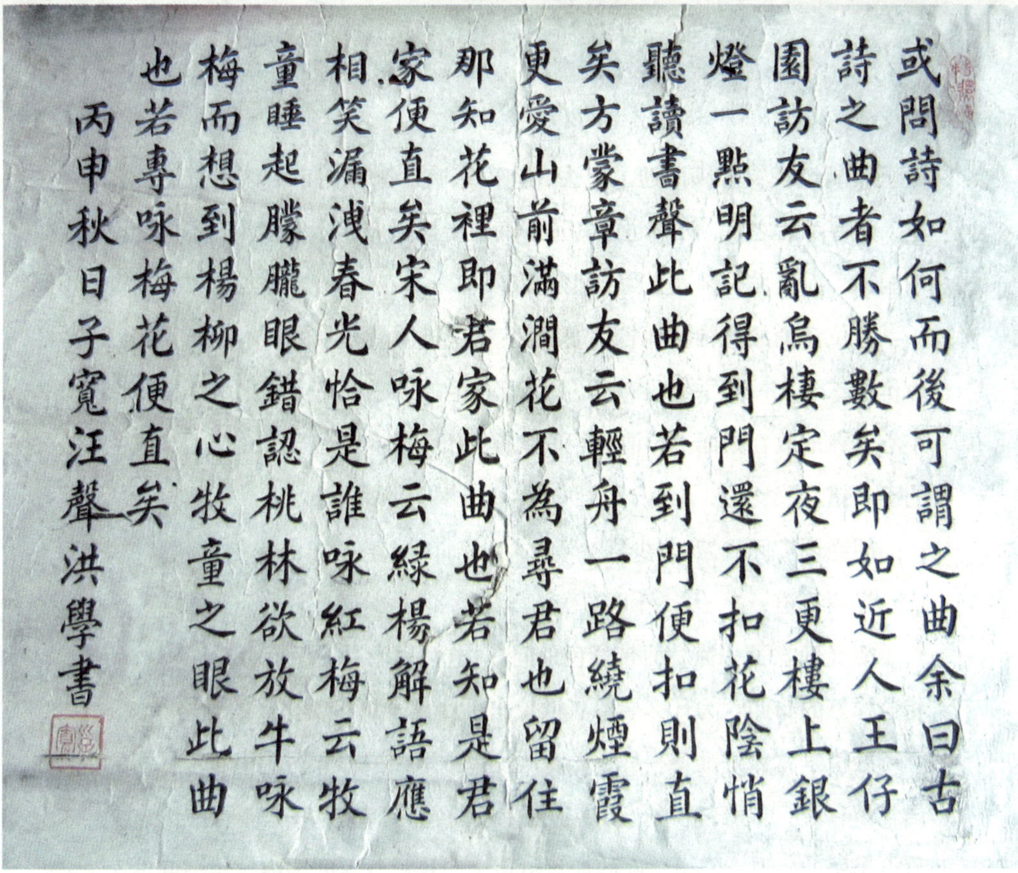

或問詩如何而後可謂之曲余曰古詩之曲者不勝數矣即如近人王仔園訪友云亂烏棲定夜三更樓上銀燈一點明記得到門還不扣花陰悄聽讀書聲此曲也若到門便扣則直矣方蒙章訪友云輕舟一路繞煙霞更愛山前滿澗花不為尋君也留住那知花裡即君家此曲也若知是君家便直矣宋人咏梅云綠楊解語應相笑漏洩春光恰是誰咏紅梅云牧童睡起朦朧眼錯認桃林欲放牛咏梅而想到楊柳之心牧童之眼此曲也若專咏梅花便直矣
丙申秋日子寬汪聲洪學書

仅存的汪宽也手迹，书于 1896 年秋，汪顺生收藏

谁也没有想到，1897 年春天，对一宗洋布生意的取舍，由于汪宽也坚持做生意的质量信用，竟然导致了祥泰布庄掌门人的更换。

此时祥泰布庄顺应上海纷纷将管事之职改为经理的商界时尚，于是胡管事变成了胡经理，经理职责与管事职责大体相同。

一天下午，胡经理要汪宽也和他一起做一笔别人找上门的生意，他喜形于色地说："上午打电话预约过的，对方是位会说中国话的洋商，在上海布业界略有名气。这一宗买卖若谈得拢，能一下子赚他几千银元！"

看到经理乐颠颠的模样，汪宽也顿生疑心：此时乃农历三月，并非布匹生意旺季，对方又是中国通，哪里会有这样便宜的好事情？心里这样怀疑，便有了几分警惕。

不一会，一辆小汽车开到祥泰布庄的门前，洋商和他的一名助手如约而至，胡经理笑容满面迎了上去，连声寒暄。来到门市洽谈生意的会客室，几番对话之后，汪宽也才知道洋商在上海做布匹生意多年，不但会说中国话，而且尤其精通上海布业行话。

这位洋商故显神秘地告诉胡经理："这批质量上乘的日本洋布，我以市价的二分之一转手给贵布庄。"说着，他的助手到车上取出两匹样布，小心翼翼地放在桌面上，请胡经理验查。仅仅从布的幅宽和观感看，成色的确不错。

胡经理忙问："有多少货？"

洋商答道："一万二千匹。"

胡经理吃了一惊，面带疑色地问："电话里不是说只有五千匹吗？品相这样好的布匹，为什么要急着低价出手？完全可以卖更高的价格呀！"

好像早就做好准备一样，洋商从皮包中取出一张文件，用非常恳切的语气解释说："胡经理说得不错！如果不是特殊情况，我是不可能以这个价格出手的，看，公司总部的加急电报，催我紧急返回国内应对一起诉讼案件，所以不得不将这批货特别处置，够本则可，不再图利。"

"哦。"胡经理的眼睛中透出兴奋的光芒，他想：这宗生意，转手就能赚几千银元。胡经理想了想说："合同文本如果带来，咱们可以详细谈谈吧。"提起笔来，准备在合同上签字。

"好，好！"洋商立刻让助手从随身所带的文件包中取出了合同，恭恭敬敬地放到胡经理面前，"合同在此，请胡经理查看！"

一向善于察言观色的汪宽也，总感觉洋商的这笔生意，有些来路不对。他伸手取过洋商带来的样布，先是贴近眼睛仔细观察，而后挨近鼻子，好一番左嗅右闻。继而，他又将布角放入嘴中，用舌尖细细地舔尝。终于，汪宽也双眉紧皱，他果断伸手，压住了胡经理正要签字的笔，继而把胡经理拉到会客室门外，悄悄耳语道：

"胡经理，这笔生意不可签约——这些布是从海上运来的，途中碰上了大风浪，船舱进水，布匹已让海水打湿过。现在洋商带来的布样，是经过挑选和晾干的，恐怕他们大批量的布匹会更糕糟。”

岂知胡经理不但不吃惊，反而朝汪宽也诡秘地一笑，小声说：“你当我没看出来呀！正宗的上等洋布，会卖给咱们这样低的价格？那不是傻瓜吗？料定不是淋过雨，就是让海水浸泡过。好，咱们给他挑明，再和他压价！”不由汪宽也分说，他重新回到会客室。

胡经理坐定，面色凝重地告诉洋商道：

“刚才我们这位负责看布的汪先生说，你这批布，品牌是没有问题的，可是布在海运途中因风浪缘故已遭海水浸泡，我们转手批售就很难了。”

洋商故作吃惊地说：“噢！胡经理，祥泰布庄的看布先生眼力非常厉害！不瞒你们说，这批布在海上确实碰到无法抗拒的特大风浪，一大半船舱进了水。咱们同为商家，希望你能体谅商人的苦楚，再差的货物也得出手。我在想，这批布并没有失去使用价值，如果以低价卖给上海平民百姓以做服装之用，我认为还是可以的。”

胡经理点点头道：“先生说得是，做衣服完全是可以的。但是，批发出去给别人，价格肯定要同步降低，能不能进价再便宜一些？”

洋商连连点头说：

“好吧，胡经理，我只能再让半成了，以市价四五折成交如何？”

按捺不住满心欢喜的胡永坤想：以市价四五折吃进这批布，绝对不会吃亏。只要费些工夫翻晒一下，再以五五折出手，祥泰可以稳赚一笔。

又经过一番商讨，胡经理持笔，取过合同，打算签字。

不料，平日从不干涉胡经理事务的汪宽也此时脸色陡然大变，他伸手将合同书抢到手中，大声阻止道：“胡经理！这笔生意万万做不得！此等唯利是图、见利忘义之事，只会砸了我们祥泰四十多年的牌子！”

手下的店员当着洋商的面搅黄生意，这在祥泰还是从来没有过的事情。顿时，胡经理感觉好没面子，大为生气地说：“事情不至于像你说得那么严重吧？我担保这批布可以出手！”

“不是可不可以出手的问题，”汪宽也非常生气地直言批评道，“明知是劣货还要收购，会毁了咱们祥泰布庄四十多年的铁规矩！宁可亏本，不可作假。如果您执意收下这批渍水布，我就没有留在祥泰布庄的必要了！”

说罢，汪宽也愤然拂袖而去。

由于汪宽也的坚决拦阻，胡经理最终没敢收进这批洋布，几千银元的赚头，自然鸡飞蛋打没了踪影。

这笔大生意没有做成，让胡永坤非常尴尬。他实在没有想到，自己亲自看重和培养的汪宽也，竟然会当着洋客商的面让他如此难堪。自己毕竟是祥泰布庄的经理，手下的看布先生挡驾，以后如何行使经理职权？账房程先生赶紧和稀泥，三番五次劝说汪宽也到胡经理那里道个歉，赔个不是。汪宽也拒绝说：“我没有错啊！砸祥泰牌子的事情，我这个看布师傅怎么能不拦阻？”

汪宽也不去向胡永坤道歉，自然，胡永坤更不会承认自己有错。两个人的关系弄僵了。

程先生只好摇摇头，叹了口气。

生了几天闷气之后，胡永坤以“年老体弱多病经营不善”为由，发电报给休宁老东家，提出辞职，请他速来上海，料理交接事宜。

胡永坤年纪不足六旬，素来身体健壮如牛，哪有体弱多病之说？分明是想请东家汪厚庄出面，给汪宽也一点颜色，自己好下台阶么。

胡永坤写好电报草稿，吩咐程先生将电报发出。

这让程如林十分为难。他感觉汪宽也拒绝洋商的渍水布，是为了维护祥泰布庄声誉，做得没有错，他从心里还是赞成汪宽也的，可又觉得汪宽也确实让胡经理下不了台阶。于是，他委婉地向胡永坤建议说：“汪宽也还年轻，说话不知轻重，胡经理您宰相肚里能撑船，大人不记小人过，汪宽也也是为了祥泰名声，依我之见，先不要惊动老东家，缓一缓再说。汪宽也这边呢，我再说说他，一定让他给您赔个不是，不就得了。”

胡永坤沉着脸，没有吱声。于是程如林赶快又去找汪宽也谈，让他走个形式，给经理赔个不是算了。汪宽也理直气壮地说：“程先生！这件事谁对谁错，您心里是明白的。上海这么多的布庄，有不少开张不到一年就关门歇业，想想为什么？就是因为他们喜欢在布匹中做手脚，做生意不诚实，乃商贾之大忌！祥泰之所以站得住，靠的是守信，永远不卖假劣货物！现在你们为了大赚一笔，把老规矩丢开，这样做下去，离倒闭还会远吗？胡经理不要为难，祥泰不能容纳守规矩之人，我离开就是了。”

非但没有说通汪宽也去向胡经理道歉，反而使汪宽也提出离开。事情越弄越复杂了。程如林只好向休宁发电报，请东家速来上海处理祥泰纠纷。发出这份电报后，程如林又发了一封电报，简要地说明了因收次布之事引起的争端，请汪厚庄火速来沪调解。

上海发来的电报，倒是让休宁的汪厚庄大为惊奇：

“汪宽也这孩子，一向忠厚老实呀，从来不怎么多事，这次怎么会挡了胡经理的驾？看来其中必有原因。”

于是，年近七旬的汪厚庄搁下手中其他事情，由儿子陪同，很快来到了上海。

汪厚庄问清了事情的缘由，认定汪宽也拒收这批浸过海水的洋布是正确的，他单独责备胡永坤道：“胡永坤呀胡永坤，祥泰做生意的规矩，不可以打破啊。你如果收下了这批布，消息传播出去，全上海都会知道祥泰也会卖渍水洋布，这是砸咱们祥泰布庄自己的招牌！眼下布庄经营确实艰难，不光是咱们祥泰，各家布庄都是如此。有赚钱机会当然不能错过，但徽州人几百年的经商之道，咱们不能破坏，宁可闭门歇业，也不可有虚假之作！”

汪厚庄的表态，让胡永坤颜面扫尽，看来他只有辞职了。

祥泰布庄是汪厚庄经营的最大店铺，已经管理了将近二十年的胡永坤辞职，谁来坐掌门人这把交椅呢？

清末时的资本家用人，一向是资本家自己说了算，于是，汪厚庄一锤定音：由看布师傅汪宽也取而代之，任祥泰布庄经理。

更换祥泰掌门人是大事，汪厚庄为何如此果断地做出了决定？原来，汪厚庄更换祥泰管事的想法由来已久。从他年轻时投资上海布业到现在将近五十年，祥泰既无倒闭风险，也无暴发迹象，平平稳稳，饿不死，撑不着。祥泰早年换过两任管事，都无开拓大业之气魄，胡永坤是第三任，能力尚可，一干就是二十年。但这二十年，祥泰布业在上海也没有做出大的名气，所以汪厚庄一直不满意。鉴于亲戚情面，也没有什么大的差错，所以一直不便换人。现在，胡永坤提出离开祥泰，汪厚庄便顺水推舟，不再坚决挽留了。

没有料到的是，汪厚庄把祥泰经理的宝座委于汪宽也，而汪宽也表示不愿意接受，他对老东家说：

“不让渍水布进祥泰布庄，我只是做了应该做的事，大家都应该维护祥泰信誉。现在让我担任经理，夺他人之职，便又是我的不义了。而且，胡经理也是为了祥泰多赚钱，他的一念之差是可以体谅的。”

汪厚庄对汪宽也的推辞表示异议：“此言错矣，不是你要夺经理之职，而是祥泰需要改变停滞不前的现状。由你接任经理，我感觉你能胜任。这次你阻止经理进货，虽说越权，但你的做法是完全对的，徽人经商，要遵循做生意的道德和规矩，不可为一时之利而不择手段地赚钱。”

汪厚庄告诉汪宽也一位明代徽商的故事：歙县有个叫胡仁之的人，在外面做粮商，有一年碰上了大饥荒，粮价疯涨，斗米千钱。这时，另一个也是卖粮的同行，悄悄地告诉他一个发财的办法：给好米中掺入一半陈年旧米，这样可以多卖很多钱。胡仁之一听，非常生气地说：“这样坑害老百姓的事情伤天害理，怎么能做？商家发财应取正道，不可不仁不义。”

他不但拒绝了同行为他出的主意，而且坚持从外地运来很多好米平价出售，仅略加薄利，受到老百姓的称赞。后来，那个在好米中掺入陈米的同行，因为粮仓的陈米本来就已经生虫，掺入好米后引来群蚁聚食，情急之下，贱价抛售，竟也无人愿买，最后蚀了大本。而胡仁之的大米因为坚持薄利多销，供销周转快捷，所以没有受到蚁害，还赚了一笔钱。这个胡仁之不仅自己一生坚持仁义经商，还教导自己的子孙说："我一生做生意，只信奉'天理'二字，希望你们不要忘记这个家规。"

说完这个故事，汪厚庄坚定地说："祥泰布庄的经理，就是你了！请不要推辞，希望你能把这副担子挑起来，将祥泰布庄好好打造一番，让它在上海翻翻身！"

哑口无言的汪宽也，默认了东家的决定。

时年三十一岁的汪宽也，从 1880 年进入祥泰布庄起，先是做了三年学徒，后来又做了十四年的店员。对于布匹经营，已是轻车熟路，具有丰富的实践经验。对于如何面对重重包围杀出一条血路，也会有自己独特的方法。

年富力强的汪宽也，何尝不想将祥泰布庄打造成沪上布业最响的名牌？

祥泰布庄经营四十多年，其体制一直实行由资本持有者（东家）聘用代理人经营管理的运作模式。

常年坐镇徽州休宁掌握着所有店铺的汪厚庄，实际是自己产业的总经理。他没有能力一一过问散布在几个地方的店铺，于是不得不给各地店铺的代理人管事或经理相当大的经营自主权。管事或者经理在具体的商业经营活动中，可以不受东家的限制，生意如何做，做到什么规模，可以根据具体情况确定，并可以根据环境与情况的变化而进行调整。购销货物的数量、时间和价格，管事或经理有权决定。代理人需要向资本持有者报告的事情，一是账目收支和结算，二是重大经营策略的制定，三是店铺内重要的人事调整，如账房先生一职，不经东家同意，管事不能随意更换，因为这涉及东家对经济命脉的掌握，须谨慎处置。

不管怎么说，疑人不用，用人不疑，这样的聘任制充分调动了代理人的积极性，所以代理人会想方设法搞好经营，往往也会把生意做得很好。说到报酬，东家对代理人的经济待遇，实行薪水制加分红补贴，虽然不会发大财，但收入肯定比普通店员要高出若干，所以说代理人是“边缘富人”倒是比较合适。在这样的管理模式中，代理人承担着巨大的压力，只有善于经营，才能把店面的生意做上去，岁末才可以得到丰厚的红利。不善于经营的人，因负不起店面亏损之责，是没有胆量充当这个角色的。如果一旦失职遭东家解聘，代理人只有另寻出路，或依靠自己所挣的钱养老完事，这样的情况毕竟比较少。比较多的情况是，代理人通过自己数年的辛苦工作，将东家的店铺打造成功，同时也为自己积攒下一定数量的资金，等到自己有了足够的力量之后，再辞去代理人职务去做资本持有者，从而成为具有独立资本的商人。

由于这些资本代理人拥有完全的经营管理权，所以他们往往享有很高的社会地位，不但要出头露面参加各种各样的社会交际活动，还要加入某些行会组织并在其中任职，少数精英通过和官府交往，成为势力颇大的头面人物，都有可能。

祥泰布庄的运行体制也是这样。汪厚庄聘任的经理，对祥泰布庄的资本增值或保值负有直接责任，换句话说，就是除了发生兵匪和水火这类不可抗拒之灾外，要求经理必须运用各种经营手段，确保店铺增值，也就是必须赚钱。如果碰上货源或市场情况不景气，至少保持不亏或微亏。虽然条件不甚苛刻，仍是资本持有方的一厢情愿，真的到了市场整体崩溃的时候，谁能保证某一个店铺只赢不亏呢？

好在布庄经理的权限还是不小的，门面上收什么样的布匹，什么价格，收多少，都由经理拍板，即便偶然由看布师傅决定价格，也是在经理授权的前提下，对价格进行微调而已。总而言之，远在上海的祥泰布庄经理不必事事向休宁老东家报告。

其实，无论是管事还是经理，由于自身没有融入资金股份，所以都不能算作资本持有者，而是经营执行者。前后打造祥泰布庄四十多年的汪宽也，并不是真正意义上的资本持有者，而是清末民初徽商中的“白领”阶层。

独具慧眼的东家汪厚庄决然启用汪宽也任经理之职，是他一生来在商业用人上所走得最好的一步棋。

如果丢开布庄声誉这一条不说，老经理胡永坤意欲通过吞下万匹渍水布为祥泰赚一大笔钱，仍不属于滥用职权。但从历代徽商所形成的道德底线来看，通过倒卖渍水布发财，确实是对传统美德的背叛。汪宽也在关键时刻维护了祥泰布庄的声誉，这让东家感到十分敬佩，并趁此机会将汪宽也推到布庄经理的位置，自在情理之中。

事情发展到这个地步，汪宽也便没有退路了。如果坚辞不受，只有离开祥泰，那他的人生之路从此会变成另一种样子。汪宽也的休宁家人和汪氏本族关系，一定不会允许他推辞汪厚庄的聘任。没有退路的汪宽也在无奈之中，接受了祥泰布庄经理之职。

汪宽也极为真诚地对老东家说：“无论谁来当祥泰布庄的经理，徽州人做生意的规矩是不能破坏的。‘利损可再有，义失不再来。’在任何时候都要记得。”“利损可再有，义失不再来”，正是当年祖父汪作墉的教导，汪宽也一直牢记在心，并把它当做在商界处世为人的信条。汪宽也坚持这个道理，商场乱战犹如群雄并起，短时间看，似乎是谁能把钱挣到手，谁就有实力称王称霸，但从长远看，最后的赢家却往往是“宁可天下人负我，我不负天下人”的得人心者。

这就是徽商所具备的道德力量。

让汪宽也没想到的是，他因拒绝渍水布而发出的一声吼，不仅改变了自己的人生，也为祥泰布庄的振兴打开了一条通道。

汪宽也正式接任祥泰布庄经理后，很快如同蛟龙入海般发挥着自己的商业天赋。用祥泰员工们的话说，“汪宽也做了经理，祥泰布庄就像得到了上天的帮助”，生意奇迹般地兴旺起来，到1897年年底，账房结算，这一年经营所得利润，超过前一年的三倍之多。

清朝末期，传统的土布织业在洋纱、洋布的冲击和围攻下，已呈奄奄一息之势。

如何才能振兴民族布业？对于上海布业的衰败，汪宽也一眼就看到了症结所在：缺乏强有力的民族品牌。松江地区以及江浙一带，自古就是华夏布业的天堂，特别是苏沪杭地区，棉田遍布，织业繁盛，其中不乏精工细作的纺织精品。但是，由于众多布庄没有闯出自己的品牌，从而导致在洋布的无情冲击下节节败退。

因此，汪宽也决心通过祥泰布庄为上海土布业打造出民族品牌。

既在其职，必谋其政。接任祥泰布庄经理的汪宽也，一上任就为祥泰制定了一套严格的布匹验收标准，并用新的技术标准大力促进农村织户纺织质量的提高。对布匹经纱、纬纱的支数，布匹的幅度、长度及布面的紧密度，逐条制定严密的规格和数据。

为了把新的纺织技术标准普及到千家万户，祥泰布庄派出店员，深入农村走乡串户，上门向众多织户承诺：祥泰布庄欢迎质量上乘的土经土纬棉布，有多少要多少，而且以超出市价的现银收购。

汪宽也非常重视土布的生产环节，这是提高土布质量的关键。经过大量调查研究，他在很短的时间内，在川沙、南汇、青浦诸县设立了专门收购土布的“庄口”。不久后，浦东的三林塘、六里桥、北蔡、周浦，西北的北新泾、诸翟、南翔、真如，西南的七宝，南部的闵行，北部的吴淞、江湾、大场，也建立了祥泰布庄的生产和收购基地。祥泰布庄广泛发布公告：凡是按照祥泰标准织造的产品，祥泰以高于市场基价的价格收购。

努力将织户的纺织技术标准和布商的布匹收购标准实现“对接”，祥泰布庄这一招十分管用。自古以来，布匹的生产和经营之间基本脱节。织布的不管收布的，收布的也不问织布的。商人收购织户所织之布，等候织户将布送到门面，然后按质论价没商量。所谓按质论价，往往渗入了不平等因素，货到地头死，织户不卖又怎么办？这样一来，布商的压价成为收布商的潜规则。在这样的产销链中，织户处于被动地位——布商不收布，织户则没有饭吃，而且继续纺织的原料会中断。现在祥泰和织户之间，明确了纺织和收购技术标准，这就让织户吃了定心丸。

为了让农村织户没有后顾之忧，使产销链更加牢固，汪宽也在土布产区和一部分织户签订了产销合同，并与一些钱庄协商，以较低利息向资金困难织户提供小额贷款，而且织户可以用成品布抵贷。如此一来，织户一旦与布庄签约，便可以放心地按照祥泰制定的质量标准生产土布，旱涝保收，这样的合作模式，自然织户都愿意参与。

在布匹收购中尽可能为织户和小布贩提供方便，这是汪宽也主持祥泰布庄后坚定不移的经营原则。到了产布的旺季，松江地区农民生产的布匹，如排山倒海之势涌来。祥泰布庄除了在上海近郊各处设立布市收布外，门市上也大量收购农民送上门或小布贩们送来的土布。

农村织户送到祥泰门市的布，只要合乎质量标准，一律以现银支付。对一些小布庄和布贩，祥泰布庄则采用“押账取款”的方式。这又是汪宽也就任祥泰布庄经理之后启用的“连环计”。这些小布庄和布贩送布，第一批货由看布师傅分档定价后，祥泰布庄先付五分之四货款；等待第二次到货时，再把第一批货的余款结清，同时付给第二批货五分之四货款。这种“抵押预支”方式，周而复始循环流转，时间一长，小布庄和布贩与祥泰布庄之间，形成了牢固的合作链。不理解其中奥妙的人看不懂汪宽也的策略，能看出其中奥妙的人，都夸汪宽也精明。

八

踏访三林塘

既然汪宽也最终接任了祥泰布庄经理，那就必须责无旁贷地考虑祥泰的发展和前途。

最迫切的事情，是对上海地区土布生产和销售状况作出正确的分析和判断。

上海松江地区所出产的松江土布自古出名，明中期之后，北京、洛阳、山东及徽州这些地方的商人，云集松江府，从事土布买卖。来自这些地方的布商资金十分雄厚，挟车载船装万两白银到松江进布的客商比比皆是，进货数量都是成千上万匹，特别财大气粗的商人，一次进货十万八万匹，已经不算是什么稀罕事儿。到了清初，各地布商已经由到松江贩运土布发展到在松江开设固定布号，批发兼零售，坐地经营。后来，在松江地区开设的青蓝布号发展到几十家，其中势力最大的是徽州布商，相传松江府城

生长旺盛的江南木棉

西门外名盛一时的富有布号，即各个徽商中资本最雄厚的一家。

在松江扎根的这些土布徽商字号，主要经营三种业务：一是从事土布收购，将织户所织土布收拢到手中；二是委托染踹加工所收土布；三是将经过染踹的土布通过批发和零售出手。土布字号所经营的布匹数量多为大宗，需要较大规模的商业资本才可运作。这些徽州土布商人做生意很有经验，所以可以持久，一个布号开出来，只要投资者没有变故，经营十多年是没有问题的，少数布号可以经营几十年甚至数百年。单个布号的资本规模一般在三万两白银左右。各布号之间存在着激烈的市场竞争，有正当的竞争，也有运用冒牌等手段进行的不正当竞争。

正所谓同行是冤家，布业间相互保密的传统，从明清时期一直沿袭到民国。到了清末民初，上海土布行业各大布庄之间芥蒂甚深，不但各有其牌号，收货、销货价格和数量也不肯公开，就连一个大布庄下面所属的各个小布店之间，都形成了商业保密的习惯。由于忌讳，布业同行互相之间也不大往来。碰上不得不参与的聚会，见面时心照不宣，免谈土布生意。

任何情况下，人们对各自布庄的业务情况也是不约而同地守口如瓶，互相封锁，一般也不打听，以免让对方生疑心。如此一来，各布店的普通职员，即便相互是亲戚、老乡或者同学，也不相往来，避免瓜田李下，让东家和管事看到了，没有事也是有事。一对在两家布庄做事的亲兄弟，相互之间几年不走动，自然也是这个缘故。

同行间保密保得过了头，便显得十分可笑。

恰恰由于保密的原因，各个布庄对犯了错误的职员，采取很宽容的态度和处置方式。一般的过错，只是训斥一顿了之，如果店方处罚过度，得罪了店员，店员就有跳槽的可能，一旦跳槽，就会把本布庄的营业机密带走，把它当做见面礼送给新投靠的布庄主。这一招非常厉害，所以各大布庄的“进人”十分严谨，店员们绝大多数为本店学徒出身，熟人熟事，轻易不会背叛。同时，一店之中也有保密传统，除了经理和账房，一般店员都不知道本店所售土布的价格底细。至于同行进货取货，也是各以自己的牌号交接，认牌号取货。各布庄对于布匹库存数量和价格，除了交情很深或者相互建立了合作约定的店号，一般不相通融。由于链接如此紧密，因此以赚中间利润为业的掮客并不多，涉及的生意量也小，即使有一点赚头，每百匹布也只能拿到五钱佣金。

松江土布业的保密传统几百年来一向如此，祥泰布庄也不例外。民国初期，祥泰布庄派人去东北地区销售土布，成交时，买卖双方的两个人，都把手缩在袖内，凭事先约定的暗号两袖相接“摸指论价”，伸几个指头代表多少银子，只有这两个人在袖中争来争去，即使有人在场旁观，也没有办法知道双方最后成交的价格究竟是多少。

对布业界的这些陈规陋习，已成为祥泰布庄经理的汪宽也，开始进行思考和反思。汪宽也感到，玩弄这些商业伎俩，在土布生意兴旺的时候，可以赚一些钱，得一些利，可这并不是真正的大商贾做派，仅仅依靠这些商业伎俩，难以成大气候。

大商贾做派应该是什么样子呢？汪宽也对程先生说：“咱们布庄应该摸准民众对土布的需求，拿出过硬的品牌，才能最大程度地长期占有土布市场份额。”为此，汪宽也打算通过走访土布生产地区的织户，寻找和把握振兴祥泰布庄经营的生机。

俗话说：“三天不预测，买卖不归行”，“按人做饭，量体裁衣，望标行船，预测经商”。商业预测就是详细地了解市场上商品的生产条件的变化、民众消费方式及癖好的变化、市场上商品价格的变化以至社会风气和时局的变化等，从中发现征兆，捕捉信息，估摸出供求关系变化的走势，从而组织好商品的经营。徽商能根据其所掌握的市场信息，选择最赚钱的经营项目。

自古以来，许多商人从自己的从商体会和前人经商致富的经验中，清楚地认识到善于预测对于做好生意的重要意义。

有一天，因为连日阴雨，生意非常清淡，门面的看布师带着两个人，去青浦的一家染坊联系染布，汪宽也为他代班。不一会儿，程先生到门面上来了，不知不觉和汪宽也聊起了生意经。

程先生说：“汪经理！依我看，祥泰要想生意大发，光凭吃苦耐劳还不行，还要有运气，有了运气还要会碰，运气碰上了，你想不发财都不行。”

汪宽也笑道：“先生所说的情况，固然是有的，但做稳扎稳打的生意，则不可仰赖运气哪一天降临到自己头上，自身要去争取商机，抓住机会见缝插针，才是祥泰兴旺的根本大计。”

“汪经理不相信运气？”程先生顿时来了兴致，说，“那好，我告诉你一个‘辽阳海神’的故事吧。”

闲着无事，当做闲聊吧。汪宽也说：“好啊，请程先生说，我可是最爱听故事，我祖父就是个编故事的高手，可以把没影儿的事说得神乎其神，让你不能不信！”

“是吗？我可没有你祖父说故事的本事。”程先生清了清嗓子，不紧不慢地说道：

“我的故事是从‘二拍’所取，那一章是‘叠居奇程客得助，三救厄海神显灵’。说的是明朝嘉靖年间，有这么一对程氏兄弟，算是我的本家先辈吧，原来在徽州做小商人，忙了几年，也没有发迹。想来想去，发家门口乡亲们的财，没出息呀，后来决心走出去。通过打探行情，知道满洲的生意容易赚钱，就决定去辽阳探路子。兄弟俩的如意算盘是：先把南方苏浙地区盛产的土布运到辽阳出售，再在辽阳收购满洲特产人参、松子、貂皮、东珠，运到南方去卖，一个来回，就可获得丰厚的利润。于是，他们俩好不容易筹措了几千两银子的本钱，按照他们的计划开始在苏浙与辽阳之间长途贩运。结果并非他们原来所想象的那样，生意屡屡亏本。三年下来，钱没有赚到，却把几千两银子都赔了进去。”

汪宽也插嘴判断道：“兄弟俩资本蚀光，按照常规，应该是没有多少退路了。”

程先生道：“是的，几乎无路可走了。按照咱们徽商的习俗，外出做生意，至少三年要回故乡探一次亲。但这兄弟俩在外面三年多没敢回去。为什么呢？他们出门埋头苦干了三年，不但没赚到钱，反而把老本赔光，回家没法向家人交代，正是无颜见妻儿老小。咱们徽州有个不成文的习俗，出门做生意的人，如果生意做成功，赚了钱或者发了大财，他们回到家，会得到妻儿、亲戚和邻居的热烈欢迎和尊重；而做生意获利少或折本的人，要遭众人冷眼相待，妻儿和亲戚也会感到脸上无光。这和读书求功名中与不中归来的光景倒是一模一样。”

“那是，咱们徽州历来以商贾为第一生业，科第反在其次。做生意折本，等同科举落榜，回到家乡，有何颜面见徽州父老啊！”汪宽也感叹说。

“兄弟俩无颜回徽州，只有在辽阳做雇工，帮人家算账，过着寄人篱下的日子，挣碗饭吃，虽然很伤自尊，也没有办法。就在这时候，传说中的‘辽阳海神’出现了，据说经常在辽阳显灵的这个女神仙，最喜欢帮助遭难的穷人，当她知道兄弟俩苦度光阴时，有意制造机会接近两兄弟中的哥哥，渐渐熟悉之后，暗中为他们兄弟安排了商机——有一个西南商人，贩运了一大批药材到辽阳来卖，经过一些时间，大部分卖完，唯独还有两味中药黄柏和大黄滞销。时间一长，这个西南商人急了，他要回故乡再打理别的货呀，算了算账，已经卖出的药材不但本钱回来了，还赚了一大笔，剩下两味药削价处理吧，能卖多少算多少，无所谓了。可是，黄柏和大黄这两味药的作用主要是防治传染性强的瘟疫，平时是很少使用的，即便削价也卖不掉。正值此时，程氏兄弟鬼使神差地找上门来，掏出平日做雇工积攒的十两银子，要把西南商人的黄柏、大黄全部买下来。为什么做这笔在别人看来很不着边际的生意呢？兄弟俩也不明白。西南商人十分高兴地以成本三分之一的价格将黄柏和大黄全部出手。程氏兄弟把一大堆别人卖不掉的药材运回了家。认识兄弟俩的人都嘲笑道：‘这兄弟俩做了件天下最傻的事！’”

汪宽也感觉奇怪：“收下无人要的草药，兄弟俩是有些傻。”

“没几天，西南药材商暗自庆幸扔掉了包袱，准备打道回乡。这时，辽阳突然爆发了瘟疫，根据医生的处方，人们才知道黄柏和大黄是治疗疫病的两味主药，大家纷纷去各药店购买黄柏和大黄，哪儿买得到呢，各药店都已脱销。这个时候，程氏兄弟手中的黄柏和大黄身价陡增，原先推销不出去，现在被抢购一空，卖完一算账，除去本钱十两银子，他们居然净赚五百两银子。”

汪宽也眼睛一亮，插嘴道：“山重水复疑无路，柳暗花明又一村呀。这应该是‘辽阳海神’给程氏兄弟的第一个商机。”

程先生说：“正是如此。紧接着，第二个商机接踵而至。兄弟俩卖药材得了五百两银子没几天，听说有个荆州商人贩运了一批彩缎到辽阳落了大难：当时正值夏秋之交，温度高，运输途中遭到雨淋，加上耽搁的时间又长，大部分彩缎发了霉，根本无人要。这下子，荆州商人急得在旅店中哭泣不止。此时，程氏兄弟又一次鬼使神差地找到了荆州商人，商量贱价买下这批发霉的彩缎。荆州商人开始对兄弟俩半信半疑，想，我卖不掉的东西，你们要了就能卖掉？但同时又想，来了一对傻瓜兄弟帮我解难了，为何不赶快将这批发霉的彩缎出手，捞回一半成本也行呀。程氏兄弟乘机再压压价，最终用卖药材所赚的五百两银子买回荆州商人的发霉彩缎。发霉彩缎运回家，兄弟俩面面相觑，就连他们也不知道为什么用好不容易挣来的五百两银子换回这一大堆无人问津的发霉彩缎。弟弟心里没数说，'辽阳海神'会不会再帮我们一次忙？如果不帮，那就糟了。哥哥胸有成竹地说，别急，瞧着好了，海神会显灵的。但是十天过去了，半个月过去了，一个月又过去了，海神仍然没有显灵，发霉的彩缎找不到销路。"

听到这里，汪宽也不由皱眉道："发霉的彩缎谁会要呢？富人肯定不会买，穷人也没有穿彩缎的财力和习惯啊。"

"就在兄弟俩感到失望时，传说中的'辽阳海神'又一次奇迹般地给了他们机遇——江西宁王朱宸濠举兵叛变，朝廷急忙下达圣旨命辽阳驻兵前去征讨。辽阳驻兵总领急忙准备军队征伐需要的军装和旗帜（古代战争交战双方冲锋时，各自都要打着大量的旗帜，以壮军威，战旗飘扬，战鼓咚咚，要从气势上首先压倒对方）。由于辽阳驻兵多年没有参战，旧的旗帜已经不能使用，需要做一大批新旗帜。军需官到军需仓库一查看，才发现制作征讨旗帜的彩缎没有存货。于是连忙派人到市场寻找货源，恰恰又碰上彩缎缺货，价格扶摇直上。军需官四处采购正愁买不到那么多货时，程氏兄弟拿出那批经过加工处理的发霉彩缎，不需细看，款到货发，这一回兄弟俩又挣回一千五百两银子，除掉本钱，净赚一千两银子。"

"好，这是第二次好运气。按照说故事人的规矩，好事必有三，接下来一定会有第三次好运气！"汪宽也猜测道。

"人要是走了运，好事是会接二连三啊。不久，程氏兄弟于冥冥之中得到了'辽阳海神'的第三次相助——有位苏州商人贩运三万余匹白粗布到辽阳，售出两万四千匹后，突然接到家中老母亲去世的噩耗，急欲奔丧，便以很低的价格，将剩下的白粗布一总处理给了程氏兄弟。兄弟俩拿出出售彩缎而得的一千五百两银子，把苏州商人的六千匹白粗布买了下来。这批白粗布到手，兄弟俩并没有急于出手，批发或者零售，虽然不会赔本，但利润菲薄，出手时间长。哥哥说，不要急，兴许'辽阳海神'会第三次帮我们的忙。弟弟说，那就听你的，再赌他一把。结果，机会很快又让兄弟俩碰上了。次年三月，武宗皇帝驾崩，朝廷命天下服丧致哀，这样一来，无论官员还是百姓，人人都要制作一件白衣，对白粗布的需求量极大。辽阳本地不生产白粗布，于是外地白粗布价格疯涨，程氏兄弟积存的六千匹白粗布成了紧俏货，自然又大赚了一笔。"

汪宽也呵呵一笑说："事不过三，下面大概没戏了。"

程先生边笑边说出故事的结尾：

"'辽阳海神'三次相助，程氏兄弟的生意越做越顺。之后尽管再也没有得到辽阳海神的帮助，但兄弟俩有了很多做生意的经验，五六年下来，积攒了数万两银子，相当于他们曾经蚀去的本钱的几十倍。"

程先生说完了"辽阳海神"的故事，一再强调确有其事，并且说出了程氏兄弟在徽州的原籍，还有重要情节的年号，看起来有史可查，不容听者有半丝怀疑。

但汪宽也根本不相信这个故事的真实性。他质疑道："程先生！这程氏兄弟的三次商机衔接得如此紧密，你觉得可能吗？即便有可能出现三次商机，中间定会发生波折，哪有如此顺利之事？解释不通，于是借'辽阳海神'编故事。世上哪有什么'辽阳海神'？生意场上，危机重重，依我之见，真正做生意，难关处处有，能不能渡过难关，全靠生意人自己的智慧和决断。"

程先生让汪宽也的直率逗得哈哈大笑，说："你的话有道理，有道理！看起来，什么机关也蒙不了你汪宽也。'二拍'内容涉及男女自由恋爱、商人、社会、官员四大内容，共78篇小说。其中在对于商人与商业的描写上，写书人视经商为正道，认为商人的地位要高于文人，赞扬了人们通过经商致富，这在重农轻商的当时是具有很大勇气的。你说得对！做生意不能凭借侥幸和运气取胜，也不要相信什么'辽阳海神'，说一千道一万，不扎实下工夫弄明白商情，稀里糊涂地卖出买进是很危险的。"

"程先生且听我说，"汪宽也收敛了笑容，郑重其事地分析道，"程氏兄弟的成功之道，无非就是'人弃我堪取，奇赢自可居'，说穿了，就是善于囤积居奇罢了，并不是什么新花招。"

程先生道："道理说白了简单，但实施起来又并非易事，因为此等商机的捕捉，需要冒很大风险。万一判断失误，就会一败涂地。"

汪宽也赞成道："程先生所言极是，囤积居奇既需要谋略，又需要资本，两者缺一不可也。咱们祥泰布庄的生意，不能完全依赖囤积居奇的手段，而是要稳扎稳打，既要扶持产地众多织户提高土布质量，又要巩固现已占据的销售市场。"

刚刚担任祥泰布庄经理的汪宽也重任在肩，虽然他暂且还没有那种志在必得的气度，但他不能不开始谋划祥泰的未来和发展。汪宽也不相信"辽阳海神"扭转商场乾坤的真实性，但却相信故事中的多数情节在现实中完全可能发生。汪宽也从程如林说的故事中至少悟出了两条经商之道：第一，要做到察时度变，学会预测行情。程氏兄弟每次能以贱价买回货物，又以高价出售，就是他们对市场行情的变化做出了正确的预测，对当时的疫情、政情、军情变化有一定的调查研究，从而在关键时刻做出决断，顺利完成低吸高抛。第二，就是商人意志方面的因素了，看准了目标，就要敢于逆境拼搏，敢于冒险。你看，在经历一而再再而三的失败后，程氏兄弟并未消沉下去，相反他们总结历次失败教训，跌倒了再爬起来，始终没有放弃自己的追求。程氏兄弟三次进货都是押上了全部积蓄，一有失误，就会全盘皆输，倾家荡产，在这样的严峻背景下，他们能够破釜沉舟，果断出手并最终取胜，这种超乎寻常的意志力和大气度，是成功商人所必须具备的。

振兴祥泰布庄，自然不可能依靠“辽阳海神”相助。汪宽也的想法是，要想成功经营土布业，也得学会像程氏兄弟那样，机警地发现和捕捉每一个稍纵即逝的商业机遇。而这样的机遇，不是坐在布庄关门论道就能得到的，必须要下去看看，到产地查验一番，才能抓住机遇。

汪宽也对程先生说：“我知道故事中的‘辽阳海神’在哪儿了，”他指指自己的脑袋，又指指自己的脚，再指指自己的口，“一是走，二是看，三是问。”

对汪宽也的思想心领神会的程先生笑道：“是呀，商机处处有，寻觅靠自己。”

深秋季节，乡下农民忙活完秋收之后，又到了全家老小夜以继日地纺纱织布的时候了。

汪宽也对程先生说：“程先生！想来想去，我觉得应该到乡下去，看看农村的土布纺织究竟是个什么情况。”

程先生说：“没必要跑那样远到乡下了。乡下的织户常常来送布，请他们给你说说不就行了。”

“耳闻不如眼见，”汪宽也笑着摆摆手道，“到咱们这儿，人家不一定告诉实情。”

程先生赞成道：“那也是。要不要我陪你一同去呢？”

汪宽也说：“免了，你在家照顾生意吧，我和严锦贤、周梅林二人先到三林塘。严师傅对那儿的情况很熟悉，小周也是川沙那边人，有他们俩做参谋，料想不会空手而返吧。”

汪宽也之所以先到浦东的三林塘，是因为这一带多年来一向是祥泰布

20世纪中叶上海南汇农民纺纱情景

庄的重点货源地，他去过不少次，那一带的情况多少了解一些。

几天后，汪宽也首次以祥泰布庄经理的身份，带着严锦贤和周梅林来到浦东三林塘。

至明代中期，三林塘的棉纺织业十分发达，已有“布被天下”之称。许多乡村农民织布的技术已经十分精良，到农闲季节，仅仅三林塘一地，每日可以织出一万匹土布，机布、稀布、飞花布、斜纹高丽布、斗纹布、雪清布，应有尽有。质量上乘的三林塘布，每匹可以卖到四五钱银子，在当时来说，是很可观的价格，而且多远销到北京、西北等地。每到收布旺季，来自四面八方的小布牙行和小布贩，大量坐地收买各村农户所织的棉布，再转手卖给各大布庄，从中赚取第一轮利润。这些小布牙行和小布贩，千方百计巴结那些势力强盛的大布庄，相互间争夺得很厉害。到了清朝乾隆、嘉庆时代，上海地区的各大布庄，在三林塘以及它周边的中心河、陈行、题桥，纷纷设立分庄以争夺货源。

从上海南市到三林塘，有五十里路之遥，汪宽也一行三人先坐两辆人力车赶到浦江渡客码头，过江后换了运客马车驰向三林塘。一路上大家聊天说事，倒也不寂寞。无意中又一次提及黄道婆，汪宽也问周梅林："你家不就是过去的乌泥泾么？那应该是黄道婆的家乡人了。"周梅林回答道："是呀，黄道婆是我们乌泥泾镇人。"汪宽也笑道："好，我来考考你这位黄道婆的乡人吧，乌泥泾位置在浦西，可是黄道婆的祠堂却是建在浦东，请问这是什么缘故？"

"汪经理，你出的这题便难不倒我了——元代初期黄道婆去世后，当时的乌泥泾人曾建造了一座祠堂供奉黄道婆，也叫乌泥泾庙，香火极盛。但到了明朝万历年间，海上倭寇侵入，官府派兵抵御失利，倭寇把乌泥泾所有房屋及黄道婆祠堂一把火烧光。后来又有人在滨浦按原样重建了黄道婆祠堂。到了康熙年间，三林塘一个叫孙海明的人，不知道为什么，破费了不少财力，将黄道婆祠堂迁移到了三林镇临浦村，每逢四月初六黄道婆生日，香火尤盛，成千上万的乡村织户，特别是从事纺织的妇女，都到临浦村求黄道婆保佑。"

汪宽也夸赞周梅林说："嗯，周师傅知道的还真不少呢，你说的和书上写的大差不差。听说三林塘的布由于沾了黄道婆的仙气，几百年来品牌和质量都达到了上乘。"

周梅林笑答："仙气不敢说有，但黄道婆对三林塘纺织起了带动作用是不可否认的。"

一直聆听汪宽也和周梅林聊天的严锦贤，抚摸着有些花白的短胡须，若有所思地感叹道：

"三林塘的标布，那是没话可说！纱支匀细，布身紧密，是做外套、马褂、靴面、袜子和缠脚带的上等材料，明朝时便畅销西北和北京，到咱们大清，北京、天津和满洲供不应求。'三林塘标布进京城'那可是名副其实呀。”汪宽也点头赞许说：“所以，咱们祥泰布庄开业将近五十年，以经营三林塘标布为主，发出的布牌一定要印上‘上海三林塘标布’，以证明三林布品牌的分量之重！”

汪宽也停顿了片刻，想想又补充道：

“可是，自鸦片战争后，舶来的洋布行销日广，成了三林塘土布的宿敌呀。土布在市场上遭到排挤，直接危害了此地以植棉织布为生的农民，他们的生计是越来越困难了。”

“汪经理您说得极是，”严锦贤说，“前些年，三林塘当地有个大布商人叫汤学钊，他也有感于此。他认为印度、日本或西方的舶来品洋布，为机器纺织，印染、漂洗工序极为严格，布面细洁美观，布幅规格适当，所以才逐步为国人接受，而洋布的这些优点，三林塘土布无法匹敌。汤学钊同时认为，三林塘土布也有自己的优势，厚实、吸汗、耐磨、耐穿，极适宜田间及市井劳作之人使用，如能扬长避短，尚可在市场上与洋布争一席之地。于是这位汤学钊帮助织户重新规定土布规格，经纬的粗细，布匹的长短阔狭，凡合乎他制定标准的布，收购时价格从优，经他这样改革后的土布，质量大为提高，北京及满洲等地的布商都到三林塘竞相采购。”

严锦贤的话，再次引起了汪宽也的兴趣。汪宽也说：“好！这个汤学钊是位聪明能干之人，他的经营思路是对的。有作为的大布商，不能只是坐在那儿，被动地收布，织户织什么，咱就收购什么，这样不行。咱们要像汤学钊，想办法帮织户织出上等布，把生意做活做好。”

不觉间，三人来到号称浦东布业产地重镇的三林塘，镇中心有纵横两条各宽一丈五尺有余的街道，长约一里，街道两边，布店、布栈和庄口鳞次栉比，一家挨一家，此外还有好多销售和收购土布的布摊。满眼都是布，五颜六色，不由得让人眼花缭乱。

三林塘镇不但是著名的土布产地，也是全国的土布集散地，来自南北各地的布商一年到头来往穿梭，特别是秋冬之交的布市旺季，每日数千布商云集于此，熙熙攘攘好不热闹。三林塘镇的中心河、题桥和陈家行等大村庄，植棉、纺织最为发达，生产土布的历史也十分悠久。清末的上海各大布庄，几乎都在三林塘设立收购土布的布栈、庄口，各布庄之间“抢布”十分激烈。整个三林塘市场最兴盛时，每年可收土布百万匹。这些布匹大部分运到上海后，分销给北京和天津客商，还有一部分装运到江西和安徽等地的布匹市场。

汪宽也感慨地说：“上海地区发展植棉和织布，这是天意啊！据史书记载，上海松江地区自唐代引入棉花，到宋末已广泛种植，从而促使松江地区民间土布业的兴起。松江地处江南，为何不以种植稻米为主业呢？这里有耕作方面的原因。松江府所属的江浦两岸，田地多是中高外低，俗名坍冈，虽然近处有水，却不能引之种植稻谷，农家无粮可吃，故当地农户逐渐改种稻谷为植棉，以纺纱织布换取银两购粮充饥。时间一长，十户中有七八户种棉花，会纺会织者比比皆是。”周梅林赞同道：“汪经理所言完全正确，松江棉布，衣被天下么！”

严锦贤兴致勃勃地插言道：“三林塘南面的题桥，有家德大布号，专事收购土布已经有三百年。还有一家名为元大的布号，也有近百年。后来，德大和元大经营不善，先后歇业不做了，但德大和元大这两个布牌子硬实，后来出让的布牌让三林塘的汤兴义布号租到手，一直到现在，这两个品牌仍在使用。”

“哦，不但汤兴义布号大名鼎鼎，经理也精明，很知道利用老布牌的威力。”汪宽也由衷地赞叹道。

严锦贤说：“咱们祥泰布庄的牌子也不错啊！关键是三林塘织户纺织工序严格认真，所织土布质量十分牢靠，这样布庄打出布牌就保险了。凡祥泰在三林塘收的布，出售时牌子都要印上‘上上——三林塘套布’字样。”

三个人边走边看，边看边说。汪宽也频频点头，非常赞成严锦贤和周梅林对上海土布优势持有的乐观见解。

清朝末年，上海土布业经营的产品，主要是狭幅白坯，灰、蓝布，阔幅改良彩格，夏布、印花布。狭幅白坯土布，大部分产自南通，是农家之副产品，完全是木机人工手织，至于染色和印花部分，则由同业号家加工整理而成。上海周边地区也有少量出品。彩格彩条的改良土布，产自江阴，南通也有少量出品。夏布则来自湘赣川各省。

狭幅灰、蓝土布，国内销路极少，唯有南洋一带为大宗，抗战前，海洋畅通，全部销量每年可达一百五十万匹，而国内销路只占三分之一。夏布销路少，每月五百件，每件十六匹。改良土布国内普销，每月约二十万匹左右。狭幅人工土布，大部销往南洋、新加坡，荷属东印度，暹罗（现泰国）等地，国内只有福建、广东略有销售。夏布、印花布销售各地乡村，改良土布各地都有销售。

汪宽也接任祥泰布庄经理之时，上海土布面临生存危机，土布产量逐年减少，而舶来的洋布正在迅速充斥中国布业市场，特别是对上海织农和布商造成了严重打击。

土布的崩溃几乎是无可避免了。衰落原因何在？在祥泰布庄工作了将近二十年的汪宽也心里明白，洋布以良好的质量和低廉价格的双重优势大量输入，而土布生产方式的落后最终导致的高成本，无疑封杀了土布的生存空间。而清朝定的种种丧权辱国政策，在某种程度上做了洋布围攻土布的帮凶。1876 年 3 月上海出版的《申报》载："洋布之至中国，除征进口税每百五两之外，即可再往各处，不必又完地税。而华人自织之各布，如由上海贩至镇江，已须完纳正税再加半税，若欲又往他处，逢卡抽厘，竟至数倍于洋布也。"清政府对洋布的保护政策纵容了洋布在中国的倾销，从而把土布逼上死路。

这些致使中国土布濒临窒息的重要因素，除去洋布倾销和清政府对洋布的纵容这两点不说，从中国土布自身找原因，土布织造过程的粗劣简陋、织造技术的因循守旧以及销售价格的居高不下，这些致命弱点，无疑让土布迅速失去对洋布的竞争力。

那么，土布究竟又有哪些弱点呢？这就是汪宽也走访三林塘所要找的答案。实际上这个答案他早已心中有数，不过，他要亲自听听农村织户的意见，得出结论，心里才能踏实。

汪宽也一行三人首先来到三林塘镇的陈家行村。

陈家行村是三林塘地区土布生产的典型，六七百户人家差不多家家有织机，户户有布卖。听说祥泰布庄的经理到这儿察访布情，许多农织户感觉很稀罕。在祖祖辈辈都以织布为业的农民们眼里看来，这些在城里倒买倒卖的土布经销商，向来和农民是各走各的道，互不相扰。

在一李姓织户家中，汪宽也认真察看家里的两架纺车和一台织机。纺车和织机的样式，还是几百年前的老面孔。汪宽也请李织户的妻子亲自上机织布，他驻足观看良久，感慨地说：

“上海几百家布庄每天收购的成千上万匹土布，就是你们用这样的织机，一根纱一根纱地织出来，费时又费力呀。织户们真的很不容易！”

李织户告诉汪宽也道：“我们这一带乡村织土布，几百年来使用的，一直是这种古老的投梭机，自黄道婆革新过后，再也没有大的变动。织布时不但速度慢、出布少，而且操作织布机全靠织布人的胳膊和手腕，人的胳膊和手腕幅度有限呀，织机过宽肯定是不行的。这样子的话，布的宽度就受到限制，比不得洋布和上海机织布，老机子实在是没办法织出宽幅土布，只能限于九寸到一尺二寸宽，长度倒是灵活一些，一丈六尺到两丈都行。”

李织户还说：“手织土布的织造工艺极为复杂，从采棉纺线到上机织布，要经过大大小小七十八道工序，其中主要工序有十五道：轧花、弹花、整棉絮条、纺线、打线、染线、落线、整花型、整经做纬、闯杼、掏综、栓机、织布、了机、修布，一件成品才算完工。”

“土布的工序是有技巧的：先是经线上浆，即用面糊将经线浆一次。面糊过稠，经线就脆，易断线；面糊过稀，经线就松，也易断线。其次是牵线，即上经线，牵线用手执线，手要保持平衡，不然牵出的线松紧不一，织布时易被梭子打断。再就是挽绉，绉扣长短要一致，才能使上下经线截然分开，梭子来往畅通无阻。织布最重要的是手推脚踩。织布用的绳腔（嵌扣的木框）是用手推，推得重落得慢，布就紧，推得轻落得快，布就稀疏不均。最后是修整布，先将布上小疙瘩刮掉，再将布密封在缸中，燃入硫磺，布被熏白，取出，喷浆折叠，放到石上锤扁。经过这几道工序，布质平滑、挤密，显得漂亮。”

李织户的住宅旁，恰是一家裁缝铺，里面的一位老裁缝听说上海大名鼎鼎的祥泰布庄派经理下乡查问布情，便赶快跑来瞧稀罕。老裁缝自报家门说自己姓何名东南，在乡村做裁缝已有三十年。说到投梭机所织之布，裁缝何东南一针见血地说：

“如果没有洋布和机织布做比较，投梭机织的布，祖祖辈辈就是这样子，也就算了。现在洋布铺天盖地，还有机织布，它们都是宽幅。这一比较，土织布相形见绌，短处自然就看出来了，既窄又短，裁剪衣服很不划算。”汪宽也奇怪地问：“为什么说不划算呢？”

说起裁剪活儿，何裁缝如数家珍，他有板有眼地告诉汪宽也：

“我们乡下织的这种土布，穿起来舒服么倒是舒服，缺点么，就是幅面太窄，裁衣服相当困难。比如，要给人裁制一件袍褂短衫，那就必须在背后拼缝接袖。碰上身材高大的男人，衣服尺寸要相应加大，长袍下摆非要拼角不可，做裤子嘛，也要拼裆。你瞧，做一件衣服，这儿接一块，那儿接一块，穿在身上，你说能好看吗？”

何裁缝的话说得有趣且在理，直逗得汪宽也和两个店员哈哈大笑，汪宽也说：“那是不怎么好看！不明白的外国人还以为咱们中国人穷，买不起整布，净用碎布头做衣服呢。不过，像你们这些内行的裁缝匠知道，这是土织布的最大毛病，幅面窄。”

说起做衣服，何裁缝兴致勃勃地打开了话匣子：

“这位先生，您听我把话说透：除了一种门幅九寸和一尺的土布，比较适用于裁鞋面或者对开做裤腰外，一般土布布料裁剪上有很多浪费。往往是，一匹土布，做一件上衣有余，而做衣裤一套，则不足，做一件长袍也不够。如果用两匹布做长袍，又会出现两匹布的长短不一和色差——最大的问题是颜色的深浅不一，染匠的功夫再好，也不可能几十匹布同时下染缸，总要有先有后吧，这一先一后从染缸中出来，颜色就会有细微差别。所以用两匹布套裁，做到没有色差，很难。”

“先生，请您想想看，一般平民百姓，特别是咱们乡村节俭之人，一辈子好不容易做一件长袍，结果做出来，前胸后背两块用料不是一个颜色，黑夜里看还将就，可大白天，大太阳底下，一眼看去，面料颜色深的深，浅的浅，看着当然会很不开心。”

“而洋布则不然，宽一般都是二尺三四，完全可以套裁，不光我们做裁缝的裁起来既方便又经济，就是穿到身上，整整齐齐一码色，也漂亮啊！所以，现在洋布的销路自然强于土布，就连我们裁缝也愿意做洋布或者机织布料子的衣服啦。”

最后，何裁缝建议道：“但咱们的土织布，也有很多洋布所不及之处！它穿着比洋布舒服，吸汗，清爽，土布厚实，耐洗耐脏，冬天做棉衣什么的，暖和。只不过，幅面过窄，是它的最大缺点。因为织机的宽度只有一尺左右，布的幅面让织机限制住啦。不改造织机，则无法织出宽幅面土布。”

汪宽也感慨万端地说：“何师傅你说得对啊，幅面过窄乃是中国土布的死穴。外国洋布的纺织和经营策略，就是抓住了中国土布的弱点，现在他们迎合中国民众服装的特点，设计和生产的宽幅布，以洋布之长，治土布之短，用这样的方法把中国土布完全排挤出市场。”

何裁缝有些茫然，不知所措地说：“那以后的土布不就完全没有出路了么？”

汪宽也安慰何裁缝道：“也不尽然。中国土布之所以坚持数年而不被洋布完全击败，原因是它仍然具备洋布无法全部取代的价值。土布吸汗、厚实、耐洗、耐磨，众多农民爱穿土布的习惯和传统是洋布所改变不了的，这为土布生存保持了最后一块阵地。至于土布最后究竟能坚持到什么时候，则很难说了。”

汪宽也在乡村察访中发现，无论市面上洋布怎么漂亮和便宜，农民们仍然喜欢用自织的土布制作棉织品——袄裤、棉背心、夹鞋、棉鞋、老布被面、被里、褥单、枕头、袜子、面巾、蚊帐顶布、作裙、围身裙、缠脚带、饭单，可以说应有尽有。一些生活比较富裕的农民家庭，还需要土布制作罩衫裤、夹袄裤、棉膝裤、门帘、窗帘、包袱、包头巾、风帽、腰兜、褡裢袋等物品。由于土布质量有好有次，经纬有疏有密，所制物品在用料上农民们可以各选所需，并不会浪费。

汪宽也还发现，土布是上海地区乡村农民赖以生存的重要生活来源，乡村中的百分之九十的农民，指望着卖掉自己生产的土布，以应付生活的种种开支。

察访的结果证实，无论是上海织布农民几百年来长期使用的投梭机也好，还是十几年前改良的拉梭机也好，都存在结构简单、生产效率低的问题。

农民纺织土布的成本究竟如何？汪宽也请一位会织土布的中年农妇算了一笔织布成本的账：

“我家几代人都织布，千年不变的一笔账：织一匹宽一尺二寸、长二十尺、重二十两（每市斤十六两制的老秤）的土布，轧花、弹棉、经布、上浆，大概一个人要干一天；把这些棉花纺成纱，是最慢的活儿。在洋纱没有来之前，经纱、纬纱都由我们手工纺出，所用的单锭纺车，一人一天只能纺纱五两。这样的话，一匹布的纱，像织布活儿干得一般的媳妇，纺出来要四天。织布的活儿要快些，起早带晚，一个人一天能织一匹布。”

这个看上去很乡气的农妇，居然把这笔织造用工账述说得条条有理，不由得让汪宽也刮目相看，他客气地问道："请问这位阿姐尊姓大名？"农妇道："乡下人哟，称尊姓受不起啦，我名叫汤阿妹。"汪宽也呵呵笑道："这般自谦，已不是普通乡村之人了。照你刚才的计算，织布一匹，算来总共需要一个人劳作六天。那么，这六天的纺织报酬应该如何计算呢？"

汤阿妹一下子没有计算出答案，磕磕巴巴打了个顿。边上另一个四十多岁的汉子算是听懂了汪宽也的意思，赶忙插嘴道："一般情况下，我们织出一匹重一斤的土布，布庄收购时所能出的钱，等于我们买三斤籽棉的钱，加上织布所用的工钱。三斤籽棉嘛，可以轧皮棉一斤多一点，能纺一斤多一点的纱，这里边损耗很小，基本也正合一匹布的重量。听老辈人说，在康熙年间土布销路好的时候，一匹布可以换一斗米和籽棉三斤，这一斗米，就是我们织户织布所用的六天的工钱。到光绪年间就不行啦，松江地区一带米价高涨、土布卖价低迷，一匹二丈长的土布，换成三斤籽棉和米，米不到一斗，而是四升，比康熙年间少了一半还要多。"

汪宽也问道："那么现在呢？"

这位中年农民说："现在我们很少换籽棉啦，纺线太不划算的。反正家里有一个人天天织布，用卖布的钱去买米，可以养活一个大人和两个孩子，还算不错的吧。"

汪宽也明白了其中的道理，他转过身，认真地对严锦贤说："听懂了吧，农民不能织亏本的土布，不管布市上的行情如何变化，咱们的收购价格，一定要高于织户的成本，如果低于成本，布机只好停工。因为农民织布，至少要解决他们全家的温饱问题。所以要想让布业的生意兴旺，就需要织户多织布，织好布。土布品质提高了，布庄才能相应提高收购价格，而收购价格提高了，农民就会努力织更多的布，小河涨水大河满，小河缺水大河干，农民手里的布多了，咱们布庄的货源不就充足了么？"

听了汪宽也这一番话，众人连连点头称是。

早年，不仅松江地区，就是盛产棉布的广大苏浙地区，农民种植棉花，“以布换米”也已成为维持生计的惯例，有一首明代诗歌这样写道：

清晨抱布入市，易花、米以归，来旦复抱布出。

碰上灾荒之年，米价疯了似的上涨，而布的价格却纹丝不动，乡村中，许多人家守着一大堆土布卖不掉，往往无米下锅。往往也是这个时候，不少布商相互串通一气，趁机压价收购农民织的布匹。一直等到农民们的布价跌至亏本，他们才摆出慈悲为怀的架势收购。有一些收布的商人往往还兼卖粮食，他们闻风而至，一面低价收布，一面高价卖粮，然后将低价收购之布运至行销地点，再高价出售，从而大发横财。

几笔账一算，汪宽也便知道这些土布商积累的暴利，是用盘剥方式巧取豪夺而来的。这还不包括对农民生产的布匹百般挑剔和压低级别所夺取的利润。“上上等”的布匹，只给你算“上等”，等他们批发给别人时，仍然是“上上等”，其中的级差钱，布商又赚了。

织布农民的悲惨命运，让汪宽也心中生出深深的悲哀。

陈家行村一位教过私塾的老先生，当知道前来察访布情的人，是口碑很好的祥泰布庄经理，便热心动情地为汪宽也吟诵了两首与织布农民生活状况有关的古代诗歌：

朝拾园中花，
暮作机上纱。
妇织不停手，
姑纺不停车。

织布女，

首如飞蓬面如土。

轧轧千声梭若飞，

手快心悲泪流面。

农忙佐夫力田际，

农暇机中织作苦。

雪白绵柔好女功，

来朝知属何人主。

停梭向天发浩叹，

空际悲风自旋舞。

三林塘之行，不但让汪宽也更加清楚了土布生产和销售中的规则，而且让他重新对织布农民的命运产生了深刻的同情，他感慨万千地对严锦贤说：

“你是店里最老的看布师傅，咱们今天看到农民是怎么样纺织土布了。我们布业在经营中所赚的钱，是通过产、销之间的差价所得的利润。看起来，布商所赚之钱名正言顺、无可指摘，但细细想想，实际上是布商利用占有土布销售市场的这个优势，和农民做的不平等生意，也可以说是商家对织户的盘剥。可是无论织户，还是商家，都为自古以来的生意规矩所左右，贱买贵卖，不可违抗，织户和布商均不可随意所为。”

严锦贤连连点头赞成道：“汪经理所言，十分正确，乡村织户劳作，所得利润委实太少。我是当地人，深知乡村织户苦楚，土布大量上市的时候，怕的就是布庄不收布，只要肯收，出手价格低些，都无二话。布不卖掉，放在家里不能当饭吃，万一碰上秋雨绵绵不断，坏了布，损失更惨。所以织户产出布，只求速速脱手。”

“是的。”汪宽也分析道，“你看看，织户的劳动所得，六天一匹布，得到的仅仅是四五升米而已，已到了能够维持织布的极限。有品德的布商，不能只想着自己赚钱、赚钱，也要体谅织户的处境，万不可无限制地压价，杀鸡取卵，伤害了织户，土布又从何而来？没有了土布，我们做的哪门子布匹生意，发的哪门子财？”

在回祥泰布庄的路上，汪宽也与严锦贤、周梅林二人议论起下一步应该如何走。

汪宽也说：“早几年前，我就考虑如何才能维持土布业的生存。今天你们都看到了，土布的质量取决于织户的工作。这些年来，洋布对土布排挤得厉害啊，洋布幅宽，价格低，看相好，卖相自然也好，不少平民百姓都慢慢喜欢了。”

严锦贤说：“是呀，经理，这买布做衣服，很难用国粹不国粹去限制，买布者看谁的布好，价格又划得来，他就买谁的布。”

“说得对，拿钱买布，包括买洋人的布，都不犯禁，做生意嘛！”话锋一转，汪宽也透露出自己的主见，“我们无法阻止百姓去买洋布，但我们可以帮助农村织户改善土布织造品质吧！只要创出上海土布的好品牌，还怕老百姓不去买吗？”

周梅林恍然大悟地说：“创品牌？这一定是您的灵丹妙药。”

汪宽也笑了，回答周梅林道：“也并非什么灵丹妙药。我是想，我们帮助织户改善土布织造品质后，祥泰一定要随之提高土布收购价格，让织户感觉辛辛苦苦有所值，这样他们才会想方设法织出更好的布。以压级压价的手段去赚织户的钱，乃目光短浅商者所为。”

严锦贤和周梅林二人完全赞同汪宽也的分析和对策。严锦贤说：“祥泰提高收购价格，既鼓励织户通过努力织造增加收益，同时，无形中增强了我们在土布业中的竞争力，这可是一箭双雕之事啊。”

将布业行原始的被动收购转变为主动指导织户改良织造技术，从而调动生产和经销两方积极性，这是汪宽也执掌祥泰布庄经营的重要谋划。

一个多月之后，汪宽也再次来到三林塘，不但带着严锦贤和周梅林，还加上司庆云、顾文琪两个人。这次到三林塘，探讨如何通过提高土布质量增加产量之事，收集到众织户的许多好主意。汪宽也的思路渐渐清晰起来，土布经营商要懂得如何指导众织户生产高质量的布匹，除了技术上的引领，也需要资金和销路方面的强力支持。

汪宽也认为，祥泰布庄的首要之事，是把土布质量标准交给织户。汪宽也说：

“不把祥泰的收布标准告诉织户，商家和织家，仍然是各吹各的调，各干各的事，织布和收布合不到一块儿。过去很多织户送到祥泰布庄的货，平心而论，有许多成色还是很不错的，只是在某一方面，只差那么一点点，便达不到‘上上等’，十分可惜。”

祥泰布庄所收购的布，自有一套严格的技术和质量标准，无论是经纬纱支数、幅度、长度、紧密度，还是布的外观和包装，均有严密规格。过去执行的收购法则是，凡不合乎标准者，不问青红皂白一律拒收。于是多年来土布生产和土布销售两者脱节，乡村织户无法准确把握“祥泰标准”，导致送到布庄的布匹，总会有相当一部分被挑出来，作为次品降级降价。

于是，汪宽也让布庄的店员们起草“祥泰土布收购标准”，在门面和乡下各个收购点，广为散发，并亲自走村串户宣传优等土布的关键技术标准，做到家喻户晓。

在三林塘，汪宽也试行了合同销布。织户按照祥泰布庄规定的技术标准生产土布，祥泰布庄则以高于其他布庄的价格收购。对资金周转困难的织户，祥泰布庄帮助其解决低息借贷。织户和祥泰签订产销合同之后，他们就可以放心地织布了。

随后，汪宽也又安排布庄的人分批下乡，重点帮助浦东农民对土布织机进行改良，在织造程序和纺织技术上进行必要的指导。经过一段时间的适应，浦东广大织户们的织布技术和速度都有了很大改善。土布质量提高了，价格自然也上去了，织户增加了收入，布庄也得到更多的利润，实现了产销双赢。

农民织造土布的积极性越来越高，布的产量也越来越高。汪宽也在川沙、奉贤、南汇、青浦、松江、金沙等县，设立多处专门为祥泰收购土布的庄口。

这些庄口在经营链条中的作用不可小看，它们是布商吸纳成品土布的重要前沿阵地。庄口的任务，一是收购农民送来的土布，二是帮助织户改善织造技术，三是反复向来卖布的农民申明土布收购标准。同时，祥泰从不食言，对于符合布庄标准的土布，所给的价格都略高于市场基本价格。这样一来，到祥泰布庄和各庄口送布的农民络绎不绝，有时候白天织户因为织布忙没有时间卖布，庄口便设立“晚市”，甚至将收布的生意做到乡间要道路口，高悬起写有“祥泰”字样的大灯笼，设摊收购织户们夜间送来的土布。秋末冬初时节是产布旺期，祥泰布庄上上下下每天收布可达万匹之多。

还有一些坐地收布的小庄口和零散的小布贩，他们的实力也不可小看。这些散兵游勇，不辞劳苦走村串户，脚步十分勤快。他们和织户间十分熟悉，跑到织户家里，三匹五匹地收购，甚至一匹两匹也收，并当场付现银。虽然织户把布卖给他们，得到的钱要比卖到布庄的少一些，但帮助农民节省了来回路上的时间和到布庄讨价还价的麻烦，所以很受织户欢迎。织户们说：“小庄口的人也是人，也要养家糊口，挣几个跑腿费，应该！”聚沙成塔，积少成多，星罗棋布的小庄口，每年也能从农民手中收走不少布。因为祥泰布庄定的收购价格高于其他布庄，那些小庄口和零散布贩，对于和祥泰合作也产生了浓厚的兴趣。经过不厌其烦的商谈，祥泰布庄终于和大部分小庄口签订了代收土布的合同，要求他们严格按祥泰的标准收布，并保证他们有利可图。

年底，程先生一结算，祥泰布庄一鸣惊人，所收土布超过一百万匹，是上一年的三倍之多。1898 年和 1899 年，祥泰布庄仍然获得了惊人的利润。

不过，让汪宽也十分遗憾的是，浦东农村地区所使用的传统手拉织布机，无论如何改良，也解决不了尺幅狭窄的问题，这是土布织造的死结。

浦东土布财神汤学钊

1905—1912 年间，三林塘共有大小布庄 47 家，营业兴盛，每年平均收购土布近二百万匹。宣统元年（1909），上海另一大布商汤学钊，带着标布中的扣布参加全国性的比赛，获江苏巡抚、两江总督颁给的二等银质奖章。此后他又精益求精，更新花色，农家皆按此样织布交售，他再冠以元大商标，运销各地。次年，元大牌尖布、格子布冲出国门，陈列于南洋劝业会，获得农工商部银质奖章。再如三林塘最大的土布庄汤义兴布号，资本号称一万两，它在旺季每天要收购一千余匹土布，淡季每天亦可收四五百匹。陆万丰布号比汤义兴布号略小，旺季亦可收千把匹，淡季三四百匹。

民国建立之后，中国人的服装样式发生了巨大变化。北京和天津地区使用三林塘标布做外套、马褂、靴面、袜子和缠脚带的人越来越少，只有做鞋面的市场还有一些。于是，上海土布农民多改为织造东稀土布，销售方向转移到江浙，三林塘地区仍可收布两百万匹。祥泰每年约收六十万匹，其时每匹布价七十二元，利润五至六元，全年除开支，还可赚二百四十到二百七十万元。及至 1919 年五四运动，上海、北京等城市青年做学生装的多，上海妇女做旗袍的也很多，芦纹布、蚂蚁布曾风行一时。1920 年，三林塘逐渐有东茂、同新样等洋布店开设。1923 年，上南铁路通车，洋布涌至。1924 年，受齐卢之战的影响，三林塘的标布逐步衰退，祥泰的收布庄营业量大受影响。1925 年初汪宽也去世后不久，祥泰在三林塘陈家桥、题桥设立的收布庄关门歇业。

1925 年底，经营七十五年的祥泰布庄宣布倒闭。

九

创出了风靡市场的祥泰毛蓝

在汪宽也的奋力打造下，短短三年时间，祥泰布庄成为沪上赫赫有名的大布庄，吞吐吸纳量大，验布标准公平，价格合理，得到广大农村织户的拥戴。沪上流传着这样一句口头禅：

“祥泰一天不收布，四乡农民要造反。”

在那个时代，“造反”不能随便说出口，闹不好要杀头。可是，人到了走投无路的时候，难免产生“造反”的念头。1900 年，中国政治风云突变，北方发生了震惊中外的义和团运动，由于清政府造谣惑众，把义和团形容成杀人放火无恶不作的强盗，各地谣言四起，上海也不例外。上海的各路商人紧张起来，谁敢在这个乱哄哄的时候做生意呢？几十家大布庄，都没了收布的心思，纷纷关门谢客，布市一片萧条。

指望着把布卖掉，再去买米下锅的乡下农民们，在各大布庄门前扎成堆，一个个急得如同热锅上的蚂蚁，相互打听哪个布庄能收布。后来，有人说“祥泰还在收”，众人便一窝蜂地向大东门涌去。

望着布庄门前潮水般的织布农民，程先生顾虑重重，他对汪宽也道：“汪经理，现在碰上兵荒马乱，咱们是不是也关门歇业一些时候呀？”

早已经过深思熟虑的汪宽也，微微一笑，果断地回答：“不，这布咱们照常收。”

程先生焦急不安地问道：“人心浮动，一下子收进这么多布，万一出不了手，怎么办？”

积少成多的手织土布

汪宽也道：“不要紧，动乱是暂时的，市面迟早会稳定下来，只要战事一结束，布庄生意马上会恢复，也许会供不应求呢。像往常一样，把所有能拿出来的银两都拿出来。”

程先生点点头，想了想，然后试探地问汪宽也：

“可不可以将收购价格适当地压低一些？”

乘货源过多而

适当压低收购价格，这在市场上，是正常的商业行为，任何人都无可指责。可是，压价收购的后面，必然是囤积居奇，只有这样，才能发大财，这个道理人人都明白。对于卖布的农民，低价卖出布匹的背后，是满脸的泪水和无奈。作为商人，他的道德底线究竟如何，只有在这个时候才能够看得清楚。

汪宽也断然否定了程先生的压价建议，说："程先生，农民生活不易，咱们不可乘机压价，仍照往常的价格收布吧。"

于是，各处农民的布匹涌向大东门的祥泰布庄和祥泰的各个分店。幸而不是产布旺季，否则祥泰的布匹真的要堆积如山了。

几天之后，更加严重的问题出现了。由于上海时局一直动荡不安，银钱业害怕了，纷纷将银根抽紧，大小钱庄都不敢再向外放款。祥泰布庄资金告罄，自然无现银支付布钱，只好挂出"停收"的牌子。

满怀希望的农民们，大车小车，挑的挑，扛的扛，从乡下运来了所织之布，却无法卖掉。很快，市面一片恐慌。每天天不亮，数百上千织户肩挑车拉，将祥泰布庄包围得水泄不通，不明真相的农民愤怒地吼叫："我们要卖布！要买米！要活命！请祥泰开门收下我们的布！""没钱买米，全家都在饿肚子，不如反了吧！"

汪宽也亲自出面，大声向农民们解释说："各位乡亲！不是我们祥泰不愿意收布，而是钱庄关门歇业，我们无法取出银钱，你们拿不到现银，如何买米养家？"

有人大声喊道："不要难为祥泰布庄！咱们去把钱庄砸了吧！"一呼百应，急红了眼的织户们准备冲击靠近祥泰布庄的一家钱庄。

汪宽也急忙阻止说："大家万万使不得！砸钱庄是造反的死罪，乡亲们，万不可一时冲动酿成大祸！请你们再等待一些时日，我来想想办法！"

形势逼人，布庄如果再不收布，很可能会由此引发无法控制的乱子。

看来找银行和钱庄是不行了，能救急的只有官府了。

平素里汪宽也只专心做布匹生意，和官府之间少有来往，但这次收布，事关重大，再三考虑，他赶快派人将情况当面报告上海道台，要求借贷支持收布。

布庄向官府借钱？程先生说：“祥泰开业五十年，从没有过向官府借钱收布这档子事呢，官府会理咱们这个茬吗？”

汪宽也胸有成竹地说：“现在情况不同，官府怕的就是农民造反。知事管辖之下出了事，上面追查下来，这个责任他是负不起的。”

上海道台熟知祥泰布庄，更知道布庄经理汪宽也的威信和为人，为了防止无银收布引起的民怨，他破例应急打开银库，拨出三十万银元借给祥泰布庄周转。如此一来，祥泰布庄能够照常开门收布，解决了农民买米下锅之忧。

一个月后，时局渐渐平稳，市民们开始正常生活，许多外地布商重新

清末江南布庄图

进入上海买货，一时间上海土布市场需求量大增。可是，由于一般布庄没有存货，自然无布可卖，也无财可发。只有祥泰布庄一家货源十分充足，而且出售和批发价格一如往常，并不借机抬高出售价格。引得诸多外地客商纷纷涌到祥泰进货。不足十天，几十万匹布全部出手，除归还官府的三十万银元和利息外，最后净赚十万银元。动乱时期关门歇业的布庄和钱庄，看到祥泰生意如此之好，一个个后悔不迭。

向官府借巨款为布庄周转资金，这在上海土布史上，前无古人后无来者。

如何让土布业的经销得到长足发展？汪宽也的思路和目标，最终确定为打造过硬的土布品牌。除了土布的织造质量要继续提高，土布印染质量也要同步提高。祥泰布庄经营进入稳定状态后，汪宽也的目光很快投向了土布印染，他想设立祥泰自己的染坊。

织户织造的大量白坯土布，质量上虽然合乎祥泰收购标准，但它还不是适于实用的末端商品。一般平民制作衣物需用的布，一部分为本色白土布，一部分为染色线织成的格子布，还有一部分是经过印染的全色布，或蓝、或红、或青、或绿，这类全色布，均由白坯土布经过精心染色和踹光而成，是制作衣物最适用最广泛的商品，市场需求量也最大。

布匹印染工艺十分复杂，由布庄自建染坊，将涉及资本、场地、人手、技术、管理等诸多难题，所以上海各大布庄一般只做土布收购生意，依靠大宗批发和零售赚钱。所收购土布如需要染色和踹光加工，都要付出高昂的加工费，外发给专门的染坊去做。上海织造业的发达，带动了印染业的繁荣，周边地区大小染坊四处林立。

委托专门的染坊加工布匹，简便易行，省了布庄的诸多麻烦，既然如此，汪宽也何苦再花费大量人力、物力和精力去自建祥泰的染坊呢？

理由很简单，别人的染坊，汪宽也信不过。布庄送到染坊的布，加工好之后，很可能不完全是原来约定的颜色效果了，而且布匹一旦染成，是无法修改的，布庄只有认了，而这样的情况非常多。与别的加工行业相比，染色工艺极难掌握，染同一种颜色的布，如果分几个批次投染，布匹出来后往往都会出现色差。染匠稍有粗心马虎，添加染料多一点点或者少一点点，马上就会出现质量问题。布庄委托别人的染坊加工，质量不能得到完全保证。布庄要求的颜色弄不出来，弄出来的颜色又不是布庄所要求的，所以双方的合作很难合辙。

汪宽也说："爹有娘有不如自己有。"虽然自建染坊是一件很麻烦的事情，他还是下定决心走这一步。

汪宽也的想法是对的。不是说他对外人开的染坊一概信不过，而是说外人开的染坊，对祥泰土布的染踹，达不到创名牌的标准。不是自己的染坊，祥泰则无法随时进行有效监督。简言之，别人的染坊，汪宽也指挥不了，说了不算数，最终是无法把关。汪宽也对程如林说："要想创出土布名牌，那就要从纺织到印染，均须由祥泰把握加工成色方可。"

于是，汪宽也对上海的几家染坊进行明察暗访，经过反复比较，最终决定在南市陆家浜自建正记染坊。他委托东家汪厚庄从休宁聘请了有经验的染匠，又从江西自购精品染料，三四个月后，祥泰自建染坊开始精染加工土布。

经过无数次配料试验和无数次失败，到 1904 年夏天，祥泰终于成功推出精心打造的"祥泰毛蓝"土布。"祥泰毛蓝"布色泽鲜艳，日晒、洗涤都不易褪色，穿着吸汗、凉爽、舒适，其质量大大超过了当时上海赫赫有名的信孚洋行 190 号"阴丹士林"布。

经过短短三四年，到 1908 年，"祥泰毛蓝" 和"祥泰牌"头巾、被单、青花蓝布等系列产品，不但在上海打响了牌子，而且以质优价廉畅销全国，最终走出国门，出口到东南亚和法国，享有很高的声誉。至此，"祥泰毛蓝"为祥泰布庄带来了滚滚财源，所获利润大部分铸成金砖、金叶运

老染坊旧址

回休宁，东家汪厚庄很快成为休宁县首富。

可贵的是，一生为他人作嫁衣的汪宽也，无论闯荡出多少生财之道，他始终坚持自己做人的法则，那就是以诚待人，不占有不属于自己的财产。他受聘担任祥泰布庄经理，可以忠于职守，可以吃苦耐劳，但他除了领取自己的薪金和红包外，四十年来没有私自从布庄账房中取用过一两银子。后人称赞汪宽也经商数十年，商业作风端正，做到了“弊绝风清，一尘不染”。

“祥泰毛蓝”的问世，是祥泰布庄走向兴盛的转折点。1906 年前后，祥泰发展成为上海布业经销巨商，其布业实力左右了大半个上海。祥泰旗下所属四五十家布店，其中业绩突出的，有日兴宏、章源大、世昌德、云中、天宝玉、大裕、王长福、天祯康、万永寿、益成、祥顺、锦美、瑞兴、鼎茂、广成、同兴和、傅记、天和、春祥、天茂、大昌、大利、鼎衬、鼎德康、德中、帧顺、清水全、大康、福顺等三十多个门头。

十

先开钱庄，后开当铺

无论什么时候，无论经营什么商品，资本都是经商者的血液和生命线。布业经营也是如此，不仅生产过程中离不开资金，销售过程也同样要以资金为杠杆才能正常运转。棉布业从棉花收购一直到成品布批发或是出口，都需要大量资金支撑。

1843年，上海开埠后，外国金融资本纷纷到上海开办洋行，开埠当年就有11家银行开张，三年后增至25家。与此同时，中国人办的钱庄也如雨后春笋般遍及上海各个角落。在上海做生意的洋商和洋行，也学会了通过中国人的钱庄把外国的产品输入中国内地。许多外商早期的财务关系，大多都是通过经纪人和洋行买办，经过钱庄进行账务核算。19世纪中叶之后，钱庄一度成为上海金融业的主体。

1904年之后，经过汪宽也大刀阔斧的改革，“祥泰毛蓝”取得辉煌成功，祥泰布业经营跨上了新台阶，土布收购量和染踹量大幅度增加，销售收入和利润也随之大幅提升。但是，汪宽也深深感觉到，影响和制约祥泰布庄继续深化和发展的重要因素，是资金的有效回收和周转。汪宽也不会忘记，四年前的1900年，由于上海金融业抽紧银根，导致祥泰布庄收布货款严重短缺。如果不是上海道台借助大量银元，成千上万的织户会闹出大乱子，有可能导致祥泰布庄就此翻船。那一次事件后，汪宽也与程如林、周锦贤这些祥泰元老认真讨论过这个问题，说：“没有足够的周转资金，会让别人的钱庄捆住了我们的手脚。”

如同设立正记染坊的道理一样，汪宽也清楚地认识到，依赖别人的洋行和钱庄，到了关键的时候，祥泰会遭遇金融风险。任何政治动荡或军事混战，都会让金融业发生不可预见的变数。动乱之时，想去贷款，但哪家钱庄都怕亏损和破产，风头不对，把门一关，拒绝借贷。同时，借贷方没有足够的资产做抵押，钱庄也不会贷出大宗款项。关键时刻让银元“卡脖子”，商家没有资金支持，只有倒闭了事。

想在强手如林的商业竞争中占有优势，立于不败之地，就要讲智谋，出奇制胜。关键要“变化有术”。祥泰布庄若想稳执上海布业界之牛耳，无论世事如何变化都能做到进退有余，就必须涉足金融业。

程如林已经看出了汪宽也的心思，问道：

“如果我没有猜错的话，经理莫不是想要开一个祥泰自己的钱庄么？”

“正是。”汪宽也答道，“还是那句老话，爹有娘有不如自己有，关键时刻，自己的钱庄会不遗余力地抢场救火，别人的钱庄，难得为我们两肋插刀。”

程如林笑了：“您说的这话倒是真理！咱们自己家周转银元，那可什么也不怕，随时随地都可以取用，而且用不着计算利息了。”

汪宽也击掌大笑道：“知我者，程先生也！”

清末钱庄银票一组

意图涉足上海金融业，以金融保障祥泰稳定经营的想法，汪宽也早已有之，只是时机未到，垫底资金不足，只能是空想。

现在情况完全不同了。新牌子“祥泰毛蓝”带来的财运，为祥泰布庄注入了新的活力，它每年获得的巨额利润，为祥泰进军金融业提供了重要的条件支撑。但仅仅依靠这部分资金还不足，还需要东家的全力支持。祥泰布庄的利润积累，首先要解决布业自身周转，汪宽也不可能把这部分利润孤注一掷地全部投入钱庄。

1905年夏天，汪宽也把自己设置钱庄的想法写信告诉了东家汪厚庄。

自古以来，休宁以开钱庄的金融商最多而闻名天下，徽商中的金融家，多为休宁人。但到了清末，由于大量外国金融资本入侵中国，传统的钱庄经营日益艰难，倒闭者众多，未倒闭者只能自保。在汪宽也看来，依然和布业经营的道理一样，办钱庄，仅仅有垫底资本和规范的成本控制还不行，一定要有一个响当当的有凝聚力的钱庄牌子。

汪宽也在写给东家的信中分析道："如若祥泰在上海有了自己的金融业，布庄才能具备强大的市场资本支撑，'祥泰毛蓝'才能够继续做大做强，最终实现与西方洋布相抗衡。"

因此，汪宽也向汪厚庄建议：祥泰极有必要在上海设立可以相互照应的两座钱庄，以解决祥泰布庄资金的后顾之忧。但这需要汪厚庄聚拢所有的闲置资金强力支持。

年龄接近八旬的汪厚庄，通过对汪宽也接手祥泰布庄后七八年来经营业绩的观察，深感他在经营方面具有胆识和魄力，当即复信汪宽也，对他的设想表示支持，并开始着手相关款项的筹措事宜。汪厚庄明白，在大上海开钱庄，不比在休宁，也不比在屯溪，没有相当雄厚的垫底资本是不行的。为了促成汪宽也的计划，汪厚庄将休宁和屯溪自己店铺的大部分闲置资金抽出，还以自己的威望和地位，从徽州和休宁商人朋友中拉拢来一批资金。

厚实的资金又是钱庄的血液。在汪厚庄强力资金的支撑下，1905 年底，隶属于祥泰旗下的聚生和祥生两大钱庄同时开张，在上海金融业界产生了强烈的轰动效应。一时间，许多了解汪宽也的经商法则和为人的小钱庄，纷纷找上门来，要求入股聚生和祥生。于是，汪宽也在很短的时间内聚拢起了数百万银两的巨额资本，聚生和祥生可以办理大宗借贷和大宗存放，大有与外国银行资本一决高低的势头。自此，不仅祥泰布庄资金的

光绪三十三年（1907）的上海十元面值银票

已变为旅游景点的老钱庄

周转和拆借再无后顾之忧，其他许多布业同行，也获得新的资金支持渠道。

钱庄正式开业后，汪宽也开始实现自己的设想，对那些有发展潜力、所收布匹品质优良的小庄口和小布贩，以低息贷款的形式，给予资金扶持。同时，对于乡村众多资金周转困难的织户，广泛提供小额低息借贷，从而调动了广大织户的生产积极性，使上海的土布生产出现了从来没有过的良好势头。

聚生和祥生提供的金融支持，让上海土布业摆脱了外国资本的掣肘，趁着一战时期列强无暇东顾的天时，一举收复了中国土布市场，并依靠土布质优价廉的优势，开始向国外布业市场进军。

聚生和祥生两大钱庄，不但使祥泰布庄自身得到资金支持的实惠，而且也让其他行业民族企业家大受其益，其中，无锡荣氏兄弟为典型受益者。

荣氏兄弟的哥哥名叫荣宗敬，弟弟名叫荣德生。年轻的兄弟俩有志于实业救国，决心通过创办自己的民族工业，抵制外国资本主义的经济入侵。1901 年，他们兄弟俩在无锡兴办了规模宏大的面粉厂，收复了一部分让洋面占领的市场。经营几年后，兄弟俩发现，面粉包装所需的大量棉布，如果到市场采购，价格比较高，无疑加大了面粉的生产成本。于是决定自办纺织厂解决面粉包装的问题。1906 年底，兄弟俩开始筹备纺织厂事宜，但是通过集资的方式，仍然有十万银元的资金缺口。面粉厂已经抵押出去，在没有其他资产用以抵押的情况下，荣氏兄弟与无锡的银行和钱庄多次交涉贷款，最终失败。

如果筹措不到十万银元的后续资金，荣氏纺织厂的建造计划就会泡汤，这样一来，降低面粉生产成本的打算就会扑空，纺织厂建造前期工程所投资金也将付之东流。

救场如救火。荣宗敬早年曾在上海一家钱庄做过三年学徒，他想，凭着与那家钱庄的老关系，跑跑上海也许有希望。于是，荣宗敬抱着试试看的态度赶到了上海。熟人熟路，找到原来做过事的钱庄，备上一份厚礼去见钱庄经理。经理还是七八年前的那个经理，话说得挺客气，但听荣宗敬说要借贷十万银元，借期三年而且无资产抵押，于是面露难色地回绝道：

“我的钱庄资本十分微薄，一两万还可以考虑，十万银元的数目，钱庄就无法周转了，请你们兄弟俩理解呀。”荣氏兄弟明白，这是推托之辞，真实的情况是，这位钱庄经理料定他们的纺织厂计划会半途夭折，落个血本无归。尽管兄弟俩再三声明以人格担保，承诺届时归还本息，可钱庄经理始终不松口。钱庄经理对荣宗敬说：“无抵押借贷十万银元，能做这笔交易的钱庄，你在无锡找不到，到上海也找不到，有哪个钱庄敢冒这样的风险？”

走投无路之下，有一位朋友告诉兄弟俩说：“上海祥泰布庄新开了两家钱庄，总经理叫汪宽也，他是个热心支持发展实业的人，你们可以设法找他试试看。”

荣宗敬发愁不认识汪宽也。那位朋友说：“不认识，先不要直接去找，如果贸然找了去，人家一口回绝，事情就难办了。最好先找祥泰钱庄的主管，打听一下行情才好说话。”

聚生和祥生两个钱庄，找谁合适呢？那位朋友建议先找聚生，理由是听说这个钱庄的管事李裕成比较好说话。

不久，荣宗敬果然拐弯抹角地找到聚生钱庄的主管李裕成，再三恳请他牵线搭桥借贷十万银元。李裕成也是徽州人，他已经在上海做了二十年典当，不仅业务十分精通，而且在上海典当界上上下下、前后左右门路极熟。因此，去年受汪宽也的一再聘请，李裕成做了聚生钱庄的经理，对于典当上的事，汪宽也极为尊重他的意见。李裕成对无锡荣氏企业的情况非常熟悉，也了解荣氏兄弟的信誉，可以信赖他们的还贷能力。

无锡荣氏兄弟，确是实业界不同寻常之辈。

荣氏祖先是以种稻植桑为生的农民，明代正统初年，从金陵迁至无锡西的荣巷，经世代繁衍为上荣、中荣和下荣三个村庄，世世代代多是忠厚守信之人。

荣家祖上也有人做过大官，曾经家世显赫。自荣宗敬的曾曾祖父，家道开始衰落；到了荣宗敬的祖父荣锡畴一代，已沦落为平民。1843 年，“五口通商”之后，上海门户大开，诸多洋货以汹涌不可阻挡之势涌入中国，且很快有了市场，并为国人所接受。于是荣锡畴开始驾着小船，从事长途贩运的小本生意，经常借太湖和吴淞江水道往来于无锡、上海之间。去的时候，满载着太湖周边的土产，而回来的时候带回满舱的日用品，多为价廉物美的洋货，运回无锡零售。这一来一去，赚些蝇头小利，能够贴补家用。

尽管如此，家中的日子过得依然艰苦，荣锡畴传到儿子也就是荣宗敬的父亲荣熙泰手里的财产，不过是几间旧屋。但是从荣锡畴开始的小型贩运活动，却开创了荣家经商的先河，为荣家后代植入了商业基因。

岂知荣家的灾难接踵而至。洪秀全的太平军打到苏南的时候，与曾国藩的湘军在常州、无锡、苏州一带遭遇，发生了激战。战乱中，荣熙泰的祖父、祖母、父亲、两位伯父、伯母、堂兄，以及他自己的兄弟，包括才三岁的小弟弟，全部遇难。

于是，原来人丁十分兴旺的荣氏家族，只剩下了一个男人，这就是荣熙泰。

天灾人祸使荣家从荣熙泰这一辈走向最低谷。荣熙泰很小的时候到铁匠铺做过学徒，后来当过账房先生和师爷，挣的钱只能勉强养家糊口而已。由于家境贫寒，1886 年，十四岁的长子荣宗敬，从无锡来到上海南市的一家铁锚厂当学徒。弟弟荣德生比荣宗敬小两岁，由于荣熙泰一向认为这个小儿子很聪明，将来一定可以考科举当大官，所以坚持送他到私塾读书。但荣德生却并不领父亲这份情，他很佩服哥哥，也想早早走向生活，挣钱为家庭分忧。于是，读了八九年书的荣德生在十六岁那年，也来到上海像哥哥那样闯世界。后来，在哥哥荣宗敬的引荐下，荣德生进入上海通顺钱庄做学徒，而此时，荣宗敬已经离开了铁锚厂，到另外一家钱庄做学徒。几年后，他们在父亲荣熙泰的全力支持下，在上海开了个名叫广生的钱庄，稳妥经营再加上诚实守信，生意做得非常兴旺。两年后，荣氏兄弟积累了一大笔资金。

荣德生是个喜欢创业而不甘于守业的人。就在广生钱庄生意做得很好时，荣德生对哥哥说："钱庄你一个人打理足够了，我想到广东去看看。"

"广东有什么好看的？"荣宗敬嘴上这样说，但实际他了解弟弟的心思，弟弟醉翁之意不在酒，很是不甘于守着顺顺当当的广生钱庄过一辈子生活的。荣德生到广东的目的，肯定是要再找一条新的实业发展之路。于是荣宗敬说："去吧，你去看看广东人如何做生意吧，广东人的头脑最灵活。有了什么好的主意，就赶快带回来。"

到了广东的荣德生，被广东人敢于开拓的思想和善于经营的商业艺术所震动，也学会了找市场，看商机。不久，荣德生发现，外国进口到中国的物资中，数面粉最多。中国是出产小麦的大国，也是消费面粉的大国，无论和平时期还是兵荒马乱的年代，面粉的销路都很好，因此，国内面粉加工潜在市场非常大。而当时中国国内的面粉加工厂，只有天津贻来牟、芜湖益新、上海阜丰以及英商在上海经营的增裕四家，各厂磨面机开足马力，还是供不应求，农村的土法磨面生产量低，无法满足城市需要，如此一来，源源进口的洋面在中国市场一直很抢手。

中国人为什么不能争一口气，让国产面粉占领中国自己的市场？

看到了面粉行业潜藏勃勃商机的荣德生，果断离开逗留了一年的广东，重新回到上海。当荣德生把这开面粉厂的想法告诉荣宗敬时，同样不甘守成的荣宗敬眼睛一亮，兴奋地说：

"好！把钱庄关了！咱们开面粉加工厂，把洋鬼子挤出去，让中国人吃自己的面粉！"

1900 年春，荣氏兄弟的面粉厂破土动工，第二年秋天，命名为“保兴”的无锡面粉厂顺利投产。这是荣宗敬、荣德生两兄弟集资创办的无锡第一家企业，不久之后它的名字改为“茂新”，所生产的“兵船牌”面粉很快畅销全国。

这一次，兄弟俩筹建纺织厂遭遇资金不足，万般无奈之下抱着试试看的心情，先找到聚生钱庄经理李裕成，请他通融借贷。

听兄弟俩说明来意后，李裕成非常为难地说：“祥泰两个钱庄，凡大宗借贷一定要有资产抵押，这是老东家定下的规矩，不可违反呀。”

这话一出口，李裕成也感到自己的解释是多余的，如果人家兄弟俩有资产抵押，何必舍近求远从无锡跑到上海来呢？于是他委婉地补充说：“何况你们借贷款项十万银元之多，数额巨大，聚生做不了这个主，再说，我一下子也拿不出这么多的钱！”

荣宗敬十分恳切地央求道：“是呀，您说的这些都对，我们兄弟俩能体谅。可我们在危难之际之所以找到祥泰，也是因为大名鼎鼎的汪宽也先生一向重视民族实业，现在是我们最困难的时候，希望祥泰的钱庄能拉一

荣宗敬

荣德生

把，我们将永志不忘！”

荣德生接过哥哥的话头，对李裕成再三许诺：“所借贷之款项十万银元，三年后本息全部还清，可用我们兄弟人格担保。”

兄弟俩担心李裕成不肯通融，许诺说，事成之后，会有重谢。

李裕成笑着摆摆手说：“不用客气，重谢这倒不必。我是担心汪宽也经理，恐怕他也作不了无抵押借贷十万银元这个主。”

“汪宽也先生不是祥泰的总经理么？为什么他不能做这个主？”荣德生有些不太明白。此时的汪宽也，已成为上海布业界德高望重的领军人物，难道还有什么人可以制约他做出的重要决定吗？

看到兄弟俩面露疑色，李裕成道出了其中的原委：

“祥泰在上海的所有资产，包括这两个钱庄，绝大部分资本都是老东家汪厚庄所投，另外小部分为上海诸多小钱庄入股。无抵押借贷十万银元是件大事，即使汪宽也经理同意贷出，恐怕也得听听老东家的意见。据我估计，如此大的无抵押借贷，老东家是不会同意的。”

听李裕成一说，荣德生犹如被人迎头泼了一盆凉水，有些心灰意冷地对荣宗敬说：“凡事讲个顺其自然，我看算了，不要勉强祥泰的钱庄了，咱们还是回无锡想办法吧。”

倒是哥哥荣宗敬沉得住气，仍然不依不饶地向李裕成请求道：“李经理！麻烦您为我们搭个桥，我们直接与汪宽也经理洽谈一次，真的不行，也就算了。或许汪经理会网开一面呢？我们是不到黄河心不死，总想试试。请您一定鼎力相助！”

这样一再相求，李裕成自然不好再拒绝了。他拨通了祥泰布庄的电话，恰好汪宽也有空闲，于是李裕成将荣氏兄弟到聚生来联系借贷的事情，简要作了汇报，也转达了荣宗敬兄弟想与汪宽也见面的请求。

汪宽也沉吟了片刻，说：“无锡茂新面粉厂很有名气，让中国人不再吃洋面，他们荣氏家族办了一桩好事。但是，没有抵押借贷十万银元，倒是个麻烦事儿，数额太大了。”话锋一转，他问李裕成道：“您认为这桩事情如何处理为好？”

李裕成哈哈笑道：“您这总经理，一下把包袱甩给我了！我觉得如果借贷这笔款，不但会有到期不能归还的风险，最重要的是，会坏了钱庄借贷的规矩。”他略微沉吟了一下，说：“依我之见，还是请您与休宁老东家商量商量，由老东家定夺比较合适，因为这桩事情风险太大，到时候这笔款收不回来，可就麻烦了。”

“你说得有道理，风险是很大。但是，咱们先不要把这事告诉老东家，”汪宽也平静地说，“我看这样吧，我先请无锡布业的一位老朋友侧面了解一下茂新面粉厂目前的情况，然后再决定如何处理。据我略知，荣氏家族在无锡的信用应该是没有什么问题的，他们不会失诺。这兄弟俩像是干大事业的年轻人，如果可行的话，我看我们应该破一下例，支持他们一下，你说呢？”

既然总经理汪宽也表了这个态，李裕成落得顺水推舟做个好人了，连声道：“我赞成汪总经理的意见，您确定之后，我具体筹款。只是我这边只能运作六万银元，还有四万，需要请您协调祥生钱庄解决。”

汪宽也满口答应说：“没问题，那四万银元，由我来给祥生打招呼吧。”

放下电话后，汪宽也知道荣氏兄弟急需款项，便很快通过无锡的朋友了解荣氏企业的情况。几天后，无锡的朋友给汪宽也打来电话反馈说，茂新面粉厂口碑很好，荣家兄弟俩很守信，人缘也很不错，一心致力于实业救国，继茂新面粉厂之后，他们居然又在济南、上海和武汉开办了面粉厂。

“面粉厂的摊子铺得不小呀，”汪宽也想，“这兄弟俩，倒像是做一番大事业的人。”

三天后，荣氏兄弟应汪宽也之约来到了祥泰布庄汪宽也的办公室，受到热情接待。荣宗敬先将面粉厂添置设备及扩大计划、资金短缺情况及还贷计划这一系列书面文件呈上，请汪宽也过目。汪宽也接过文件，细细看

1930 年，荣德生之子荣毅仁接手经营的无锡茂新面粉厂

了一番，口中连连称赞：

“好，你们兄弟俩有勇气，振兴中华之工业啊，大有作为！”

汪宽也与荣宗敬兄弟二人几经攀谈，从这两位二十岁出头的年轻人身上，看到了中国面粉加工业未来的希望。是呀，如果他们的创业宏图此时被资金所扼杀，那就太可惜了。

汪宽也平静地问荣宗敬：“三年后你们有能力偿还这笔贷款吗？”

荣宗敬说：“有。”

汪宽也笑了，他从荣宗敬的目光中看到了真诚和自信。于是他决心成全兄弟俩的宏愿。于是，在没有任何抵押的情况下，汪宽也批准聚生钱庄贷给荣宗敬十万银元。

两个月后，当坐镇休宁的汪厚庄知道了这件事，对汪宽也的轻率做法非常生气。他老了，没法到上海来亲自批评汪宽也，就让儿子代笔，写信责备道：

“十万银元大笔借贷，竟无分文抵押凭证，如若失足，告状无门，祥泰岂不束手无策！”

汪宽也胸有成竹地回信道：

“叔祖尽可放心！宽也在沪二十余载，何人不曾见过？依我之见，荣宗敬兄弟有成中国面粉业大器之可能，即使事业不成，亦非背信弃义之人。所借贷款，由我担保到期一定归还，如有失诺，以我的薪金逐月扣还，本金利息分文不少。”

如此一来，汪厚庄便无话可说了。

事实果然如此。三年后，贷款到期，荣宗敬兄弟仍因资金无法周转，请求将贷款期限延至十年，汪宽也仍然慨然应允。1917 年，荣家将这笔借贷连本带息全部偿还。

十万银元的巨款，使得荣宗敬兄弟宏图大展。1907 年，荣氏企业的第一家纺织企业申新纱厂在无锡建成，次年投产。在兴办纱厂的过程中，兄弟俩运用建设面粉厂的经验，努力降低成本，全力以赴提高产品质量，并率先采取了管理者和经营者统一的无限公司管理模式。到 1931 年，荣氏兄弟在全国共有纱厂 9 家，职工三万余人，棉纱、棉布的产量和质量都是全国首位，创出多个闻名中外的棉布、棉纱品牌。

从 1914—1922 年的八年间，荣家的面粉产业发展迅速，拥有了茂新、福新等 12 家面粉厂，其全部产量占到当时全国面粉总产量的 29%。1926 年，兵船牌面粉还获得了美国费城国际博览会优质产品奖。这种高速度不仅在中国绝无仅有，在世界产业史上也非常罕见。

1937 年 11 月，无锡茂新面粉厂被日军炸毁。抗战胜利后，就是后来以红色资本家蜚声海内，为中国改革开放的启动做出巨大贡献的荣德生之子荣毅仁，奉父亲荣德生之命，主持重建了无锡茂新面粉厂。

祥泰的两座钱庄好景不长。由于辛亥革命前后政治局势动荡不安，加之外国金融资本强力入侵，各路势力千方百计挤压民族金融业，聚生和祥生两座钱庄勉强运营到民国初期即陷入困境，到 1915 年春天，两钱庄被迫先后歇业。

三思之后，汪宽也决心调整金融投资的思路和方向，计划以开当铺取代钱庄。

此时，汪厚庄已谢世，他的儿子们不善商贾，对于汪宽也的谋划只有唯命是从。以当铺取代钱庄的融资功能，这是汪宽也在钱庄经营不利的形势下，果断推出的新谋略。

典当，是中国封建社会中最古老的信用行业，是一种以物品作抵押的高利贷活动，专为客户提供抵押品贷款，最早称为“质”和“质库”，到明朝，名称已有质铺、解铺、盘点当、当铺等十多种。当铺产生于南北朝时，到北宋就有了比较完备的当铺，当铺业真正的繁荣是在明代中叶以后，它是白银流通普及的伴生物。典当店铺多为石库门面，并在外墙或影壁上写一个楷书大“当”字，大到几乎占了整个墙面。店堂的柜台又高又大，窗户却是又高又小，光线晦暗的四壁上，贴着一些写有“失票无中保不能取赎”、“虫蛀鼠咬各听天命”、“古玩玉器周年为满”、“神枪戏衣一概不当”之类的红纸条，那高高的柜台差不多超过中等个儿的人一头，只有仰面踮足、高举双手才能交货接钱，故“高柜台”就成为典当铺的别称。

休宁和屯溪当铺如林，汪宽也自然十分清楚其中的奥妙，由放贷所得到的利润，不亚于钱庄。前来办理典当贷款者，往往是资金周转困难的生意人。精明的典当商都是心理学家，他们知道当物人的心理状态十有八九是急于用钱，所以对所当物品的估价，当商都尽量压低该物件的实际价值。如一件品相不错的宋代瓷瓶，当值二十两银子，但当商会挑出各种各样的毛病，尽量贬低瓷瓶的价值，最终给你定价十两甚至更少。当物人明知当商的估价过低，但由于急于借贷银钱，自然不敢过分争辩，因为在相持不下的情况下，当商会让你拿瓷瓶走人。所以，典当交易的过程中，当物人基本上是处于被动地位的。按照当铺惯例，“值十当五”。这个宋代瓷瓶如果估价十两银子，当物人则只能借贷五两银子。这借出的银子又是按月计息的，清初有的当铺就规定：十两以上者，每月一分五起息；一两以上者，每月二分起息；一两以下，每月三分起息。这样一来，到了一定时限，本利合算超过了十两银子。如果此时赎出，等于借五还十。如果无力赎出，瓷瓶便成了当商之物，当铺可以变卖出十五两、二十两或者更多的银子。

19 世纪 80 年代，上海的当铺多为徽商把持，有“徽州朝奉”一说。及至清末，上海的 69 家当铺，徽商所开占了 30 家，一人开设两三个号头的现象并不鲜见，最多的一个老板，竟然开了四个当铺，你说赚钱不赚钱？还有的精明当商，在开当铺的同时，又开一片卖衣服的衣庄，因为根据开当铺者的经验，典当者送来的衣物，期满不赎的为多数，将这些衣物交给衣庄标价出售，肯定稳赚一笔。这种将当和卖捆在一起的联营方式，在清末时代的上海相当普遍，也是徽商首创。有诗人这样描述当时的上海当铺情景：

几家当满旧衣裳，积存如山发售忙。
粗细皮棉单与夹，分析价目任品量。

上海徽商经营的典当业，在经营管理上有自己的一套成规，特色是内部分工明确，管理井井有条，对典当物品的鉴别力较高。典当物以大型为主，每家当铺雇佣职工一般在 20 人左右，多为徽州同乡。由于管理规范，诚信度高，所以徽州的典当商在上海很“吃得开”。

上海徽商丰富的典当经验，让汪宽也胸有成竹。在程如林的支持下，汪宽也将原来两个钱庄的资金盘点聚拢，又着力选择了三个好的地盘，经过两三个月紧锣密鼓的准备，一下子打出振大、鸿济、鸿顺三大典当行牌子。

汪宽也此举，再次轰动了上海金融界和典当业。有人捉摸不透，问程如林道：“你们这样变换融资手段，盘算过划得来划不来？”程如林回答道：“你放心好啦，祥泰的汪宽也从来不做划不来的生意。”

当铺策划伊始，程如林曾很谨慎地建议汪宽也：“咱们是不是集中资金先开一家当铺，试探一下行情如何？”汪宽也说：“三家当铺同时开张，要的就是三足鼎立局面，在资金流动和拆借上，实现相互照应和周转，经营起来也最为安全。”

汪宽也打造的三个当铺，每个当铺均设经营经理一人，但重要款项的流动和管理权在汪宽也手上，三颗棋子统筹调度，首要任务是满足祥泰布庄大大小小几十个布店的资金需要。

祥泰所开这三个当铺的内部管理，依然保持了徽州当铺特色，分工精细，制度严明。每个当铺内设柜台先生 2—3 人，鉴别顾客典当物品和货物的质量并评估当价；设专门写当票的写票 2 人；负责为货物打包的中班 6 人；负责货物标识的挂牌 2 人；学生 10 余人，按能力依次排序号，1—6 号协助各管事料理事务，7 号以后的负责跑包楼、送包取包；管事若干人，分管包房、钱房、首饰房和账房，各司其职。柜台先生是当铺经理以下的最高级别职员，统称朝奉，相当于现在的大堂经理。汪宽也聘用的三个当铺的柜台先生是当

21 世纪的现代当铺

铺中最重要的职员，他们对所当物品的品鉴力很高，无论古玩字画、珠宝玉器、苏绣宁绸，还是皮棉衣物，样样精通，一眼就能做出准确判断。祥泰的三家当铺开张后，偶然发生过个别店员违反店规移花接木谋取私利之事，被人举报给汪宽也，均按行规进行了处置。

祥泰的三大当铺在上海滩一经开张，个个赢得满堂彩，顾客纷至沓来。当铺筹措的资金绝大部分运转于布庄，为祥泰布业经营注入源源不绝的血液。

十一 土布公所

宣统三年（1911）初，上海布业公所原总董王访渔因身体健康原因辞职，公所总董职位出现空缺。当时，上海地区布业事务繁多，于官于民，布业公所不可一日无总董。经全体会董成员认真酝酿和提名，并经投票表决，一致通过汪宽也继任上海布业公所总董。

自 1897 年汪宽也任祥泰布庄经理后，他勤奋敬业、诚实守信、一尘不染、高风亮节，不仅得到祥泰布庄全体员工的认可，就连上海几十家布业同行的掌门人，对他都是崇敬有加。如同“祥泰毛蓝”的名牌效应一样，汪宽也这个名字风靡上海布业织造界。

汪宽也出任上海布业公所总董之后，没有辜负同行们的信任，他对上海土布业的经营与管理尽心竭力地进行规划和调整，不但任劳任怨地亲自处理诸

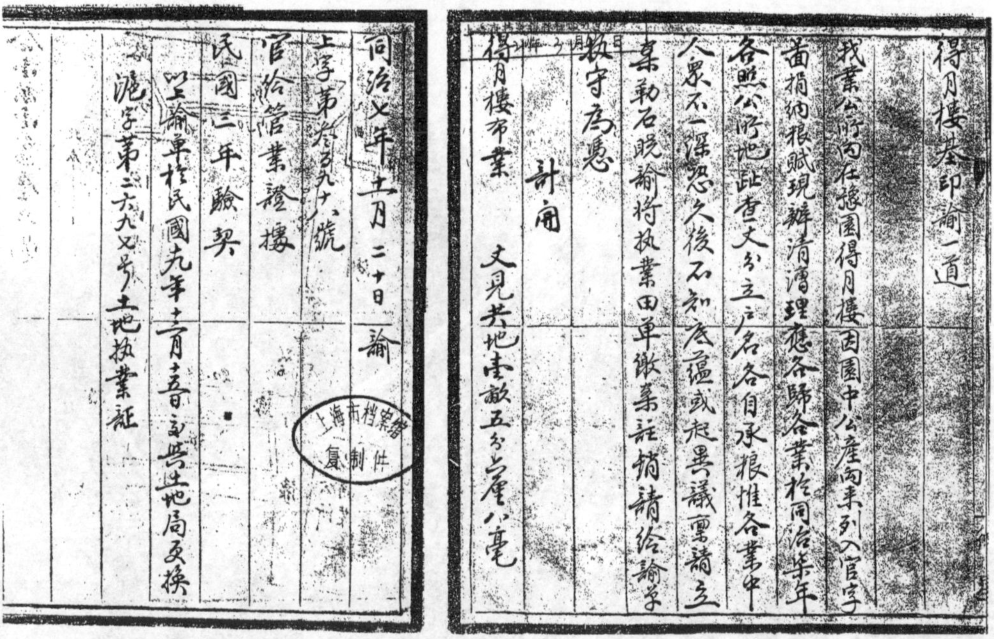
得月樓基印諭一道
我業公所向在豫園得月樓因園中公產向未列入官字
畨捐納粮賦現辦清理應各歸各業於同治柒年
各照公所地趾查丈分立户名各自承粮惟各業中
人衆不一深恐久後不知底蘊或起異議禀請立
案勒石曉諭將執業田單繳案註銷請給諭掌
執守爲憑
計開
得月樓布業 丈見共地壹畝五分五釐八毫

同治七年十二月二十日 諭
上字第叁百九十八號
官給管業證據
民國三年驗契
以上諭單於民國九年十二月廿四日至土地局更換
滬字第二六九五號土地執業証

1930 年的上海县商会查验布业公所执照公文

多布业要事，即使是微不足道的小事，只要事关大家的利益，他都会一样一样地亲自办理妥当。汪宽也脾气又好，找他办的事情再多再杂，他从来不嫌麻烦，找他的人身份和地位再低下，他也照章热心办理，绝不看人行事。时间一长，各大布行的经理对新总董汪宽也无不钦佩之至。不过，因为看上去汪宽也脾气太随和，也有人喜欢称他为“好好先生”。其实，那是不了解汪宽也罢了。对于判定大是大非之事，汪宽也的脾气相当固执。

说汪宽也任上海布业公所总董一职，就要先弄清楚上海布业公所的来由和历史。

由于受第一次世界大战的影响和干扰，欧洲的纺织工业出现低谷，从而导致对华纺织品出口大滑坡。这样一来，被欧洲长期遏制的中国土布业趁此机会迅速复苏。以上海产的土布为例，不但布的产量较一战前有所增加，市面上土布的花色和品种，也越来越多，东稀、西稀、套布、白生、龙稀、芦纹、柳条、格子、云青、高丽、斗纹，各类土布应有尽有。产品的产量增加和产品的销售市场扩展一脉相承，海运条件便利的东北各省、直隶、山东、江苏、浙江、福建、广东，逐步成为上海土布的主要供应区

上海豫园得月楼，上海布业公所旧址

域。上海布业如此发达，各布业门户间帮帮派派也越来越复杂，盘根错节中难免产生一些壁垒隔阂，从而导致种种纠纷和争执。这个时候，就需要通过成立一种行业组织，仲裁、处理纠纷和争执，以维护布业界的秩序。

这个布业行业组织，叫上海布业公所。

后来，“上海布业公所”为了与进口洋布业和机织布业行建立的“上海棉布公所”划清界限，把名字改成了“上海土布公所”，专为经营土布

的商家服务。到后来，洋布和机织布打破了土布业的壁垒，迫使土布商界不得不同时经营洋布和机织布，于是，“土布公所”又改回“布业公所”。

“布业公所”的职责和功能，类似于现代的“棉布协会”或者是“纺织品协会”，但当时兼有布业行政管理的官府功能，具备协调、指挥、控制布匹经销的职权，总体上比现代的“协会”权力大得多。如布店和布庄备案、确立牌谱秩序、协调布匹经销、处理布业间钱债纠纷、为县商会或官府决断布业纠纷事宜提供佐证，等等，事情委实不少。但凡上海地区布业同行皆加入公所组织，有选举和被选举董事的权利，有发言权和议事权，有如实报告自己布业商情义务，自然，高度商业机密除外。

上海最早的布业公所，创设于道光三十年（1850），原址在城隍庙西园，后来称之为邑庙豫园，连同附属花园，占地总面积为一亩五分六厘。据史料记载，“康熙年，园归邑庙，庙后得月楼，属之布业”，亦为布业议事办公之所。说明早在康熙年间，这里已设立了上海地区布业事务管理机构。

布业公所占地内有一荷花池，池东有一楼，名曰“得月楼”，意思是明月之夜，登上此楼，可以欣赏池中月色。但由于得月楼是布业公所办公之地，并不向市民开放，因此四周有围墙维护，一般人不可随意进入赏月。即使公所不开会和没有办公事务时，也有人在其中负责看管房屋和打扫院落。

得月楼北檐下，悬一横匾，上写“海天一览”，为清代高邕之手笔；南檐下有“皓月千里”大匾，书者不知何人。由于用作布业办公之所，故文人墨客所留痕迹多与纺织有关。得月楼围墙有一圆洞型腰门，门上有额，书“衬玉玲珑”，左右有联，云：

日捧月华缀如紫贝花无数
砥平土脉胎自乌泥泾有灵

上联似与轧花弹棉有关，下联说的是印染和黄道婆典故。在得月楼大门内侧，另有门额和门联。门额为“洞门启开”，门联云：

罗列峰峦阶除旧迹支机石
涵空杼轴亭榭新秋促织声

此联上下均与纺织印染有关，虚虚实实，实实虚虚，可说是妙联一副。在绮藻堂天井东端廊上悬“人境壶天”大匾，是近代文学家苏曼殊手笔。绮藻堂内有三联，各曰：

经纬皎星河勤策间阎同效绩
岩阿遣杖履握书平准尚留模

大海实能容且放过蛮布来航蜃楼作市
明月不常满乃令见天孙织锦神女凌波

秋水藕花潭蟾窟流辉楼台倒影涵金粟
晓风杨柳岸莺梭织翠村花随声纬木棉

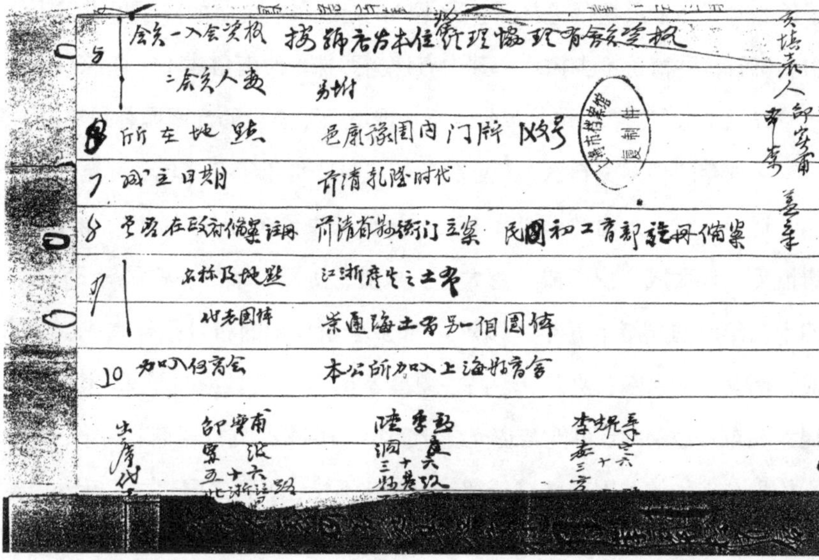
所在地点　邑庙豫园内门牌
7 成立日期　前清乾隆时代
10 加入何商会　本公所加入上海总商会

1930年的上海布业公所文件

这些构思巧妙、对仗工整的楹联，令人浮想联翩，叹为观止，由此可以想象到清代上海纺织业的兴旺情景。得月楼的楼上，也有多副名人楹联，不再一一列举。

至咸丰三年（1853），由于太平天国与清政府的战事，公所房屋毁掉了一部分，及至咸丰八九年间才开始重建前楼。咸丰十年（1860），因公所内驻了洋兵，建筑受到破坏。及至同治七年（1868），得月楼又变成上海官府处理粮务的办事处所。

同治十二年（1873），布业公所重新挂牌处理布业事务。但此时官府已设立管理机构江苏织造局，代表官府统一协调布匹的生产和销售。如此一来，布业公所的权力少了许多，董事会自然也清闲了许多。

光绪九年（1883），布业公所办公楼进行了一次大的修葺；光绪十七年（1891），在布业各布号、布庄资助下，这栋建筑被重新修建，历时三年，到1894年完成。完成后的布业公所，上为得月楼，下为绮藻堂，是公所董事们开会议事的地方。绮藻堂的中间供奉着城隍神像，基本上恢复了道光时代布业公所的老样子。所不同的是，布业公所的院子里设置了假山和奇石，种植了不少树木，其中有槐树两株；西南角建了一座凉亭，名曰“跋织亭”，这样一弄，布业公所呈现出一派典型的江南园林风格。

从现存的档案资料看，布业公所的成员几乎年年有变化。道光二十四年（1844）时，上海绮藻堂布业公所记载的主要布号有周益大、郁森盛、唐恒美、林大成、倪德成、德大、王永盛、协美、萃昌、顺昌等85家。四十五年后的光绪十五年（1889），布业公所登记的布号是林大成、倪德成、德大、王永盛、协美、萃昌、顺昌等62家，总数减少了23家，其中周益大布号被剔除，可能与道光二十四年（1844）“五口通商”的第二年，它抢先与来华的英国商船进行贸易有关。不过，等到民国建立之后，周益大布号在布业公所公布的商号名单中重新出现。究竟是因为周益大纠正了与英商进行贸易来往的错误呢，还是后来各方面感到与洋人做生意不能算作商家的错误？不得而知，不管怎么说，周益大是上海布业中开张了二百多年的老布号，它在上海布业市场中的实力与影响无可非议，重新回到布业公所成员中，也在情理之中。

光绪二十年（1894），上海布业新公所落成后，布业公所将捐助银两的布行、布庄名单刻碑纪念如下：

> 祥泰，助银四百两；聚和，助银五百两；周益大，助银二百两；林大成，助银一百四十两；屠元泰，助银一百三十两；曹合昌，助银三百四十两；王大昌，助银二百八十八两；祥生泰，助银二百两；恒乾仁，助银二百两；信丰，助银一百二十两……
>
> 光绪二十二年岁次丙申蒲月吉立

最早的捐资布号，正是汪宽也所在的祥泰布庄。但按照汪宽也逝世后家人记载的生平时间表，汪宽也开始担任祥泰布庄经理是1897年，和上海布业公所档案记载的光绪十七年（1891）祥泰捐助四百两银子，相差六年。祥泰布庄的捐助数量虽然不是最多的，可是它名列纪念碑排序第一，这证明了当时的祥泰布庄在上海布业界中的实力不容置疑。

民国七年（1918）七月再版的《上海商业名录》记载：

祥泰（土布）大东门大街朝宗路二十二号（中华路西）经理汪宽也。

布业公所 城内邑庙香雪堂四五八号（福佑路相近）总董汪宽也。

汪宽也于公历1925年初逝世，不久后，“上海布业公所”顺应上海各行业称谓变化，改称“上海布业公会”，一直到1949年上海解放，这是后话。

从现存布业公所有关资料分析，这个民间商会形式的布业机构，对上海的棉布产销，确实具有协调和管理双重职能，还兼有仲裁、调解布商之间纠纷的责任。上海各大布庄掌门人，之所以一致公推汪宽也担任上海布业公所总董这个重要职务，不仅因为汪宽也是做布业生意的行家里手，更重要的是因为汪宽也办事公道，没有私心，绝不会利用这个职务去为祥泰布庄，或者为自己谋取私利。

果然，汪宽也1911年春天出任布业公所总董后，长年累月不负众望，不避劳怨，事无巨细，都亲自办理，得到全体理事的一致认同和赞扬。

由于年代久远，保存下来的布业公所档案数量很少，涉及汪宽也时代的文件少之又少。上海档案馆保存的布业公所（布业公会）资料，只可查询到抗战胜利后（1946年）所记述的公会片段：

清末时期，本业曾蓬勃一时，自洋布倾销之后，同业大受打击，国内销路甚微，也没有大规模的行业组织。

土布历史悠久，从前洋布没有的时候，土布是广大群众必须之衣料，销路很广。本会前身叫布业公所，自洋布倾销国内后，为了区别起见，改称土布公所。近年又改为布业公会。前后已有百多年历史。狭幅土布已成强弩之末，国外销路一停，同业大受影响，有亏无赢。唯改良土布还能有一些市场。建议根据市场实际，维持价格的比重，不提高也不抑低，务使农民和土布商两不吃亏。

人工手织狭幅土布，完全依赖南洋市场，只供给劳动侨胞之需求。如禁止出口，同业只有坐以待毙。农村副业生产突然遭遇打击，影响很大。所以历来对于这类土布的出口，从没有禁令。为了布商和农村的利益，必须请求解禁。并希望照历来成案，准予免税。

（汪宽也总董）任职期间，对外发展事业信用，对内化除成见，尽力于建设积储……期间，时与商向当局请愿，减轻沪关出口税及复进口税，三氏全力协助，向当局请愿，将核减范围推及全国。同年继续请愿，免征土布产销税，浙商、鄂商同时力争。到民国七年开始，奉部令全免。

免征土布产销税、营业税和出口关税。经上海土布纱布两公会，分呈财部、实业部，请愿，经国民会议土布代表王廷松、李申伯代呈，陈述请免理由，经国府议决免征。二十二年冬，奉行政院训令，人工手织土布一律免征营业税。此三十年来免税请愿完成。

高度提倡使用土布。建议一切公务人员和工人，采用灰蓝土布裁制服装，养成朴素风尚。当局应制定标准，通令执行。

今后发展：改良土布质地，采用化学颜料染色，土法染坊逐步提高设备和技术。门市和号家，同时须雇用裁制衣服之技师，裁制服装，供应大家需要。

查土布，为手工业，由会员购纱，发放给农民用手工织成。酬劳给工资。纯系狭幅，其染色也为人工土法，为我国之土产。与棉布业之用机织、染制推销为贩卖性质者完全不同。土布实销以两广、南洋群岛为大宗。现在我国抗战胜利，东北诸省相继收复，土布已大量需要。政府当局对土布素来提倡，自民国七年起，即令会饬江海关免征出口税，以利推销救济农村。今日本投降，不能再推销日货，我国手工业如土布等，自应努力生产，出口南洋一逞，与机织洋布竞争，以挽回国家之元气。如不支持土布，势必逐步被淘汰，这样会影响农民生计。

历史上政府当局提倡与奖励土布生产。图谋振兴土布生产，期待与农民加紧合作，以使濒临破产的农村织布业早日获得复兴与建设之机会。

土布，东北各省有大量需要，各土布商均自有商标牌号。此项人工手织土布，幅虽窄，而质地坚牢，最为大多数贫民所乐于购用。故往昔销路很广。

土布为中华特有土产，亦为农家唯一之副业，织制尽由手工，染色悉用土法，农家向土布商领取棉纱，织成布匹，由土布商付给工资，然后加以整理，运销外埠。实销地域，向以两广、南洋为大宗，而东北各省亦有大量之需要。各土布商均有自己的商标牌号。以为是人工手织土布，幅虽狭窄，而质地坚牢，最为大多数贫民阶级所乐于购用，故往昔行销颇广。农家日用所资，悉皆仰给于此。倘若无土布商为之整理和运销，则农民生计即受打击。若无农家手织之土布，则土布商亦无从营，相需相成，历史悠久。上海土布公所，成立远在百数十年之前。

上海县志记载，政府当局历来对于土布素提倡。自民国七年起，即饬令江海关免征出口税，其后如营业等税，也准予豁免，以利运销。

上海档案馆现存上海土布公所时代的文件有：绮藻堂土布公所董事名册、同业牌号簿、清上海县关于禁止土布业商人不法经营的布告及谕文、清上海县向土布业商人征收捐饷文件、土布公所要求减免土布厘税文件、绮藻堂土布公所公议条款、土布公所交纳捐税文件、为供应清朝官吏布匹与上海县道台往来函、清上海县关于禁止该业布商作假的布告、清上海县调处该业漂染织纠纷的谕文及布告、上海土布公所修整牌律案事入所章程、上海土布公所房屋建筑图纸及承建契约、上海土布公所置办房地产的凭证等。从这些档案文件的目录可以看到，上海土布公所自始至终是一个具有协调和管理功能的机构，并非虚设。

新中国成立后的上海市土布商业同业公会徽章

十二 整顿牌谱

汪宽也担任布业公所总董职务之后，着手做的第一件事，就是清理和整顿布业牌谱，对上海布业界的诸多商标进行整治和修订，统一报部注册，这期间他付出的精力最多。

由汪宽也亲自主持，布业公所开展调查研究，频繁召集会议，白天各大布庄经理多忙于生意，只好晚上加班开会。将近一个月时间，城内邑庙绮藻堂议事厅夜夜灯火通明，陆续制定出一系列布业经营条款法则，为建立良好的布业经营秩序打下基础，布牌、牌谱和商标长期杂乱无章的局面开始改观。

何谓布牌和牌谱？说白了，牌子等于现代的商标。具备了一个好牌子的商品，就是大家信得过的优质产品；而牌谱则应该是商标专利登记。

旧上海土布业经营业务，凭借的质

量依据是布牌，经过登记认可的布牌，方谓上了牌谱，也就是合法布牌。经营商拥有合法的布牌后，经营中其利益则应受到保护。

上海土布工艺，均为手工织制，对技术的要求很复杂，也很严格。土布经筘的稀密、织做技术的高低、经纬纱支的粗细优劣和匀度捻度，都会影响到土布的质量。即使同一家织工织的同一品种土布，昨天织的和今天织的，往往也会有质量上的差别。如同高档酒馆和大饭店一般都有自己的名厨一样，上海各大布庄也都不惜代价培养或者聘请看布师傅中的高手，在收购布匹时亮出火眼金睛的真本领，一丝不苟地验收。一分价格一分货，即使是合乎收购标准的布，也还要经过认真剔选，分成上上、上、中、下数档，贴上各种不同的标牌，才能进入批发或零售环节。

到各大布庄、大布号贩运土布的外地客帮，一般都是大宗批发采购，成千匹，甚至上万匹，数量大，时间紧，客帮不可能一匹一匹逐一精挑细选。对原色布的鉴定相对比较容易些，碰上染色布，看上去让人眼花缭乱，一一鉴别十分困难。

这样的情况怎么办？客帮相信的是布庄的字号和布匹的牌子，认店不认人，先找准信誉度高的布庄或布店，再认布匹的牌子。什么质量、什么规格的布匹，就会标上什么样的牌子，客帮到布庄装货，不必一一细挑和验看，只说一声“我要××牌子”，要“五百匹”或者“两千匹”就可以了，这边你办付款手续，那边就可以让布庄的伙计给你装五百匹或者两千匹所选定的货。以布庄的字号和指定的牌子进货，意味着这个牌子的布匹达到免检水平。

布庄的字号和布牌，是靠店家多少年来用信誉和质量打造出来的，理所当然成为店家的无形资产。字号和牌子又是布庄经营成功与否的标志，布庄对于客户的要求，均以字号和牌子的形式给予承诺。

江南土布种类繁多，长、短、精、粗、阔、狭，规格不一，从事土布收购批销的布庄，都有特定的字号，以在同业间相区别，如朱生记、程益高记

民国时期的上海布业字号

之类。不同的字号，因为布匹种类、质量以及著名度不同，布匹的收购价与销售价也不一样。商家从事布匹的收购、销售乃至运输，全部凭借字号布匹的牌子识别。无论是对朝廷调用的军需布匹，还是对商贾贩运的普通布匹，沿途官府所设关卡的检查，都以布牌子为准。优质的土布牌子可以让外地商人信任，也可以让首次慕名而来的商人，毫不犹豫地根据牌子决定是否进货。

俗话说："土布店好开，牌子难打。"上海土布行业的兴衰，历来取决于土布的销路，只要土布能做出过硬的牌子，取得了客户的信任，布庄就不愁无生意可做。有不少土布号，开了不长时间，就关门歇业，多数原因是由于布的牌子做不出而难以维持。

布庄做出过硬的牌子，是很不容易的事情。字号一般不会随开随歇，一旦投资，就要努力做成功，因此做出牌子是第一位的大事。做出牌子的布庄，更不会轻易放弃，往往会经营数十年，不少字号可以长达几十年，个别老字号可以做到一二百年，可见牌子过硬与否，还需要时间的检验。

祥泰布庄成为沪上首屈一指的土布店，和其他老字号布庄一样，也有一个千辛万苦、全力以赴做牌子的过程。

祥泰布庄初创时，新打出来几个布牌。对这几个新牌子，不要说外地客帮很陌生，就是本地客商和平民也不知晓，自然，没有人敢第一个去吃螃蟹。开张了许多天，无人问津。当时的布庄管事真的急了——这样下去，不消一个月，祥泰布庄只有关门。

情急之下，祥泰布庄的管事想了个借蛋引鸡的办法：租用另一家布庄的老牌子德大，提携和支持自己，把祥泰的新布牌带出来。

德大的牌子，当时在上海的土布业界，那是非常有名气。德大的牌子租给祥泰，租金倒是不多，就是附加条件十分苛刻和奇特：用德大牌子，必须代卖德大的货，每卖一百包德大牌子的土布，才可以搭卖二十包自己的新牌子。当然，这样的搭卖不可采取强卖的方式，而是要向客帮说好话，赔着小心，请客帮关照新牌子生意。用这种销售形式，在替德大卖布的同时，为祥泰的新牌子做广告。祥泰采取这种租别人的老牌子为自己的新牌子开路的方式，最重要的是，自己的新牌子在质量、规格和价格上，至少要和德大不相上下，最好能超过德大。时间一久，祥泰才慢慢把新牌子做出。

上海土布业中，有很多开张几十年以上的老店，差不多家家都有自己的名牌。祥泰布庄后来居上，牌子最多，共有 187 个，中间有最出名和比较出名两大类。最出名的当家名牌有六七个，清水布是大裕元，其次是益成亨，再次是谦恒义；东套布的两个名牌是锦美元和瑞兴亨；京庄布名牌是正谊维和文奎福。名牌之外的副牌和次货，印贴长庆寿的牌子，销奉天的副牌叫祥顺维。汪宽也当了祥泰布庄经理后打出的“祥泰毛蓝”，算是做出了沪上布业中最最过硬的名牌。

布庄把牌子做成功之后，如中途变卦，想以次充好取巧图利，则是非常冒险的行为。外地到上海进货的客帮，一个个都是鉴别布匹品质的行家里手，即使在一个布庄上了当，也只会上那么一回，下次绝对不会再来光临。因此布庄行投机取巧之事，在布牌子上玩猫腻，一不小心就会把自己创出的牌子做坍，很可能就此翻船。

浦东三林塘的汤义兴布店，就出过这样的纰漏。他们有一个牌子的土布，曾长期包销给满洲牛庄和山东等地的布帮，由于牌子过硬，生意一直做得很好。光绪三十四年（1908），有一次因为店里的看布师傅生了重病，一时无人看布，店主汤蕴斋想，自己在布店中也有十多年，总不至于不会看布吧，于是自告奋勇，亲自带着人马到孙小桥和御界桥收布。由于汤蕴斋平时看布少，缺乏经验，加上送布的人多，眼花缭乱的，一不留神看走了眼。结果回来一看，收进的布中有不少参差不齐，没法退回。为了不折本，仍然贴上正品的牌子冒充好货销出。这批布发到满洲，满洲店家大怒，捎信兴师问罪，批评汤义兴布店不讲信誉。虽然汤蕴斋再三向满洲客商解释和道歉，然而为时已晚，从此以后进这个牌子布的满洲客帮越来越少，这个牌子最终报废。

浦东还有个许鼎茂土布庄，也是因为对待牌子马马虎虎而倒了大霉。许鼎茂土布庄本来有几块过硬的牌子，主要销售市场也在满洲，多年来生意做得不错。清末日俄战争时期，日本人利用自己的地理优势，开动纺织机器大量仿造中国土布，运往中国满洲地区倾销，造成满洲地区许多中国土布商生意艰难，最终导致上海许鼎茂土布庄无法发货，销售额直线下降。为了回笼资金，许鼎茂土布庄于无奈之下将自己销往东北的布牌子，冒险租给了一个新开的小布店。这家小布店不是利用许鼎茂土布庄的老牌子老老实实做生意，反而利用老牌子的良好信誉去做假冒伪劣之事。没有多久，小布店以次充好的行径被客帮揭露，最终做倒了这块布牌，也波及和影响了许鼎茂土布庄信誉，导致许鼎茂土布庄所有的货都卖不出去，最后倒闭。

这是为一时之小利而出租老布牌，最终得不偿失的范例。

几百年来，上海土布销售行业，围绕牌子的真、假、先、后，各布庄、布店和布栈之间，常常会发生矛盾和冲突，闹得不可开交，甚至诉诸公堂。

汪宽也接任上海布业公所总董之际，牌子秩序混乱，涉及牌子的官司不断，影响了整个上海布业界的协调发展。因此，汪宽也下决心对牌谱进行彻底整治。

整治牌谱之举，汪宽也取得了布业公所副董胡访鹤的全力支持，两个人在充分交换意见后，将整顿牌谱列入布业公所的议事日程。

由汪宽也主持的董事议事会，邀请布庄代表参与讨论整顿牌谱秩序的大计方针。因为布业公所董事会成员都是兼职，各有各的生意打理，只好

民国时期的布业广告

多是利用晚上时间议事。三十多位董事聚到一起开会，是挺不容易的事情。

这样的牌谱会议一共召集了三次，其议题全部集中讨论牌谱事宜。汪宽也一再申明，要通过整治牌谱，确立上海土布行业的经营规矩，倡导各布庄间实行公平有序竞争，从而全面振兴上海布业。这个以文字方式固定下来的规矩，将存入布业公所档案，长期有效。

第一次议事会上，汪宽也开诚布公地告诉大家："我们不反对各布庄之间的质量竞争，只有相互竞争，各布庄才会有长进，才能把生意做好。但是，各布庄间的相互竞争，应该以正当手段，应该光明磊落，不能使用阴谋诡计，行鼠窃狗偷之类的非君子之事。"

副总董胡访鹤插话道："同业间正当的竞争，合乎律条和道德，这样的竞争光明正大，也是大家应该提倡的。只有偷梁换柱、弄虚作假这类不正当的竞争手段，才见不得人，更不敢拿上桌面。依我之见，布业正当竞争的方式，仍然是提高质量，在看布、收布、漂染各个环节把好关，创出自己的名牌，以名牌取胜于市场。"

"胡总董的话十分正确，正当的竞争，主要是千方百计提高自己的布匹质量，而不是以投机取巧手段夺他人应得之利！"为了说明布匹质量在布业竞争中的重要性，汪宽也举了早年土布商陈士策的事例：

"陈士策在上海开设万孚字号布庄伊始，为了省事，将收购的原布，发到别的染坊染色加工，因为不能直接指挥染匠如何调配染料，具体染色过程中有什么问题也不便于纠正，这样一来，布的颜色和质量无法得到保障，为此布庄和染坊之间还经常扯皮闹矛盾。布的染色质量不行，拿到市面上卖不动，行情不好。陈士策一看，这样子下去不行，看来还是自力更生好。于是，他投入大量资金，聘请高级染匠，不惜血本开办自己的染坊。染布过程中，他亲自到现场监督，要求工匠们程序步步到位，确保精染。染布最重要的一道工序是踹布，为了把好这个关，陈士策特意出高薪，聘请上海地区最好的踹布师傅，令其重水踹干。为了做出优秀的牌子，不怕用水多，不怕费力气，可以不惜任何代价。在他的指导和监督下，终于制作出一流的染色布，卖相极好，不久便成为上海名牌。”

汪宽也说：“陈士策深知，牌子就是布商的生命线。儿子们分家时，他谆谆嘱咐道：‘染坊染布，不管染的是什么颜色，踹布这道工序，是最重要的，万不可敷衍了事。你们记得我一句话，只要把布做成精品，就不愁没有销路，兴许还会有许多客帮守在染坊门口排队进货呢。’”

汪宽也列举这个事例时，加重语气向各位董事强调道：

“陈士策的经历说明，以质量取胜，这是布业字号能够站得住脚的最根本的途径。同时，还有一种正当的竞争途径，这就是以良好的品牌占有更多的批发和零售份额。”

为了强调品牌的重要性，汪宽也又为大家举了另外一个例子：早年间，上海布业中有一个很有影响的益美字号，自开业起能够延续二百年而不衰，益美布匹畅行天下。这个字号有许多好的经营办法，其中有一个办法看起来微不足道：专门安排针线活快的缝制工，将“益美”两个字，先制成商标，再缝到自己收购的优良布匹上。这些加了“益美”商标的布匹，通过众多批发商之手，在流通过程中传播到全国各地，久而久之，竟然成为驰名商标，无论东西南北，无论布商或者平民，一看到“益美”二字，都会放心地解囊购之。由于益美字号不但保证布匹的质量无懈可击，而且聪明地利用了商标效应，将益美推向了市场。

汪宽也说到议事的正题：“土布销售，信用全凭牌号。苏松土布是中国的重要手工业产品，远销全国各省、南洋群岛和西伯利亚，而上海是集中生产和销售的地区。但历来总有无耻之尤的布商，不顾布业公益，唯利是图，或假冒，或模仿，或采用同音异字，或形音相近，如将‘益’变更为‘镒’，将‘裕’变更为‘豫’之类，以偷梁换柱。”

汪宽也最后强调道：“上面我说的，是两种正当竞争。现在需要我们讨论和裁决的，是不正当的经营手段。下面请大家列举布业经营中不正当竞争之事例，以便研究对策时心中有底。”

胡访鹤说：“诸位！汪宽也总董说得很好，上海布业应该大力提倡有序竞争，反对和制裁不正当的竞争。由于利之所在，不正当竞争也相应而生。纵容不正当竞争任意发展，将会导致布业经营的混乱。”说完，环视会场，点名道：“首先请沪上经营布业资格最老的金荣章董事指点迷津——”

金荣章董事呵呵一笑道：“指点迷津，卑人不敢当不敢当，不过有些想法卑人倒是愿意和诸位同仁探讨探讨啊。诸位布业同仁明白，创立成功的字号招牌实属不易，最恶毒者莫过于欺世盗名，冒用他人旗号做生意得利。这种事情由来已久，最迟从明代开始，假冒字号之事便时时发生。当时的江南土布业已经开始严禁假冒雷同，说明假冒雷同现象已经出现。明代布业禁令明确规定：字号可以出租、转让，也可以歇而复开，但名字不得相同，店名不得假冒。”

周仆齐董事接过金荣章的话，补充道：“假冒字号行为，一般都是以同音字或近音字、近体字翻刻已有名气销路正旺的字号，以假乱真。如程益隆与金益隆，郑元贞与程元贞，音近字异如金万盛与金万成，很容易造成浑水摸鱼。”

周新德董事开口举了这样一个例子：“清初的时候，土布的加工和销售分别在两地的情况很多，如产于松江的土布，往往会被贩运到苏州销售。顺治年间，一个名叫沈青臣的小坐地商，就是利用字号加工与发卖异地，鱼目混珠假冒名牌金三阳字号，采用私翻摹刻，以伪乱真的手段，倒腾了大量质量一般甚至很差的布在苏州出售，最后引起正宗金三阳字号和苏松 37 家布商的极大愤怒，大家联名向官府进行了控告。这下子，事情闹大了，惊动了上级官府。江宁巡抚经严密调查取证，最后采取严厉的制裁措施，下令苏州府立刻查办，限三日内将涉案人捉拿到案。后来，对涉案人进行了处置，判令将假冒布匹全部无偿划给金三阳字号。为了以示告诫，苏州府和松江府各立碑告示，提醒本地布商不可再做违反告诫之事。

到了康熙四十二年，又有人假冒别人的字号牟利，官府同样进行了处罚。”

“让我来发表一下意见，”周镜泉董事说，“假冒字号还有一种惯用手段，就是直接命名一个与已负盛名的字号相同的字号，或者干脆盗用他人字号，让其他布商和购布人不知道哪个字号是老的，哪个字号是新出来的，更让人分不出真的和假的。”

汪宽也评价道：“这类手段，或采用自己新起的字号名称与名牌字号相同，以鱼目混珠；或盗用他人字号，在品牌宣传上毫不投入前期成本，均是明目张胆以图渔利的恶劣勾当。”

“汪总董所言极是，”许子龄董事说，“当时苏州有个布商名叫黄友龙，他就是采用直接盗用他人的字号和招牌做布生意，最后被苏州布政使奉督、抚两级批示，严令苏、松两府进行了查禁。苏、松两府对黄友龙实施处罚后，要求冒充方和被冒充方，将各自的字号分别写清楚备案，声明原籍何处，字号开设何地，最后责令黄友龙写出不再违反的保证书，又于府署前立碑公示。”

发言时喜欢翻腾老皇历的罗星如董事说：“这一节典故，布业老人都记得。嘉庆十九年，苏、松两府经过与布业代表磋商，规定自此时起，不允许新起的店号与老店号名称重复，并立碑告诫众布商不得违反。结果呢，没有多长时间，上海县的布商杨绍扆和杨宗宪开张了两家布号，名字完全相同，被好事者举报。官府获知后，立即派员进行调查，查实后开张者不知道前面的开张者已经取了这个名字，不是有意的，而是偶然的巧合，于是勒令后开张者将布号改名，免于追究责任。”

胡访鹤插言道：“这个事例足以证明，布庄各自起名，难免有重名之嫌，所以咱们布业公所应该建立登记制度，无论谁开张新布庄，都要在布业公所登记，以防重名。不正当竞争的第三种方式，是利用他人字号做手脚。”

言犹未尽的罗星如董事又举一例道：“光绪末年，上海县布商奚晓畊租了布商许氏兄弟的鼎茂牌号后，在进货的布匹上大做手脚。奚晓畊以给批发商添加包装手续费的方法拉拢生意，然后将添加的银两，用短少尺寸的办法扣回。如此一来，吸引了许多贪图额外回扣的批发商，一起到奚晓畊布店进货。奚晓畊发了财，但其他老老实实做生意的人倒了大霉，亏损严重，有一些只好关门歇业。不久后，鼎茂牌号业主许氏兄弟发现奚晓畊在利用自己的鼎茂牌号做奸商之事，感到事情严重，马上与奚晓畊进行交涉，要他立即停止欺诈行为，并命其将鼎茂牌号退回，结果被奚晓畊拒绝。许氏兄弟没有办法，只好上诉到县衙，要求公断。县令经查属实，最后裁断奚晓畊将鼎茂牌号退还许氏兄弟，并对奚晓畊的欺诈行为进行了处罚。”

席伯康董事发言评论道：“这是利用租来的牌号，采取不正当竞争手段挤垮同业的卑劣行径。其实，还有一种手法更为恶劣，如有人在打包时，包内的布是冒牌货，外面的包装布则贴上他人字号，发往他处客商，暗中假冒他人牌号图利巧取。这样的行为严重毁坏了他人牌号的声誉。以上种种偷梁换柱的手法，如不制止，将对上海布业产生更大的危害。”

众董事发言讨论完毕后，汪宽也总结道：

“各位所举事例很能说明整治牌谱的必要，长期来，总是有人用各种各样的方法套用、冒用他人的名牌，便产生了与牌子相关的纠纷和诉讼。我们布业公所不但承担仲裁或纠正的责任，而且必须承担整修牌谱的责任，将牌谱注册备案，永久保存，以示专利，并阻止害群之马再行冒牌违法之事。为杜绝少数不良商家蒙混作弊，牌谱自清道光五年和光绪二十二年已经进行过两次修订。但时事变迁，现已是民国，需要振兴实业、推广国货，原牌谱已有不少不切实际的地方和错误，现在需要我们认真修订。”

由汪宽也全程主持，布业公所董事会经过数度研究和商讨，最终由董事会全体成员作出决议，对上海布业的牌谱进行重新修订。修订的原则是：新旧牌号，或增或减，分门别类，详细列出，制定出规约，要求全体布业严格遵守。

经重修后的牌谱规约，写入如下内容：

> 各牌号均以上一字相同者分类编列，以便稽查。
>
> 从前牌号规约第一第二字，不准有二字相同，如有相犯，后做者取消，不准登入牌谱。现因牌谱久未修整，其中不免有相同者，除同路同货之牌，照章将后做者取消外，其有牌号虽同，而南北销路之不同，紫白色布之互异，因彼此不知，并非有心相犯，为特变通办理，邀集同业，当面商妥，在新牌谱内，注明何种布匹及行销何处字样，彼此各不相犯。惟此次因牌谱久未修整，不得不稍为变通，借资归束，以后须照此新订规约遵守，不得援以为例。
>
> 名牌第一第二字，或第二第三字，不准有接连两字相同，并不准接连两字内有音同字异及音形相同之弊，如天泰、天秦或大成、大盛等字样。
>
> ……
>
> 假冒牌号应照本公所罚则章程办理，如有恃蛮不服，由原牌主提起诉讼。

汪宽也主持布业公所整治了上海布业的牌谱，等于从根本上解决了布牌的专利问题，制止了不正当竞争，从而重建了上海土布业的经营秩序。有序竞争的建立，对提高土布生产质量和行销数量起到了重要推动作用。

新的牌谱颁布之后，经过统一整治，土布业秩序大为好转。期间对少数违规而不纠正的布号予以处罚，从而总结出不少实践经验。为便于牌谱的实际操作，民国五年（1916）二月，土布公所在汪宽也的主持下，发布了“修整牌律案”，摘要如下：

布牌注册：

甲 入所各号行销各路布牌，除已经注册由本公所保护外，……其未曾注册之牌号，本公所不任保护之责。

……

丁 如遇布牌号出售者，应由得主失主出立推据收据，双方持至本所，会同司月三家以上，以凭过户……

戊 凡布牌出租或抵押所订之合同，呈报本公所备案，原牌东及租户受户，双方到所，会同司月三家以上，在档案上签字。该合同由本公所加盖图章，而昭核实，……

以上丁、戊两种契约合同，未经本所过户备案，不生效力。

对于假冒他人牌号经营土布者，“修整牌律案”规定了严厉的制裁措施：

冒牌罚则：

甲 同业如有顶冒他号已经注册之同路同货牌号，经本所查明，或被本牌呈报，查有实据者，将冒牌之货尽数充公。如有掮客经手，必须追查姓名，由公所通告各号，以后永不准该掮客再掮布。如号家徇情私相授受，亦须处罚。

乙 已经售与他人之牌号，而前牌东私做者，以冒牌论，同律治之。

丙 已经出租之牌号，订立合同，年限未满，原牌东如有特别理由，邀同本公所各议董公断。倘原牌东违背合同契约，私做或二租，经原租户申请，本所查照合同契约履行，以偿租户损失。该牌东不履行之前，禁止营业，一经入讼，本所照章申诉司法执行。租户如无特殊原因，违背合同契约而中止者，照契约履行，以偿牌东损失。当初订合同契约，必须呈报，倘未经本所同意，概不置理。

丁　同业中如有不遵守章程，或侵犯同业及其他不规则之事，经大会决议，轻则罚款，重则迫令出所。其以前捐款，概不发还。

身为上海布业公所总董的汪宽也，强力主持土布经营秩序整治，对上海土布业的发展，以及支持土布抗争洋布，发挥了很大作用。

新的牌谱仍然规定，土布牌子可以自由租让与买卖，即使布号关闭了，只要牌子有相当声誉，仍可以继续使用，而一些名牌的租金或卖价还相当可观。恒乾仁土布号向悦昌号租用一个悦昌名牌，每年租金为五百两银子。由于恒乾仁后来在这块名牌上获得了不少利润，悦昌号就想中止租约，把它出租给愿意出更高价的第三者。但恒乾仁不肯，结果引起诉讼。恒乾仁

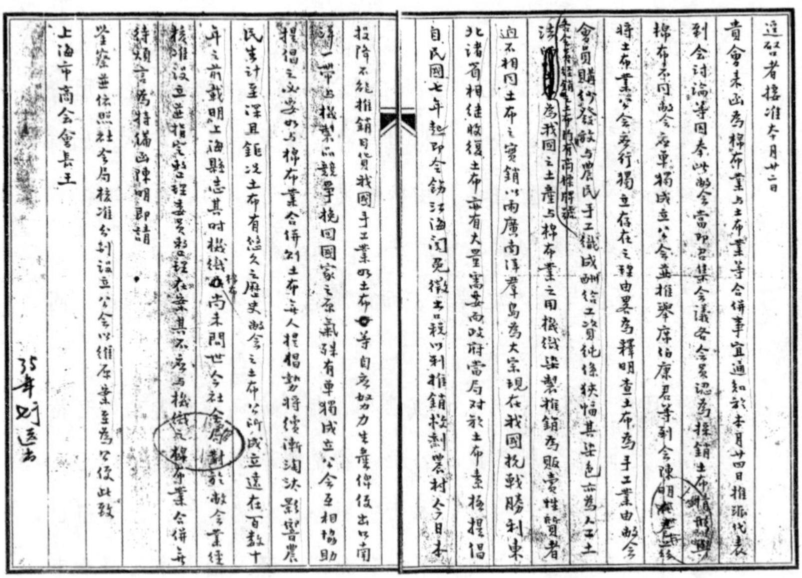
逕啓者接准本月廿二日
貴會來函為棉布業與土布業等合併事宜通知於本月廿四日推派代表
到会討論等因奉此敝会當即召集会議各会員認為操銷土布[illegible]
棉布不同敝会原車獨成立公会並推舉席伯康君等到会陳明[illegible]
將土布業公会另行獨立存在之理由畧為釋明查土布為手工業由敝会
會員購紗發給與農民手工織成酬給工資純係狹幅其染色亦為人工土
本会会員經銷之土布均有南市[illegible]
法[illegible]為我國之土產與棉布業之用機織染製推銷為販賣性質者
迥不相同土布之實銷以兩廣南洋群島為大宗現在我國抗戰勝利東
北諸省相繼收復土布亦有大量需要而政府當局對於土布亟極提倡
自民國七年起即令飭江海關免徵出口稅以利推銷救濟農村今日本
投降不能推銷日貨我國手工業的土布[illegible]等自應努力生產俾使出口南
洋一帶與機製品競爭挽回國家之元氣殊有單獨成立公会互相協助
提倡之必要如與棉布業合併則土布無人提倡勢將陵漸淘汰影響農
民生計至深且鉅況土布有悠久之歷史敝会之土布公所成立遠在百數十
年之前載明上海縣志其時機織棉布尚未問世今社会局對於敝会業經
核准設立並指定整理委員整理在案其不應與機織之棉布業合併無
待煩言為特備函陳明即請
鑒察並依照社会局核准分别設立公会以維原業至為公便此致
上海市商会會長王
35年[illegible]送出

1946 年的上海布业公所文件

的老板李少筠和李侍萱很有心计，他们为了不让悦昌落入他人之手，便先声夺人，花钱向清廷捐了一个“同知”衔，并与厦门道台结为金兰之好，借助官府的势力，打赢了官司，保住了牌子。

新牌谱公布之后，如有违犯规定的案件发生，布业公所将站在受害人一方，向官府呈控。官府受理禀控后，为维护字号的信誉和市场的秩序，一般都能站在实际受害者的一边，通过赔偿损失，勒令终止假冒，维护字号的合法利益，这在一定程度上维护了布业公所的尊严。同时证明，在维护土布业市场合法经营和有序竞争的过程中，官府的支持和合作非常重要，打击假冒，杜绝冒牌，没有官府权力的制裁，往往不能成功。

一个字号通常营业数十年、几十年，这是布业与官府双方共同努力维持的结果。但字号同业对冒牌者并没有约定不得另开牌号，官府也仅断以偿还冒牌所得收入而缺乏严厉的惩罚措施，冒牌者没有任何风险。一旦成功，即有利可图；如被发觉，实际并无损失。字号可以顶租转让这项制度，实际上又为假冒作弊者提供了庇护。因此，假冒字号的事情始终没有根绝。一些颇负盛名的字号，创出品牌的前期要投入，维护品牌也要投入，打击冒牌同样又得投入，以这样的高成本赢得品牌效益，代价太大，无形中挫伤了不少正牌布业的经营积极性，这也是清代江南土布业不断萎缩的原因之一。

十三 打掉津贴和厘金

汪宽也任上海布业公所总董期间所做的另一件大事，也是他一生中突出贡献之一，是1916年春夏之交，在上海县知事沈宝昌的热心支持下，上书民国政府农商部，据理力争为土布商和农民织户减免了不少苛税，并打掉自清末以来一直征收的“厘金”。

“五口通商”后，签订丧权辱国条约的清政府执行的是崇洋媚外的关口政策：凡进入中国市场的洋布，只须向海关交纳百分之五的进口税，就可以畅行无阻地运到中国任何地方交易，而且用不着再交纳地税。百分之五的进口税，本来就是极低的标准，再加上免除地税，毫无疑问，洋布成本大大降低，对中国土布产生了致命的威胁。

清政府的抑内扬外政策使国内土布享受不到任何优惠。以上海产土布为

清末上海街景

例，松江、川沙、嘉定这几个地方产的土布，布商们由上海贩运到镇江，到了镇江地面，必须要缴正税，正税交过后，还要缴纳半税。如果由镇江再运到下面的小地方出售，路上经过收税的关卡，则要逢卡抽“厘”。“厘”大概相当于货物值百分之一的样子，说起来比例很小，但是雁过拔毛，卡卡抽“厘”，合计下来数目就大了。经过三番五次的盘剥，上海土布销到内地，中间所缴纳的税费，累计竟超过洋布关税的十几倍。

再譬如，布商们把上海土布运到满洲的营口和长春销售，货一落地，就要缴落地税，这项税缴过之后，后面还有各种繁杂税费。布商们也要赚钱，只有将这些税费打入布匹成本，提高批发和零售价格，从而将其转嫁到购布人头上，导致营口、长春的上海土布价格昂贵。再看日本布商运来的日本布匹，他们在中国海关纳过百分之五的关税之后，清政府的税务部门则不再过问，可以毫无阻挡地拿到任何地方销售。由于税费比例非常低，自然布匹的成本就低，批发和零售的价格低贱。两相比较，到营口和长春贩运布匹的各地客商，纷纷涌到日本布商的货栈和他们交易，而且许多市民也慢慢地开始购买物美价廉的日本洋布。不久，日本布匹便轻而易举地打败了上海土布。

到了清末，四处战事不断，加上很多地方连年灾荒，上海地区农村织户生产的大量土布无人收购，各路布商货栈中囤积的土布堆积如山，无法销售。土布严重积压滞销，造成乡村百分之八九十的织户停机，土布业陷入了绝境，因土布赋税过重导致农民抗税的事件时有发生。

1886 年 1 月 11、12 日《申报》曾这样报道一起典型的农民被迫抗税事件：

> 洋泾镇铺户林立，布庄更多若繁星，乡人抱布求售者，必由厘卡（官府设置捐税缴纳处）经过。委员某君，前经约定乡人卖布一匹，抽钱一文，乡人不肯遵缴，此事遂作罢论。
>
> 迩来又立新章，令各布庄设一竹筒，乡人之卖布者，每匹由庄提钱一文放入筒中，晚间卡司向布庄照簿收捐。前日为收捐第一日，乡人均不愿庄主扣除，庄主以章程立自卡员，本庄不得违忤，……乡人遂纷纷涌至卡房，欲得卡员而心甘焉。
>
> ……少顷，乡人愈聚愈众，竟有数百人之多。……卡中所有台凳物件，尽被击毁，至卡中各人衣箱等物，则抬至空地放火焚烧，炮船上勇丁前往喝阻，该乡人移怒于彼，亦将炮船打毁，继而又欲放火。该处店铺中人谓炮船中必有火药，一经放火，必酿巨灾，极力拦阻，乡人始肯罢休。
>
> 浦东洋泾镇乡民，因布捐滋扰一事，由县讯办后，经布捐董事议令各布庄按月凑缴捐钱四十千文，各布庄均各遵办，昨已投县具结矣。

《申报》的这一则报道，不但把抗税事件的过程表述得很明白，而且将抗税的结局交代得很清楚，抗税行动的最终失败者仍然是农民。看起来官府对此案的处理低调、平和，可在实际上并没有对抗捐者做出半点让步——布捐仍由各布庄认缴，但布庄在收布时均以已向官府缴捐为由，压低收购价格，最终将捐税转嫁给了农民。

清朝末期，贪官污吏横行，国库亏空，财政乱了方寸。由于上海松江地区是全国最大棉布业生产和经营基地，清政府将索取财源的目标盯上了上海布业。1900 年之后，朝廷要求江南布商以布代税，不但不停地以种种理由下旨索布，而且将运输布匹的费用也算在布商的头上，美其名曰“津贴”。几百万布匹的运费，算起来也是数十万两白银，这一笔沉重的负担加在布商头上，他们吃不消，只有压低收购价格，将其转嫁于乡村织户。可是织布的农民要吃饭，赚不到吃饭的钱只有停机罢织，最终的结果是布商无布可收。一方面，由于军阀混战，农村植棉者田地荒芜，织布业受到很大破坏；另一方面，苛捐杂税的重重盘剥，又让以种棉花和织布为生的农民与以经营布业为生的布商苦不堪言。

清末时期官府发行的印花税票

勇于承担公益事业，敢向官府的不合理政策说“不”，在汪宽也不是第一遭。“巧立名目，津贴者，苛政也！”汪宽也再也无法容忍官府对布业的无理盘剥，于是联合王书田、奚晚耕、倪红孙等布业知名人士给江苏总督和苏、松巡抚写报告，要求撤销积年弊政津贴。江苏总督和苏、松巡抚分别奏请户部，最终将这项津贴取消。消息传来，上海布业界无不拍手称快。

民国建立后，已担任上海布业公所总董的汪宽也，对于政府巧立名目形成的苛捐杂税，以及它对土布业生存所产生的危害，已是洞若观火。他认为，布捐由税务部门征收，商家不胜其扰不说，中间还多了不少路人尽知的猫腻。不如由同业分别交给布业公所，由公所汇集后再交中央。如此一来，可以节省不少中间费用，用这些钱设置经营货款，其利息可以弥补布业公所经济上的急需。同时，海关征收布税，向来是每担收一两半白银，税额过于沉重，政府应考虑给予减免。汪宽也反复向官府税务司宣传：海关布税过重，易挫伤织户和布商，造成棉布市场萎缩，“竭泽而渔，实不可取”。

诸多苛捐杂税中对布商和织户盘剥最厉害的，也是遏制上海土布业发展的，乃是清末制订、延续到民国初期的“厘金”。

“厘金”是一个什么玩意儿呢?

说到“厘金”，与太平天国有关。太平天国运动爆发以后，曾国藩的湘军和李鸿章的淮军，奉清廷之命，浩浩荡荡前去残酷讨伐镇压。出动大批军队，自然就需要巨额的军费开支，而由于清政府极度腐败，财政很困难，加上鸦片战争赔款，入不敷出，财政压力很大。就是说，政府出不起湘军和淮军的军饷。朝廷出不起，只有转嫁给地方，但是，地方财政也出不起数额巨大的军费。朝廷的圣旨下来，不办也得办。此时，刑部有个帮办军务侍郎，名叫雷以针，特别会出坏点子——他绞尽脑汁，替清朝政府和地方官僚想出征收“厘金”的馊主意——在各地通商之处设置关卡，派官员在关卡上征收“厘金”。“厘”者，一分的十分之一，看起来数量很少，但积少成多，千万个“厘”累积起来，就变成万两银子了。

无论是长途贩运的行商，还是从事门面经营的坐地商，都要缴纳“厘金”。手工业品、农产品，都在纳税范围内。通过“厘金”巧取豪夺的后果是对商家造成沉重的打击，许多原本富裕的商人变贫穷，再由贫穷变为赤贫，同时，对商品流通带来严重的负面影响。

那个创办“厘金”征收的雷以针，极力鼓吹一厘之金，税额轻微，细水长流，源远不竭，这样微薄的捐税，既不给老百姓增加多少负担，又没有危及商人的基本利益，从而可以长远地解决政府军费短缺之虞。

征收一厘之金，果真如雷以针所鼓吹的那样优良吗？极力反对“厘金”政策的清廷官员尹耕云一针见血地上疏朝廷，驳斥了雷以针的谬论：

“抽厘之弊，尤不忍言。一石之粮，一担之薪，入市，则卖户抽几文，买户抽几文。其船装而车运者，五里一卡，十里一局，层层剥削，亏折已多，商民焉得不裹足！”

尹耕云的话主要的意思是说，“厘金”在一个地方抽取，买卖双方各抽几文钱，看上去数额并不多。但架不住五里一抽，十里一卡，积少成多，累计起来数额则十分惊人。这犹如零刀子割肉，又像蚊子吸血，短时间内不会危及生命，久而久之，同样会置人于死地。同时，商人交了诸多的“厘金”，这损失如果不在商品中捞回来，生意必然亏损。那么只好用涨价的办法，让买东西的人承担他的亏损。

尹耕云的上疏，分析得很有道理，道出了“厘金”的要害。无奈，尹耕云一个人的力量过于单薄，送上去的报告无人理睬。或许清政府也知道“厘金”的恶果，只是病入骨髓，已找不到其他解决军费的办法，故意假装糊涂了。

后来，“厘金”由一个地方性的筹饷方法，逐渐为越来越多的地方官僚效法，最终演变为全国性的税种，从而超越了筹集军费的本意。为何？因为贪官污吏需要中饱私囊，即使战事平息，不需要从民间搜刮军费了，他们仍然舍不得放弃对“厘金”的征收。于是官府继续堂而皇之地打着筹

湖南湘西厘金局旧址

集军费的幌子征收“厘金”，将“厘金”的很大一部分轻而易举地塞入自己腰包。

受“厘金”打击最大的是徽商。据史料记载，江浙地区的“厘金”，有一半摊到徽商身上。

从 19 世纪下半叶开始征收的“厘金”，一直延续到民国初期，半个多世纪的盘剥，对于本已苦苦支撑的中国土布业，无异于雪上加霜。

当时，国外进口的大量洋布，从纺到织都是机器操作，生产成本低，进口关税低，所以出售价格必然低，无形中具备了排斥中国土布的市场竞争力。

上海农村生产的大量土布，完全由乡村妇女夜以继日，以人工之力一寸一寸地织成。这些土布，长不过两丈，宽不过尺余，每匹布卖到布庄，品质佳者不过市钱五百文。除去棉花本钱外，织户已经剩不了几个吃饭钱。另一方面，上海布商从织户那儿把土布收购到手之后，需要面对各种苛捐杂税：“水卡捐”，每匹布二三文至五六文；“落地捐”，每匹布四五文至八九文。还有不明不白的“运脚津贴”，现在又要加“厘金”。经销一匹布所要缴的苛捐杂税，总计可达三四十文之多。

布商是做布生意的，赔钱的生意自然不会干。这些涨出来的苛捐杂税如何消化呢？布商们的办法仍然是“转嫁”。一是提高土布的批发和零售价格，把大部分苛捐杂税转嫁给下一轮购布者；二是压低收购价格，让织户分担一部分布商所缴纳的苛捐杂税。

布商们这样做的结果，土布价格必然上涨。这边土布在涨价，那边洋布在降价，市场出现了严重的不等式，土布自然无法与洋布抗衡。上海土布在东北和北方地区的销售市场，已被日本用机器仿造的土布完全占领。

说到这儿，“厘金”的本质清晰了。从表面上看，“厘金”缴纳者是商人，地方官僚不过是将中央政府的军费负担转嫁到商人头上，似乎与平民百姓无关。但商人通过价格杠杆，将这部分负担最终转移到消费者也就是平民百姓身上。

1916 年秋天，汪宽也决心向“厘金”宣战。

在由汪宽也主持召开的上海布业公所董事议事会和布业业主议事会上，他们数度激烈讨论如何拔除“厘金”这颗毒瘤。汪宽也直抒己见道：

“布业成了唐僧肉，谁都想咬一口!商人所缴杂税如此繁重，让布庄如何出资收购？所收之布又销往何处？压低了土布收购价格，又让乡村织户如何养家糊口？”

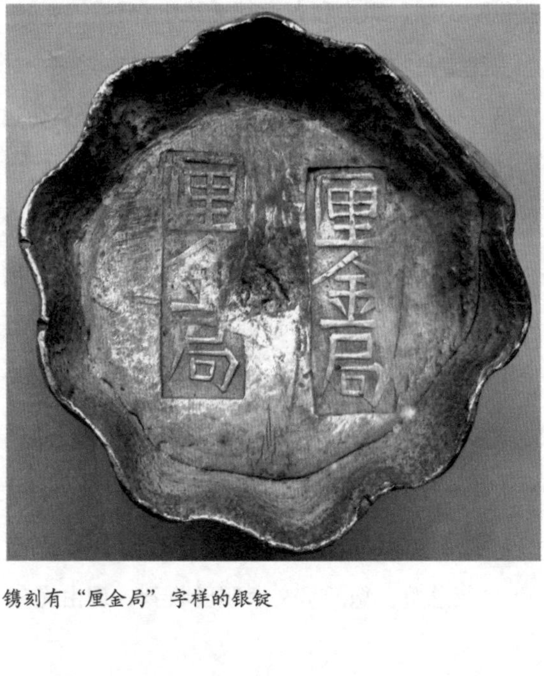

镌刻有“厘金局”字样的银锭

对上海农村以织布为主要生存手段的广大农民，汪宽也充满怜悯之情，他尽了力所能及的努力。一方面，汪宽也号召布业同行集资捐助，给农民织户提高一点土布收购价格；另一方面，他挺身而出，带头以上海布业公所的名义和个人威望，呈文为百姓请免布税。

啃掉“厘金”这块硬骨头的重任，压上了汪宽也肩头。

身为上海县商会会董的汪宽也，意欲打掉“厘金”的想法，最先得到上海县商会会长顾馨一的强力支持。顾馨一对汪宽也说：“汪总董率布业公所带头为上海商界主持公道，令人可敬！如需县商会支持，请随时通报。”与此同时，顾馨一专程报告上海县知事沈宝昌，请求官厅关注商界民生，支持汪宽也努力打掉“厘金”，沈宝昌慨然应允。

于是，汪宽也给沈宝昌写了呈文，呈文说：“近据各处同业报告，以沪海道属各处乡民集耕织为生，自今届遭兵灾以来，流离失所，惨苦难言，亟行筹议振扶，以恤灾黎。特别会议当经决定，由同业中集资散给乡民，俾使回里，仍事耕织。”“‘厘金’的抽取，实是助洋布扼杀土布，布业税赋不减，织户和布商都无法生存！”

沈宝昌收到汪宽也的呈文后，眉头紧锁。对于汪宽也呈报的议案，沈宝昌又何尝不了解其中内幕呢。可是他这个县知事，却是无力改变民国政府的税收政策。即使下面民意属实，作为县知事，也是多一事不如少一事，自然不愿意向中央政府主动报告。现在汪宽也带头向“厘金”发难，县知事就不能当做儿戏了。如果上海布业因苛捐杂税过重而衰败，会造成经济方面的重大损失。如此民情，不向中央政府报告，耽搁了大事，属严重失职。此时的沈宝昌想到，汪宽也身为上海布业公所总董，在布业界中威望极高，借他之力，将捐税过重的状况反映到民国政府，如果能够削减或去除，于商于民，于上海官厅，不都是一件大好事吗？

于是，沈宝昌亲自打电话给汪宽也说：

“汪总董，您的呈文卑职已收到，理由充分、建议明确，谢谢您对上海县商界事业发展所做的贡献！呈文将由卑职附加说明，尽快送达农商部，力求上面体恤下情，将不合理捐税减免一二，以振兴沪上布业及其他各业。此事若能成功，汪宽也总董的名字将载于上海商界史册！”

听了沈宝昌的话，汪宽也大笑道：“谢谢知事大人的理解和支持！您能将呈文递交上去，我们布业公所全体同仁就已经感恩不尽，我汪宽也一个小小布商，岂敢青史留名！”

沈宝昌建议汪宽也，再制定一个内容详尽的“请免布税案”，作为附件上报民国政府。

放下电话，汪宽也决定连夜召开布业公所全体会董特别会议，专门讨论和决定“请免布税案”事项。在“请免布税案”的说明文字中，加上了这样一句话：“再三恳求农商部考虑农村织户和布商之情，对诸多捐税给予清理并施以减免。”

为了证明所呈报民意属实，汪宽也将近期布业界商人所须缴纳的种种捐税名目，列于“请免布税案”呈文之后，以作减免捐税之根据。

汪宽也将起草的“请免布税案”交给沈宝昌。

对于汪宽也呈报的这份“请免布税案”，沈宝昌知事给予了热情相助，文件后面由他附加特别说明“此为上海县商界之民意”后，作为正式的请免布税议案，呈送到民国政府农商部。

由于理由充分，并有上海县知事的努力支持，事情的发展相对比较顺利。不久之后，“请免布税案”由民国政府农商部批准应允实施，除了海关布税由每担一两半减少为一两外，还有相当一部分涉商捐税被剔除。1918 年，民国政府下令免除“厘金”三年。之后，又再三延期到 1924 年。众多布商和农村数百万织户皆大欢喜，同时受益的其他行业也高兴万分，一齐称颂布业公所总董汪宽也为上海商界做了一件好事。

如此一来，不但上海地区百万织户得以喘息，整个布业的购销经营也相对稳定下来。

汪宽也针对时弊，不怕职微位卑，多次上书直谏苛政，为布业及整个商界裁厘减税奔走呼号，其为人正直、处事认真，有口皆碑。

在上海县商会志记载中，1912—1922 年，上海县商会会董换任 7 次，除 1920 年换任因故未予列入外，其余 6 次都有布业公所总董汪宽也的名字。当时的会董，相当于现在的常务理事。汪宽也任会董期间，代表上海布业公所全体布商的意愿，为保护民族工业的生存发展，尽了很大努力，做了大量工作。1910 年末，汪宽也主持的祥泰布庄，积极响应上海县商会的号召，为全力推翻清朝统治的孙中山革命组织筹措三万银元的活动经费。作为上海县商会会董的汪宽也，在位期间具体发挥了何种作用，鉴于年代久远，相关资料严重散佚，目前无法查询，只有待它们重见天日后，再作考证和介绍。

十四 绝处逢生难

坐落于上海大东门大街朝宗路的祥泰布庄，开业时资本仅有八百千制钱，合银洋约五百元，后来随着业务不断扩展，布庄逐年扩大，最终成为沪上最有影响的土布企业。从未歇业，也没有遭遇大的挫折，可以说是生意平安，在强手如林的上海布业界，已是不同凡响了。

根据档案记载，到1912年，经数度改建和扩建的祥泰布庄本部店房已有七进。这许多房屋大部分堆满了土布。为了防止土布在阴雨天和黄梅季节发生霉变，要经常翻桩，将布匹倒腾出来晾晒，确保不受损失。祥泰布庄本部有员工120人，设了一间大伙房，聘请4名厨师，在通常情况下，中午开13桌人吃饭。由于晚上往往干活干得很晚才能收工，店员收工时间并不一致，大伙儿吃饭没有统一时间，随到随吃，碗一丢就去做事。祥泰布庄在上海周边地区有 4 个较大的收布座庄，计有店员 26 人，正记染坊有工匠 30 人，加上祥泰本部店员，合计 176 人。另外，还有 60 多人在外面为祥泰布庄做事，由祥泰布庄按时开薪。

祥泰布庄是祥泰总店的名称，它的下面还有许多分号，最多时达 45 家，遍布上海南市及周边地区。到民国初期，祥泰布庄总店和各分号已基本形成完善的购售网络，除了收购四郊小布庄贩来的以及农民直接上门兜售的土布，祥泰布庄还在浦东中心河、陆家行及泗泾和漕河泾四处设有多处座庄，常年收购土布。祥泰布庄在南市陆家浜的正记染坊，陆续置办了不少房产，也有一笔不小的收入。

祥泰布庄还有一只沙船，专门装布送货到满洲，从满洲返回上海时，再带回满洲土产大豆油之类。但祥泰装运销售到满洲的土布数量很少，只占总额的极小部分。醉翁之意不在酒，沙船的真正作用是"经济间谍"，祥泰不过是利用这条船的两地来往，及时了解和掌握满洲地区土布市场的各种情况。生意人都知道，道听途说的消息不可靠，听同行的情况更不可信，只有祥泰布庄沙船打探来的情报才万无一失。

1896 年，祥泰布庄销售土布四百万匹，营业额达一百五十万两银子，得利润二十万两。汪宽也任经理后的 1900 年，祥泰布庄业务量和销售收入增加了一倍多，年销售土布达一千万匹，依照 1896 年的行情推算，营业额应为三百七十五万两银子，利润可得五十万两。

20 世纪初，由于日俄战争，中国土布市场又受到消极影响，祥泰布庄的生意开始走下坡路，营业额逐年下滑。及至民国建立，经营状况仍然不断衰退。由于祥泰布庄适时裁减了一部分员工并加强管理，以尽量减少损耗和降低成本，所以尚有薄利可图，大钱不易赚，但粥汤还可以喝上。

清末上海纺纱厂，图中显示已有外国人参与管理

1912—1920年期间，民国服装兴起改革潮流，土布用途愈来愈窄，对上海布业市场影响颇大，向南走的广帮布商销路转旺，而北帮布商生意越来越不好做，从而直接威胁到祥泰布庄的北方市场，形势十分严峻。精明灵活的汪宽也审时度势，及时调整祥泰布庄的经营思路：虽然销往北方的东套标布市场缩小，但由于祥泰的牌子在北方市场声誉历来很好，北帮生意不但不能放弃，还要继续提高东套标布质量，以坚守北方市场。高中档东套布在北方行情明显滑坡，经过一番揣摩，汪宽也果断决定改为以低档东套为主，绝大部分供给东北的牛庄市场，力图将北方老客户拢住。

与此同时，汪宽也努力扩大祥泰布庄在国内其他市场的经营范围，开始批发销售广东、福建市场看好的东套、东稀和清水三种土布，从而拉来不少广帮和福建帮布商。由于汪宽也采取南北方向双管齐下的方针，虽然上海土布市场在总体上呈步步衰退的不利趋势，祥泰布庄仍能奇迹般地维持正常经营，只赚不亏。仅这一着，就让各大布业羡慕不已，佩服得五体投地。

这一时期，祥泰布庄每天收布约付五千银元，合土布大约七千五百匹。在阴历年关时每天收布可达一万多匹。不过这样的火爆势头，也就是腊月二十三四前的事儿，最多十天半月。

据统计，1914—1921 年的八年间，祥泰布庄每年平均销售浦东各地标布一百二十万匹、东稀布七万五千匹、清水布即西稀一百二十六万匹。仅标布一项，即占上海地区标布总销售量的百分之四十，在三四十多个大布庄中位列第一。只有东稀布祥泰布庄做不过林大成布庄，祥泰布庄年销仅五百包，而林大成布庄年销达三千包，是祥泰布庄的 6 倍。

“上海的土布越来越不好卖了!”

从 1922 年开始，上海地区土布业的衰退势头迅速加大，成千上万的布商们惶惶不可终日，似乎感觉到依赖土布发财的日子即将结束。

面对逐步逼近的布业危机，汪宽也绞尽脑汁想出各种办法，使出浑身解数，竭力以提升祥泰经营实力去对抗土布市场的衰退，但最终并没能阻止住土布业的迅速下滑。1922 年，祥泰布庄的年销售额降到一百万银元，1923 年，下降到八十万银元。总份额中销售给东北帮（牛庄市场）的土布有近百分之八十，销售给京津帮、广福皖帮各约百分之十，卖给浙江金华和兰溪小客帮的土布，数额少到可以忽略不计。

这期间江浙军阀混战，政治形势极为混乱。每逢战火的硝烟逼近上海市区，各类商号包括各家大布庄纷纷关门歇业。一是怕遭兵劫，得不偿失；二是担心无人买布，店家白耽误工夫。布店关门，将买布人拒之于门外倒是小事，可怕的是断了依赖卖掉布匹再用钱买米的乡村织户的生路，必然引来众织户拥挤于布庄门前怨声载道。

祥泰布庄却反其道而行之，汪宽也规定店员不可一日不开门，只要有织户前来送布，祥泰敞开店门将布匹尽数收入，立付现洋，从不打欠条。于是，一传十，十传百，天长日久，绝大多数卖布织户一旦手上有布，便径直往祥泰而来，祥泰的布匹堆积如山也就不奇怪了。

质量、产量与成本均无法与机织布竞争的农家土布

可往往战事一旦平息，市面上的布匹需求量便急剧上升。祥泰布庄不但布多，而且出售均为平价，薄利多销加上价格公道，让祥泰的生意十分兴旺。这样的情景，又让战时关门拒客的胆小布庄十分红眼，也十分后悔。自己无货可卖，红眼，后悔，那是没有用的，最终只有佩服祥泰的胆识和远见罢了。对于那些布庄的掌柜们，汪宽也简直就是上海布业界永远不倒的旗帜。

由于汪宽也用尽心血努力运作，祥泰布庄一直奇迹般地挺立在上海滩。利润无论多和少，仍然是年年有，店员们的薪水照样按时发放，年底还可以分一次花红，布庄中的高级职员可拿到四百银元花红，一般店员视资格和贡献，从五十元花红到一百五十元花红不等，这样的待遇在当时的上海布业中是极为少见的。因此，多年来，口碑很好的祥泰布庄员工稳定，从来没有主动无故辞职者。同样，祥泰布庄的每个店员也像爱护自己的眼睛一样爱护祥泰布庄的声誉，其最直接的表现就是时时谨慎、精心经营，不做任何违背诚信的事情，不出现任何经营事故或差错。

风云变幻，世事无常。商场如同战场，既然古老的中国土布业抵挡不住资本主义工业的围追堵截，祥泰布庄的厄运也终究不可避免。

1923 年初冬，并不甘心上海土布倾塌的汪宽也，意外地遭遇到家境和自身健康方面接踵而来的麻烦，逼迫他不得不放弃从事了一生的土布业。汪宽也患哮喘病已经数年，经多次诊治，竟然一直不得痊愈，反复发作的咳嗽和痰喘，让他逐渐对治疗失去信心。同时，家中小孩子一个接一个地出生，不仅十几口人的吃饭、穿衣几乎全部要从他的薪金中开支，而且家里的各类杂事也要拖累他。身体本来就患病的汪宽也，终于筋疲力尽，感觉实在无法继续坚持。万般无奈之下，汪宽也决定回休宁养病。

这一年，适逢二次齐卢战争爆发，上海南市区一带的许多势力薄弱的中小布庄，大多遭到散兵抢劫，损失很大，纷纷关门谢客。祥泰、万隆、升大、同康、和盛、协和这些大布庄，虽然以资力雄厚和店员众多的优势坚持开门，但市郊乡下织布的老百姓怕让流弹打死，几乎无人敢到市区送货，收布数量直线下降。

祥泰布庄虽然一直没有遭到散兵抢劫，可几千名兵员就在附近驻扎，谁也不敢保证哪一天不会出事。汪宽也已经回到了休宁，祥泰布庄碰到大事，便无人拿主意。布庄的留守人既没有汪宽也那样的魄力，也没有做生意的心思，不远处枪炮声时时可闻，免不得心惊肉跳，加上顾客稀少，自然经营无起色，只是看好店门，防止散兵抢劫罢了。店员们每天上午心惊胆战地到十点钟才开门，还不到十一点就赶快打烊，只做一个钟头的生意，已和停业没什么区别。

由祥泰投资的上海谦泰昌茶栈和汉口的鼎泰油行，经营处境也万分艰难，不是抛空就是巨亏，当年休宁首富汪厚庄打造的雄厚资产，在他身后没有多少年，竟然全面崩溃。

撑持七十多年的祥泰布庄，已是绝处难逢生。

上海市商會用牋

逕啟者前奉

上海市黨部民訓會令以沙布與土布兩同業公會業務相同按照同業公會法一區域內一公會之規定不符應飭合併改組等因當將兩同業公會業務性質不同之點詳細聲復呈請免予合併在案茲奉

市民訓會指令第四八〇號開呈悉准予免飭合併組織可也此令等因奉此相應據此分函知照即希

查照爲荷此致

土布業同業公會

上海市商會啟

中華民國十九年十月十三日 普字第[illegible]號第 頁

001

1930年上海市商会裁定纱布公会与土布公会合并通知书

叁

甲子悲情

十五　作别沪上

按照徽州商贾传统，离开徽州到外面做生意的人，一般情况下，每年须回乡省亲一次。由于大多数徽商生意做得好，杂事颇多，省亲的时间都习惯放在年关，大致安排在腊月二十到正月十五间。自几百年前徽商蓬勃兴起，徽州人远离故乡做生意,仿佛是天经地义之事，不值得家人和乡人去儿女情长、惆怅或悲伤。自古以来，文人墨客们的细腻情感，似乎很难在商人身上展现。但徽州商人的精神基因与其他地方商人有很大不同，他们的内心世界，在很大程度上掺杂了文人墨客的缠绵情愫。

说到徽商,一般既定于男人的范畴。有没有徽州女人出去经商，史料几乎没有记载，后人自然无法考证。即使在成千上万的徽商中有那么三五个徽州女人，或者有一些协助自己男人管理商号的徽州女人，也无法形成女徽商气候。所以，不管是文字还是口头，凡提及徽商者，都可以理解为徽州男人。

这样一来，徽商便有了性别符号上的意义——徽商者，徽州男人也。

有人说，徽商对婚姻和爱情非常淡薄，以致成为典型的重经营、轻别离情结。如果事实真是这样，那么徽商大概就是世界上最无情、最冷酷的商人群体了。

可事实并非如此。

说到婚姻和别离，许多徽商左思右想，最后长叹一声“没办法”。这一声“没办法”，道出了徽商冷落婚姻和别离家庭，纯粹出于辛酸与无奈：

健妇持家男作客，
黑头直到白头回。
儿孙长大不相识，
反问老翁何处来。

徽州男人出门做生意，数载一归，甚至久客不归，这种风气在南唐时代就已形成，不过，到了明清时期，表现得更为突出，最终成为司空见惯的徽州习俗。

按徽州俗例，男孩子最迟到十六岁，就要出远门做生意，受父母包办的封建思想影响，这些男孩离家前，有一半首先提前解决了婚姻问题。所以，受徽商兴起的影响，徽州普遍存在早婚现象，而且对于新婚作别之事，大家习以为常。徽州歙县俗语所说的“歙南太荒唐，十三爹来十四娘”，则典型地印证了当时徽州人尤其是徽商的婚姻状况——早结婚，就是为了离别。

道理似乎很简单，徽州男孩出门做生意，先把婚姻问题在徽州解决了，不仅自己无后顾之忧，也让身在徽州的父母稍有安慰和盼头。有儿媳

清代徽州人的婚礼（腊像图）

妇和孙子留在徽州，犹如出门做生意的儿子同在家中一样。当然，传宗接代的任务也是提前解决婚姻的重要因素。有人说，让出门做生意的儿子在外面解决婚姻大事不是更好吗？为什么非要弄成劳燕分飞？徽商的父母说，那样可不行，人在江湖，拖儿带女，既要顾及家务，又要照顾生意，肯定会拖生意的后腿。男人既然外出做生意，就要扑下身子含辛茹苦地去打拼。徽商的上辈往往这样认为：男人十七八、二十多岁这个年龄，不宜带着老婆孩子在外经商。等干到事业大体成功，或者人到中年，将家眷接了去相伴度日，那是另外一回事。

在这样的封建时代婚姻观念控制下，徽商的婚姻只能是封闭和无情。外出学徒、经商，路途遥远者，几年、十几年，有的甚至几十年才能还乡。在徽商夫妻生活中，相聚不过是瞬间，而别离则是永恒的主题，“一世夫妻三年半，十年夫妻九年空”。

徽州籍著名学者胡适，曾给徽商的婚姻算过一笔简单的账：

“一对夫妻的婚后生活，至多不过三十六年或四十二年，但是他们在一起同居的时间，实际上不过三十六个月或四十二个月——也就是三年或

徽州的牌坊中近半数是贞节牌坊

三年半了。”

一生的婚姻契约，用不到十二分之一的婚姻生活抵偿，这样的代价，未免太不公平、太残酷了。特别是对于女人来说，除了为丈夫延续后代生育儿女外，婚姻的幸福几近于零。

流行于徽州的民谣《十送郎》中这样唱道：

送郎送到小桥头，
手扶栏杆望水流。
船家啊，
今天撑俺家郎哥去，
何时撑俺家郎哥回？

徽商的妻子们，常常把这悲伤的离别之情，编成一种可以说也可以唱的词，用哭腔来表达，就叫“歌哭”。她们在遥遥无期的漫长等待中，产生了后悔之情，后悔当初不该嫁给这些商人：

悔啊悔，
悔不该嫁给出门郎。
出门郎做生意，
三年两头守空房。
图什么大厅堂，
贪什么高楼房，
夜夜孤身睡空床。
早知今日千般苦，
我宁愿嫁给种田郎。
日里田里忙耕种，
夜里双双上花床。

歙县人汪洪度记载了一则“泪珠”的故事，更具悲剧性：歙县有对青年夫妻，新婚三个月之后，丈夫到很远的地方做生意去了，妻子在家，以刺绣为生。由于丈夫一直不回来，思念之中，在每年的年底，妻子把平时积攒下的零钱，换回一颗珠子，藏在箧中，以记载丈夫离家的岁月，并称“此泪珠也”。珠子越来越多，眼泪慢慢流干，仍不见丈夫归来。多年后丈夫归来，才知道妻子已离世三年。丈夫悲痛之余，打开箧子一看，里面的积珠已有二十多颗。

明代著名小说家凌濛初，在《初刻拍案惊奇》的“姚滴珠避羞惹羞，郑月娥将错就错”一回中，就写了这样一个故事：明万历年间，徽州休宁县荪田乡富室姚家，将女儿姚滴珠嫁给了屯溪乡潘甲为妻。潘甲是一个因家道艰难不得不弃儒为商的年轻人。成亲后，小夫妻俩恩恩爱爱如胶似漆，本乃人之常情。潘家老人应该完全体谅才对。可是，小夫妻成亲才两个月，潘父就训诫儿子道："如此你贪我爱，夫妻相对，白白过世不成？为何不想去做生意？"

潘父看不惯年轻人过安逸和幸福的日子，他的最终目的是督促儿子出门经商。在父亲的逼迫下，潘甲无可奈何地告诉滴珠，他只有依从父亲之命，出远门去做生意了。姚滴珠听后，哭泣不止，小夫妻俩说了一夜话。第二天，潘甲在父亲的命令下，登上了出门经商的路程。

徽商的一生充满艰险，衣锦还乡者固然令人羡慕，而客死他乡、一去无踪影者也不在少数。翻阅徽州祖谱方志，在徽州女子中，婆媳守寡、姑嫂守寡、姐妹守寡者，比比皆是。今天仍然有一百余座牌坊矗立在徽州大地上，其中，近半数是徽州女人的贞节牌坊。查考这些牌坊的建造年代，与徽商的兴衰年代大致吻合。

汪宽也一生中经历过两次婚姻。第一次婚姻，类似潘甲和姚滴珠的故事。1886 年冬天，在上海祥泰布庄做生意已经六年的汪宽也，遵父母之命，向祥泰告假一个月，回乡探望父母和祖父母，并完成了婚姻大事，二十岁出头的汪宽也娶休宁万安镇程氏之女程桂英为妻。

程桂英的祖父行医，与汪宽也的祖父汪作墉有交往。程家虽不富裕，但家风甚为端正。经汪家媒人上门相求，程家父母欣然允诺其女嫁给汪家。程桂英嫁给汪宽也，新婚刚过，丈夫便起身去上海仍旧做他的店员，隔半载或一年省亲一次，程桂英则在家料理家务，代夫孝敬父母。

1888 年初秋，长子汪启丰出生，汪宽也告假数日，返回休宁看望妻儿及家中老小。当时祖父汪作墉仍然健在，祖孙相见，自然又是一番感慨。

此后的岁月中，汪宽也的休宁家人，发生了接二连三的变故：1892 年，汪宽也的祖父汪作墉去世；1895 年，汪宽也的祖母去世；1897 年夏，汪宽也的妻子程桂英因患绝症病故；也是这年冬天，汪宽也的母亲吴氏仙逝。汪宽也是个十分看重亲情的人，休宁家中四位至尊至亲在五年内相继辞世，让汪宽也心中十分悲痛。因此，无论祥泰布庄生意如何繁忙，他都设法告假回休宁参与置办亲人的后事，丝毫没有怠慢。然而，亲人们一个接一个地逝去，让汪宽也不由得产生了越来越孤独的感觉。

休宁家中只有长子汪启丰和老父亲汪仁徵了，祖孙俩相依为命，汪宽也曾有意把祖孙俩接到上海度日，无奈老父亲以在休宁住习惯了为由，坚决不肯随同去上海。如只将汪启丰接到上海，家中的老父亲会倍加孤单，于是，汪宽也只好将汪启丰暂且留在休宁。

1900 年 3 月，汪宽也写信给在武汉做生意的二弟汪声渊，约好后，一同回到休宁看望老父亲。兄弟俩带回积攒下的钱，在休宁西门合购了一栋房屋，打算重新修整一下，给父亲颐养天年。房子买好，雇了两名工匠修整完毕，打扫干净，选了个黄道吉日，准备乔迁。

该是老父亲汪仁徵命中注定没有居住这栋新屋的福气，搬家之前，突然生急病去世。这一变故，使汪宽也不知所措。汪宽也在无限悲哀中料理完父亲的后事之后，经家人和亲戚们的努力撮合，匆匆续娶了第二任妻子孙雅秀。几个月后，汪宽也将已怀孕的孙雅秀接到了上海共同生活，自此，才算在上海有了一个真正意义上的“家”。

孙雅秀年纪比汪宽也小十六岁，同样是一位心地善良的女子，她视汪宽也前妻程桂英所生的汪启丰如同自己亲生，特别喜欢他的聪明好学，从无轻视、嫉妒之意。不久后，由她提议，把汪启丰从休宁接到了上海。此时，欧美贸易风已经吹入中国，到上海做生意的外国人越来越多，不懂外文，与他们语言沟通十分困难。聪慧异常的孙雅秀又提议汪宽也将汪启丰送到英华书馆读书，这是当时上海最好的一所英汉双语学校，学杂费用十分昂贵。尽管每年为此需要开支一大笔钱，汪宽也和孙雅秀也在所不惜。

汪启丰生性如同汪宽也小时候一样，十分聪明好学，读书过目不忘，而且善于思索。三年后，汪启丰从英华书馆修业期满，虽然偶尔也会协助父亲去处理一些祥泰布庄的事务，但他的主要工作是在上海商界一家翻译所担任英语翻译。这份工作，使汪启丰最终也没有像他的父亲汪宽也那样，成为祥泰布庄的代理人。

汪宽也为祥泰布庄工作一生，他勤奋努力、经营有方，为东家汪厚庄赚了不少利润，从无亏损。汪宽也善待祥泰员工，上到经理、副经理和中层管理人员，下到出苦力的勤杂工，各有所得，均无养家糊口之忧。作为应得的酬劳，东家汪厚庄发给汪宽也一笔较为丰厚的薪金。但是，汪宽也的家口众多，人情来往也多，各种开支相对也大得多，这笔薪金不足以维持开支。自从孙雅秀从休宁到上海与汪宽也共同生活后，汪宽也就经常提醒孙雅秀道："坐吃山空，过日子一定要量入为出，切不可大手大脚。"

汪宽也忠厚、敬业，数十年如一日。在祥泰布庄汪宽也处理日常事务的地方，天天宾客云集，来往办事的人穿梭如织，汪宽也脚步不停地周旋在众人之中，处理各种各样的繁杂事情，一点空闲也没有，而且他还得挤出许多时间到上海土布公所去处理公务。布庄每天都有白花花的银元斗进斗出，汪宽也从来不为之动心。对于金钱，汪宽也一生自有他的原则：不义之财不可取，不劳之酬不可获。布庄账目，哪怕花一块银元，也须由账房记载得一清二楚，绝无半点含糊敷衍。汪宽也做人和处世的风范，让祥泰布庄上上下下和土布公所的众会董十分钦佩。

汪宽也不仅不以手中之权谋私人之利，多年来，他还经常用自己不多的薪金为故乡百姓排忧解难。1914 年，休宁县城外重要的交通要塞夹溪桥遭受洪水冲毁，汪宽也闻讯后，与夫人孙雅秀商量，从全家省吃俭用积蓄数年的七千银元中拿出五千银元，同时发动上海的休宁商会，号召休宁同乡商贾捐集善款，共筹得两万银元送回故乡，支持夹溪桥修复工程。1918 年，休宁再次遭受百年未遇的大洪水，灾民众多，粮价大涨。消息传到上海，汪宽也心急如焚，他立即从祥泰布庄所开的当铺中周转一笔资金，托请上海做粮食生意的朋友，从南方采购越南西贡大米一千石，火速运回休宁县，以平价出售接济灾民渡过难关。

这两件善行义举，不仅在休宁县传为美谈，整个徽州也称其为徽商榜样。时间一久，上海布业同行和商业同行知晓此事，莫不敬佩有加，赞誉汪宽也为“义商”。

1920 年夏天，由已去世的汪厚庄的儿子汪梅轩接手的汉口汪厚庄鼎泰油行，由于经营管理不善，遭受惨重失败。汪宽也的叔叔汪赞周从休宁写信到上海，请汪宽也立刻赴汉口救援，帮助整顿油行的烂摊子。此时，汪宽也在上海已患咳嗽痰喘之症多时，照理他完全可以借生病推脱去汉口之事。但是，汪宽也是个软心肠，禁不住休宁县叔叔的一再催促和相求，于是他安排好人临时代理祥泰布庄的生意后，回到休宁，与离开汉口生意数年的二弟汪声渊相约，一起来到汉口，帮助收拾和打理东家油行的烂摊子。谁知这一收拾，就是整整五个月。汪宽也好不容易将油行弄出个头绪，上海祥泰布庄的生意也出现经营方面的问题，连连向汉口写信告急，于是他只得匆匆从汉口乘船返回上海。

在汉口近五个月的日夜打理和劳累，让本来就患重病的汪宽也愈加心力交瘁。返回上海后，来自三方面的压力给汪宽也造成严重困扰，迫使他无法在上海继续工作和生活下去，从而不得不考虑对自己的生活做出新的抉择。这三方面的压力是：其一，祥泰的生意状况一直在走下坡路，汪宽也已经切实感觉到，上海布业乃至整个中国布业，其颓废之势为国家世事之变所左右，非个人的力量所能力挽。其二，汪宽也的上海家眷人数众多，生计负担逐日沉重，开支已有捉襟见肘之迹象。其三，由于汪宽也积劳成疾，痰喘和肝部病情多方医治，不但无好转，反日趋严重，已感觉无力继续坚持。

上海土布市场的颓势犹如决堤的江水，势不可挡。不仅大量进口的洋纱洋布，将上海土布彻底逼入了死胡同，而且如雨后春笋般兴起的上海机器织布业，加上外省织户和布商，特别是安徽布匹帮大量东进涌入上海，又给上海当地土布产销商迎头一棒。无论是观感、质量，还是销售价格，上海手织土布都难以和洋布、机织布抗衡。内外夹击，上海土布业市场萎缩，无法继续生存。于是，上海地区农民植棉面积逐年收缩，土纺纱机早已绝迹，土织机也开始束之高阁，土布业的收布量岁岁递减，不用说，土布利润也是大幅度地下跌。还有，此时的江浙军阀间明争暗斗，也让上海商业不得安宁，土布业自然是其中的受害者。

汪宽也在上海家眷负担沉重，亦乃逐年累积形成。早年，汪宽也不惜代价把大儿子汪启丰送入上海英华书馆学英语，差不多耗尽汪宽也 1901 年前的大半积蓄。1901 年，次子汪启咸出生；1903 年，三子汪启恒出生；1912 年，汪启丰的儿子，也就是汪宽也的长孙汪誉允出生；1913 年，汪宽也与孙雅秀唯一的女儿汪巧珍出生；1916 年，汪宽也的四子汪启智出生；1920 年，汪宽也的小儿子汪启照出生。这批后代接二连三地降生，又让汪宽也的生计负荷达到极限，连同保姆全家十多口人的衣食住行生活开支，孩子读书的费用，加上亲戚朋友和客人来往花费，使汪宽也的薪金再也难以节余。

在这样的情况下，汪宽也仍然是一个生活乐观派。汪宽也特别喜欢长孙汪誉允。汪誉允三四岁的时候，就让他跟一位名叫吴廷扬的老师学识字。这位吴老师仰慕汪宽也的为人，也视教育汪誉允为自己的第一大事。吴老师每天都要为汪誉允准备写毛笔字的砚台和纸张，教这个孩子如何运笔落墨，如何布局笔画。汪宽也呢，每天早上从不忘记督促汪誉允早些到校学习，一直到日暮方可允许其归家。汪宽也是个大忙人，不是在祥泰布庄打理生意，就是到上海布业公所处理繁杂事务。虽然很忙，可他每天都要抽出时间，细心察看娃娃的学习如何，并不时地指点和督促。

每当有空闲时间，汪宽也便把儿孙们叫到他的身边坐下，听他讲述休宁汪氏前辈们的道德风尚和处世做人的故事，教诲孩子们从小要以诚实忠厚善待他人，不可欺凌弱小，不可言而无信。每当说到有趣的情节，汪宽也娓娓而谈，毫无倦意。儿孙们看到汪宽也精神特别好，于是大家都很高兴，感觉到他老而益壮，一定是个长寿之人。

而实际上，汪宽也的身体已每况愈下。在上海的前三十多年中，汪宽也的身子骨一直很结实。汪宽也很能吃苦耐劳，每天一大早就要起床，先帮助孙雅秀料理家务和照料孩子，继而看报纸或者操劳工作之事，无论春夏秋冬，从无闲暇。1918 年左右，由于工作过度繁重，加之岁数逐年大了，身体数度受凉之后不幸患了哮喘之疾。先是严重的失眠干扰他的健康，后来饮食慢慢减少，又降低了他的营养和身体抵抗力。1920 年，去汉口连续五个月不分昼夜地处理油行繁琐事务，回上海后，汪宽也的健康状况便急转直下，最终将身体拖垮。

汪宽也身体状况不佳，引起全家人的关注和忧虑。年龄大些的儿子们，纷纷劝父亲不要过度操劳，但汪宽也不以为然地说：

“人吃五谷杂粮，哪有一辈子不生病的道理？有了病，该怎么治就怎么治便可！一个人的身体固然重要，但不能因为生病就停止劳作、放弃所从事之事业。古人有训，任何事业的成功是由于勤奋，如果懒惰了，事业就会荒废。即使身患疾病，只要能动，仍然应该勉励自己努力工作，不可因疾病而懈怠诸事！”

听到汪宽也这样训导，孩子们只好无奈地听从，不再敢去劝说父亲。有时孙雅秀实在看不下去，也耐心劝说汪宽也道：“孩子们的话是对的，你的身体已经很虚弱了，只有认真看好病，恢复了健康，你才能继续去处理布庄和公所的诸多事务。孩子们的话你要听。”

汪宽也不以为然地笑笑说：“呵呵，你们大家都不必过分紧张。我的病，我心中有数，目前还没有严重到你们所想象的地步。实在坚持不下去了，用不着你们唠叨，我就回休宁养病！”

为了让汪宽也身体能够好转，孙雅秀时常买来一些补品，让汪宽也服用。汪启丰也经常寻觅和购买一些贵重的中西药品，为父亲治病。但是，一向节俭持家的汪宽也，很不愿意服用贵重的药品和补品。经家人一再劝说，他只吃了很少一点点，还不停地说：“生点小病，吃这些东西是浪费啊。财有限，费用无穷，当量入为出也！”

能吃的药都吃过了，该想的办法也想遍了，可是汪宽也的病情不但没有起色，反而越来越严重。布庄和家人一再劝说汪宽也住到医院请名医治疗，但他坚决不同意，因为他知道那会花好多好多的钱财，他不愿意再让家中生计雪上加霜。

汪宽也决定离开上海，这不仅让祥泰布庄的东家无法接受，也让上海布业公所深感意外。虽然汪厚庄去世多年，但祥泰布庄的经营之事，汪厚庄的儿子汪梅轩仍执意按照过去的模式，继续由汪宽也代理经营。现在，汪宽也提出辞职，汪梅轩和他的弟弟们都十分着急，再三表示，同意汪宽也暂时离职养病，但等待病症痊愈后，一定重新执掌祥泰布庄。祥泰布庄的高级管理阶层，普遍对经理汪宽也要求辞职难以接受。祥泰布庄的经营已经不很兴旺，此时正需要汪宽也采取措施努力扭转形势——汪宽也一走，谁有能力接手？汪梅轩一再与汪宽也协商，请他不要回休宁，说：“上海的治疗条件远远好过休宁，请您留在上海看病，看病花费由祥泰全部报销。”同时还答应为汪宽也增加生活补贴费用。汪宽也不赞成这些优惠照顾，说：“祥泰布庄为我一人破了规矩，以后其他职员如有类似，布庄不好处置。算了吧，我还是回休宁县治病，趁此机会，将老家的几件过去一直要办而没有办的家事办一办，也可了却了我的心事。”

百般劝说无效，汪梅轩最后还是接受了汪宽也的临时离职辞呈，并采纳了汪宽也的建议：他回休宁养病期间，由已是副经理的严锦贤代行经理职务，并请数年前接替程如林做账房先生的顾北钊全力协助。

离开上海前，汪宽也向严锦贤、顾北钊认真交代了祥泰布庄的经营事宜。严锦贤十分诚恳地对汪宽也说：“汪经理，您回休宁只管安心养病好了，有什么大事需要告诉您，我们会写信或者发电报。每季度布庄的账单，我们会抄写寄给您。重要事项，仍要请您三思后定夺！总之，希望您身体一康复就赶快回祥泰布庄掌舵！”

听严锦贤这样说，汪宽也禁不住笑起来，连连摆手道：“呵呵，不在其职，不谋其政么！我回休宁养病，看样子没有一年半载是不行的，祥泰经营的事情，我就鞭长莫及啦！你们都是祥泰的老员工了，具体经营事宜，你们两位多磋商，再和几位高级职员商量，多听听大家的见解。此后不管什么事务，要记得按咱们祥泰的规约办理则可，不必事事问询。做大生意之人，应不以一己之利为利，而使天下受其利，不以一己之害为害，而使天下释其害。经商之人得暴利不足为奇，唯一生积德难也。”

“汪经理的话，我们记住了。”严锦贤回答道，“上海的土布业生意，从长远大局看，情况越来越不妙，恐怕凶多吉少，很难起死回生了，我们只能尽力而为了。”

汪宽也热情鼓励严锦贤道：“严先生，大家尽力而为吧！您还记得二十多年前，咱们一起在三林塘查访的事情吧。看起来，布业生意能不能做成功，不完全在于咱们布商自己的努力，时势造英雄，土布与洋布抗争了几十年，今天看来，土布失利是无法回避的了。原因么，是咱们土布的织造方法太落后，成本高，产量低，农民划不来，不愿意织土布，这谁也没有办法。皮之不存，毛将焉附？农村不再织土布，咱们土布生意不就是穷途末路了么？这不是咱们布商悲观，而是事态发展现状如此。不过，布业态势目前还没到山穷水尽这一步，你们仍要努力。只要农民有人织，外面商贩要，咱们祥泰就要开门收布卖布。”

对于汪宽也请辞上海布业公所总董之职，会董们一直没有形成一致意见。最后，受汪宽也委托主持布业公所事务的副总董胡访鹤和李庆镐恳切要求汪宽也只要病情好转，即赶快返回上海重新主持公所事务。

1923 年的腊月初九，汪宽也携夫人孙雅秀及全家老小，经南京、芜湖，车船奔波五日后，回到故乡休宁。

长子汪启丰因上海商务英语翻译之事繁多，不能陪送父亲回休宁，便将自己十二岁的儿子汪誉允交给汪宽也，嘱咐孩子一路好好服侍祖父。十二岁的孩子怎么能承担照顾祖父的重任呢？可是，对于汪启丰的一番心意，汪宽也很高兴地领受了，这就像当年自己的祖父汪作墉钟爱自己那样，他愿意去钟爱自己的长孙汪誉允，只要有孙子陪伴在身旁，他就会感到心情愉悦。

果然，汪誉允十分乖巧，一路车船水陆所经之处，汪宽也一一为他指点山水，介绍旅行知识，祖孙俩相得益彰。

十六 重返故里

汪宽也携夫人孙雅秀及一家老小从上海回乡休养的消息，几天之内，就传遍了原本不大的休宁城。早晚之间，汪宽也独自一人漫步于熟悉而又陌生的海阳镇。古城墙、护城河陈迹仍在，休阳故址、钟鼓楼古风犹存；城西老街粉墙幽深如迷宫，斑驳沧桑的石板路，两侧店铺高大的马头墙鳞次栉比恍若隔世；夹溪桥横跨如虹卧波，古塔、古桥、古水井，让汪宽也思古幽情油然而生。有时候，汪宽也还带着誉允到亲戚家串门，让孙儿认识了休宁的诸多家族和亲眷，听到和看到在上海见所未见、闻所未闻的故事。

一天早上，县政府的一名公人，找到了休宁北街汪宽也的住宅，轻轻敲开了油漆斑驳的灰色木院门，郑重其事地告知汪宽也："汪先生，今日下午两时

汪宽也儿时常常走过的万秀巷石板路

半，县长刘荣椿大人前来拜望您老人家，请您在家等候。”

汪宽也一听，有些意外，问道：“怎敢劳县长大驾前来看我？请问，找老朽有什么事吗？”

公人道：“汪先生，您可是休宁县在上海商界大名鼎鼎的知名人士啊！要不是公务缠身，刘县长前几日就要来看望您了。”想想，他又补充说：“本县名绅夏慎大和程荷生两位先生也将陪同县长一起前来看望。”

由于汪宽也多年没回休宁，他对现任县长刘荣椿情况不是很熟悉，但对夏慎大和程荷生二人，却是熟得不能再熟了。这两个人，都是休宁县有头有脸的人物，不仅受到官府抬举，民众口碑也不错。夏慎大现任休宁县商会名誉会长，而程荷生是休宁县知名商人。

汪宽也想，刘荣椿县长大驾光临，一定与夏慎大和程荷生的推介有关。

先说夏慎大。

夏慎大生于1856年，字湄生，休宁城北街人，比汪宽也大十岁，是汪宽也交往甚密的多年好友，在休宁县名声响当当。其家族也是休宁县有名气的书香世家。夏慎大六岁时进入私塾念书，学习极为用功。十五岁时赴杭州游学，成绩十分优异。光绪十三年（1887），夏慎大由省学政以举人资格保送入京参加廷试，名列拔贡，列为知县备选名单。后来不知道由于什么原因，做官的位置没有具体落实，自然也就没去赴任了。

不久，官府委派夏慎大去山西任抚署文牍，做的是档案管理工作。由于管理业绩突出，夏慎大得到上司器重，之后历任浑源、临晋（今临猗）、宁武、榆次等县的知县及榆州同知。夏慎大步入仕途数十年，为官清廉，在任浑源知县时，大力发展农业和教育事业，政绩卓著。之后离开山西，应聘入京，做了朝廷的参赞戎务，先后任江防军总部参谋文牍和皖北镇守使署副官长。

民国元年（1912）3月，五十六岁的夏慎大辞官返乡。时值休宁政局动荡，清廷最后一任知县刘凤绥外逃。由于民国政府还没来得及任命新的知县，休宁政事无人过问，这一年 5 月，夏慎大被推为休宁县临时知事，致力于维持休宁的安定。不久，民国建立县知事公署，首任知事李达九到任后，夏慎大又被公推为县议会议长、财政局长、商会会长和农会会长等职。

夏慎大是休宁县第一号热心公益事业人士。1914 年，休宁县城西的夹溪桥和北乡的洽舍桥均遭洪水冲毁，两处交通中断。由于县财政困难，无力重修，便由本县知名人士程荷生提议，请各方捐资，并请夏慎大主持重修事务。因本县募集资金仍然不足，夏、程二人联名写信，求助上海的汪宽也予以扶持。收到信后，汪宽也带头捐资，并约在上海做生意的休宁同乡众手相助。在两桥修复工程中，夏慎大承担了财务出纳、工程督促两项重要事务。重修工程历时四年，至 1918 年两座大桥均修成，所募资金略有节余，后来，夏慎大用剩余尾款，修建了城厢内外的桥路和上溪口、汪村、八都桃岭、峡东永济桥等桥坝。对这些工程，休宁百姓赞不绝口、四处传扬。

工程全部竣工后，夏慎大向知县刘荣椿写了详细的书面报告，并请求县政府表彰程荷生的功绩，可对自己的辛苦劳累和清廉理财，却是只字不提。

1918 年，休宁再次遭遇洪水之灾，所修夹溪桥安然无恙，但出现了数千灾民无粮吃的严重灾情。热心助民的夏慎大在休宁无计可施，于是又想到上海的汪宽也。夏慎大书信沪上告知汪宽也休宁灾情，希望他能再次施以援手。汪宽也动用祥泰布庄当铺资金，洽购西贡大米一千石（十万斤），运回休宁平价出售，解决了燃眉之急。

所以，在夏慎大心目中，汪宽也是一个尤其关心百姓疾苦的义商，对于汪宽也的事迹，夏慎大从不忘记向历任县知事或县长介绍和赞扬。这么一来，任职休宁的政府官员，对在上海经商的汪宽也无不肃然起敬。

再说程荷生。

程荷生，1873 年生，休宁城文昌坊人，七岁读书，少年时跟随亲戚去江西乐平源茂杂货店当学徒，十八岁时，因店亏损停业转赴南京谋事。后与友人开设源盛染织布厂，经多年刻苦经营，成为南京城西染织行业的大厂家之一。程荷生此人与汪宽也脾性相仿，喜欢仗义疏财，热心于乡里公益事业。1914 年，他倡议重修被洪水冲毁的夹溪桥和洽舍桥，率先捐资两千二百银元，并积极协助夏慎大联系在上海、杭州、芜湖等地的休宁徽商诸同乡捐助足够的资金，从而保障了工程的如期开工和竣工。

县长刘荣椿在汪宽也的两位老朋友夏慎大和程荷生的陪同下登门探望，这既让汪宽也高兴，也让他有些惴惴不安。夏慎大和程荷生两位老朋友登门，委实难得，汪宽也高兴的原因，不言而喻。惴惴不安又因何故？其一，县长乃地方父母官，地方父母官屈尊降贵看望一名多年在外的商贾之人，自己难免有受宠若惊的感觉。其二，汪宽也回乡后所居老屋，虽说父亲在世时修葺过，但毕竟已二十多年，因自己常年在外，家中无人修缮，明显露出破败之相，在此接待县长及老友来访，颜面上毕竟有些尴尬。汪宽也携全家离开上海前，已打算回来后稍作喘息即用积攒银两，修筑一所像样的房屋，不仅仅为己养老，也为家人和后代生息着想。可贵客说来就来，竟然不能等待自己把新屋建起来。

早上天亮后，汪宽也亲自打扫庭院，角角落落拾掇得干干净净。午后两时一过，汪宽也即将临街院门打开。县长刘荣椿一行如约而至。汪宽也把客人请到正屋，分主宾坐定后，将夫人孙雅秀向客人作了介绍，又将孩子们唤出，一一向客人请安问好。孙雅秀亲自将上好的屯绿茶沏好，递到客人手中。

相互寒暄一番后，县长刘荣椿对汪宽也道：

“汪总董虽在外多年，但经商为人重义厚德，大名在休宁家喻户晓。前些年捐助募集资金为休宁修桥和为休宁灾民调运平价粮米之事，本人闻

汪宽也参与捐助重修的夹溪桥仍在使用

后，深为敬佩。如今借汪总董回乡养病之机，我代表休宁父老当面致谢。”

汪宽也听此一说，连连摆手，笑道：“不用不用，刘县长的谢意实不敢当！早年那些陈芝麻烂谷子的小事，都是我们休宁外出商贾应该做的，不必言谢！”他转而对夏慎大和程荷生道：“事情已过数年，夏会长与荷生弟，你们都是我的老朋友，请勿再宣扬。”

夏慎大点点头，呵呵一笑说：“无论何人，只要为百姓做了好事，休宁人都不应该忘记！何况修桥捐募者的姓名，都已刻于桥头石碑，想抹也抹不掉！”

程荷生笑着插言道：“这石碑前几天早上我已经看过！夏会长，您把诸多集资捐募者名字无一遗漏统统刻于石碑之上，可倒把您自己的名字忘记了呀！修复这两座石桥，夏会长您不但捐款，而且包揽收支账目和建造监督两件大事，应该是修桥的首要功臣！”

夏慎大赶紧摇手否认说：“老夫不过为休宁父老乡亲管些杂账和琐事而已，如将名字刻上石碑，岂不惭愧万分！宽也兄及诸位在外徽商，不忘家乡父老之忧苦，方为休宁民众学习效法的典范啊！”

刘荣椿道：“夏会长他老人家一贯如此，别人做一点好事，他会到处夸赞，自己做了一辈子好事，却从来不曾提及。”

夏慎大大笑道：“县长大人又在高抬我了！不妨多行热心事，青史何必留我名！”

汪宽也赞成道：“说得好，说得好！所以大家应该效法夏会长，为家乡父老谋利益当仁不让！”

顷刻，话题转到苏浙军阀的勾心斗角，又聊了一会儿之后，刘荣椿关切地询问汪宽也道：

“听夏会长告诉我说，您这次回休宁主要是休养身体，如果有什么难处需要本县长相助，请随时告之，如能援助，决不旁观！”

汪宽也笑道：“承蒙刘县长关心！开春之后，我要办理两件事，一是为父母修造坟茔，重新安葬；二是修造一栋房屋，供全家老小居住。如有难处，我一定相告。”

程荷生抢过话茬儿，对汪宽也说：“这两件小事情，汪兄用不着刘县长烦神了。休宁城内建筑工匠及相关事项，我和夏会长甚为熟悉，您只管请人绘出图纸，我们帮你招募工匠筹划施工事宜！”想想，又调侃道：“只是造屋所需银元，尚需汪兄自己解囊！”

“那是自然，”汪宽也笑道，“虽说这些年在上海也挣些薪金，但全家开销花费颇大，愚兄并无金山银山，可瘦死的骆驼比马大，毕竟没到捉襟见肘的地步，修坟茔和造屋的钱，我已有所准备，但也要简朴办事，量力而行。我汪宽也一生经手银钱无数，但不贪分厘不义之财。”

听汪宽也这样说，程荷生百感交集，随口吟道：“沪上经营四十载，只为东家织嫁衣。”

年近七旬的夏慎大，一向敬佩汪宽也为人处世之真诚豪爽和慈善仁爱

徽商建造房屋不忘节孝

之心肠。他接过汪宽也的话说：“宽也先生不必拘束！当年休宁民众有难处，您都是慷慨相助，那真是毫不犹豫从未推托！”

程荷生补充道：“是的，是的！宽也先生在上海任徽宁会馆董事期间，多次为休宁县修建养病院、建造思归堂、保全观音阁、重筑林塘桥，召集在外众商贾齐心相助。还有，屯溪第一毛巾厂也是您亲手开创的啊。这些功德，咱们休宁民众有目共睹，永世难忘。您这次回乡意在好好休养身体，绝不可因家务之事而过于劳累。料理家事之中汪总董有何难处，只管吩咐一声，我们会尽力而为。”

汪宽也十分感动地答谢说：“感谢休宁县长大人和各位老友时时挂念于我！我家中尚有许多弟弟和下辈，这些事情他们会共同策划料理，请各位不必劳烦！”

十七　再做孝子

虽说汪宽也从上海回到休宁是为了休养身体，可是，琐碎、繁多的家族事务，却让身体状况相当差的汪宽也心力交瘁，格外疲惫。当初从上海返回时，所有的人都没有预料到汪宽也会接二连三地遭遇诸多烦恼之事。

身为长兄的汪宽也有四个弟弟，二弟汪声渊，有三个儿子；三弟汪声潮，有一个儿子；四弟汪声河，有三个儿子和一个女儿；五弟汪声清，有一个儿子和两个女儿。除二弟汪声渊在汉口协助经营油料外，三弟、四弟、五弟均在休宁度日。有教书的，有做小生意的，也有一边种田一边开小店的农户。

汪宽也在上海除了曾以小股本加入钱庄之外，并无其他资本，说起来不过是老东家汪厚庄所信任的一介高级打工者。但就收入来说，无论与汉口的二弟相比，还是与休宁的三弟、四弟、五弟相比，汪宽也仍然是五兄弟中日子过得最好的一个。

现在，汪宽也要做的第一件家族大事乃是郑重营葬父母。

徽州人一辈子注重三件大事：一是让娃娃读书，二是为活人盖屋，三是为死者造墓。造墓，虽然死者无法知道，却是会让生者评品议论的大事。早年，母亲和父亲先后谢世，在上海日夜忙于祥泰布庄和土布公所事务的汪宽也，无暇认真安排父母后事，只能嘱咐弟弟们代长兄为父母停厝。

徽州地方的风俗，家中有人去世，如果一时半载找不到适当的葬地，就可以先行"暂厝"，也就是简单安葬，至次年冬至再正式选地料理后事。少数富家为了找"宝地"，以至停厝多年而不葬。有的地方，如果父亲先死，则"停厝"，以候其母死之后再共同隆重安葬；或母先亡"停厝"以候其父死。汪宽也兄弟当时为父母所建坟茔，均为简单地埋葬，这让身在上海忙碌的汪宽也一直于心不安。俗话说长兄为父，他不做主，四个弟弟谁也不便承担这份责任。现在他既然回到休宁，必然由他主持完成。

徽州人重死不重生，生死观与其他地方有很大差别。

生在杭州，玩在苏州，死在徽州。这是把徽州形容为风水宝地，从而成为死者的天堂。不过，另一种说法是"生在杭州，玩在苏州，死在柳州"。

如果一个人生在徽州，应该说很不幸。在历代文人墨客眼中，徽州一向是山水如画风光迷人的好去处，用现在的话说，就是旅游资源极其丰富，大可以当做生财之道。但明清时代，在徽州平民百姓的眼中，这些山水并无太多的诗情和画意。为了解决填饱肚皮的人生首要问题，不知道多少徽州人在童年时就必须告别父母，拼命地向外走，历尽艰难去开创商贾之路。

许多人一生最美好的青年时代过去了，壮年时代也稍纵即逝，老年将至，忽然又不甘心客死他乡，纷纷千方百计走回来，转了一圈又回来，从而最终完成徽州人的出走与回归。

老年将至返回故乡，风俗上说是颐养天年，其实每个人真正的想法是百年后能在故乡入土为安，不过活着的人说入土为安毕竟不太吉利罢了。

生要出徽州，死要入徽州，徽州人内心世界，说的就是落叶归根。

有一个徽州诗人写了一首《歙西竹枝词》道：

迎柩还乡事可夸，
素车白马羡豪华。
沿途设祭多亲旧，
同姓人人戴孝麻。

许多外出的徽商对于自己死后能否实现丧葬风俗的排场和荣耀，竟然如此迷恋和在意，以至于产生了相互的攀比和较量。出生入死，出生入死，对于徽商来说，生其实就是出，死其实就是入，生死观豁达和淡化得很，生死无所谓，祖宗的颜面却是万万不可丢。

徽州人的婚丧礼俗，历来按朱子家礼的规矩行事，有着一套严格的体系。随着近代徽商的兴盛和发展，千千万万外出经商的徽州人把它带到全国各地，乃至对整个长江中下游地区的礼俗也产生了一定影响，其中的丧葬礼仪更是流传深远。

春节过后，清明不远了，赶早不赶晚，此时处理丧葬最为适宜。二弟汪声渊在汉口为东家打理商铺，同样身体不佳，汪宽也便不去牵累他。汪宽也和休宁的三个弟弟共同商定，赶在二月底把父母的坟茔建起，清明前择机合葬。三位弟弟考虑到汪宽也患的是严重哮喘，断不可过于劳累，于是只让他在家中参谋策划即可。联络风水先生、选择墓穴、修墓工程及寻觅工匠，皆由诸位弟弟各尽所能。丧葬礼仪所需一切费用，汪宽也应允概由自己一人担负。

农历二月初八这天，由汪宽也做主，聘请了休宁城东全县最有名气的风水先生刘洪举，择选一黄道吉日，在休宁城北十五里的汪家陵地确认了父母合葬墓穴的位置。众兄弟各自分工，聘请工匠、开掘旧墓、整理骨骸、挖掘新穴、镌刻墓碑，一宗宗料理得有条不紊。

依照汪宽也原来的想法，毕竟父母谢世多年，重新安葬之事可相对从简办理。但是弟弟们则希望长兄多破费些钱财，按休宁风俗一样程序也不要少。最终，汪宽也依从了弟弟们的要求，从而也了结了自己的一桩心愿。

二月底，由夏慎大和程荷生热心相助，按照休宁乡土风俗隆重料理父母后事。

徽州人对“死”非常重视，无论县城还是乡里，丧葬之礼异常复杂。由于是移葬，报丧、请七、出丧和谢孝这些礼数都省略了。整理先人骨骸，重新庄重入殓，举行丧祭仪式和棺木落葬的仪式，则须完全照徽州风俗办理。

前一天，已请人掘开先人原来的两座坟茔，经清理露出的木棺，因地势偏低，土壤湿润，棺材大部腐朽。请来料理诸事的白八先生小心翼翼地将骨骸重新整理，再用丝棉按人形包裹，以布绳捆扎，置于新棺中，骨骸上覆盖了新寿衣。当时，洋布之风已传至徽州，与屯溪相距甚近的休宁城自然难以回避价廉物美的舶来洋布，寿衣铺里洋布、土布兼而有之，任丧家自选。对于选择寿衣，汪宽也斩钉截铁地吩咐经办的人说：

“洋布做的寿衣，即使价钱再便宜，我汪家也不用！”并叮咛儿子们说，“你们听好了，等以后我死了，所用寿衣也是如此办理，不可有一丝洋布随我入土！”

香焚纸燃，烟火袅袅。以重金聘请来的白八先生在挖开的旧墓穴上上下下郑重其事好一阵忙碌之后，非常小心地将两具骨骸移入新柩。八名壮汉将新棺木稳稳抬起，由头儿抑扬顿挫唱着号子一口气运到相隔二十多丈远的新墓圹。挖出的圹底已提前铺满洁白的石灰。灵柩抵达，白八先生义不容辞地下到圹底，燃起豆萁和麻秸，然后指令众壮汉沉棺、摆正，令助手宰雄鸡，将鸡血淋在棺盖上。等到汪氏家属和送葬客奠酒焚香跪拜之后，又由专门请来的地舆先生边洒祭酒边唱吉利语，洒了许多石灰在木棺上，最后填土成坟。

这一切，汪宽也都是带病主持完成的。虽然他身体疲惫、心情沉重，但想想终于将父母遗骨郑重安葬，兑现了自己多年前的诺言，了却了一份心愿，心中自然感觉十分宽慰。

营葬父母之后，汪宽也便开始张罗建造一栋像样的房子。汪宽也回休宁后住的房子，是二十多年前他和二弟汪声渊从上海和汉口回到休宁，两个人合购给父亲颐养天年的住所。岂知房子未及整修和粉饰，汪仁徵骤然病故，这让汪宽也一直内疚不已："这件事情，只怪我办迟了，应该早些年把父母的房子建造起来。"经过二十多年风吹雨打，这幢房屋已有多处损坏，且只有四间，从上海回来的家口众多，委实挤不下去。

出门做生意的徽商，等到年老回乡后，按照徽州的传统习惯，就是要为自己修造颐养天年的居所，也就是养老的房子。实际上也不完全是为自己养老之用。一是为名声。徽商一生浪迹天涯，临老回到故乡，不至于两手空空，遭人白眼，属于不动产的房屋，即是所拥财产最好的证明。二是为子孙有个居住之处。将多年经商所得变换为房产，既可解决家人居住问题，又可防身后银两散失或挥霍。不到迫不得已，后代不会变卖祖宗留下的房产；而给后代留下金砖银锭，这随时有可能烟飞灰灭一场空。

汪宽也建造房屋，主要是为家人居住，也不乏为后代留点家业的心愿。

岂不知建造房屋之事，更是繁杂劳累。与墓葬之事同样，徽州人对于住宅建造极为考究。在外多年经商回归，不论财多财少，房子一定要盖，尽其所能制造出光宗耀祖的效果。财力一般的徽州商贾的住宅设计，是一明（厅堂）两暗（左右卧室）的三间屋和一明四暗的四合屋，它的主要特点是一屋多进。住宅大门均饰以山水人物石雕砖刻，门楼重檐飞角，各进都开天井，不但可以通风透光，雨天还可以让雨水通过檐口下设置的水枧流入天井内的阴沟，按照徽州人的习俗，这叫“四水归堂”。徽商讲究以聚财为本，造就天井，让从天而降的雨露与财气，不会流向别处，四水归堂，四方之财如同天上之水，源源不断地流入自己的家中。房屋各进之间，都筑有隔间墙，四周高砌马头墙，也叫封火墙，犹如一堵堵黑白相间的山峰，远远望去令人赏心悦目。

徽州人住屋的最佳朝向，当选择坐北朝南，但徽州明清时期所建民居，却大多是大门朝北。原来，古徽州人在居住习惯方面有着很多的讲究和禁忌。早在汉代时，就流行“商家门不宜南向，征家门不宜北向”的风俗。按照五行说法：商属金，南方属火，火克金，不吉利；征属火，北方属水，水克火，也不吉利。明清时期的徽商，如果在外面生意做得好，发财后回乡造屋，为图吉利，大门都不朝南，皆形成朝北居的格局。此外，徽州所造的这个类型房屋，所有的屋檐都是双层的，这里又有个传说：五代十国时，歙州属于南唐后主李煜所管辖。后来，宋朝的开国皇帝赵匡胤发动陈桥兵变，率军队进入歙州。抵达今休宁城外的时候，天色突变，大雨将至，便至一间瓦房处避雨，为免扰民，他下令不得进入室内。可是徽州民居的屋檐很小，远不及中原地带的屋檐那么长，加上这天风大雨急，众人都被淋了个落汤鸡。雨过天晴，居民开门发现赵匡胤此般模样，以为死罪难逃，都跪地不起，太祖并未责怪，只是奇怪地询问：“你们歙州屋檐为何造得这么窄呢？”村民回答说：“这是祖上沿袭下来的，一向都是如此。”太祖便道：“祖上的旧制可以不改，但你们可以在下面再修一个屋檐呀，以方便过往行人避雨。”村民们一听，连称有理，于是自此以后，徽州所有的民居渐渐地都修成了上下两层屋檐。

汪宽也为建造房屋发愁，愁的不是设计和施工——建造房屋的能工巧匠，休宁比比皆是，召之即来；按照他祥泰布庄掌门人和上海土布公所总董身份，在一般人想象中建造多么豪华的房屋都不是问题。回乡建屋，汪宽也在上海即有准备，但所蓄银元十分紧巴，断然造不起深宅大院。最后，汪宽也只能量体裁衣，将全家人吃饭穿衣的费用留足后，其余如数用于造屋。于是，他请造屋工匠量入为出，按照有限的资金额度节俭设计和施工。工匠设计出来的汪宽也宅居图样，仍然保持了徽州商贾之家的特色，进门为前庭，中设天井，后设厅堂住人，堂室后是一道封火墙，靠墙设天井，两旁建厢房，二楼为杂物间，也可住人。第二进的结构仍为一脊分两堂，天井狭小，中有隔扇，有卧室四间，堂室两个，前后左右上上下下约有屋十二间。与休宁老东家汪厚庄的深宅大院相比，则显得简陋多了。

夏慎大和程荷生两位不负前约，齐心合力为汪宽也造屋出谋划策，细心帮助算计材料和工费。他们二人在休宁城一向德高望重，所约请的画样、采买和建造工匠，都是热情厚道之人，木料、石材等也应有尽有，价格公道。工匠造屋，劳酬自有行情，无人做欺诈之事。

噼噼啪啪的鞭炮声中，休宁北街汪家新建造的房屋开始打地基。

此时，汪宽也不由得想起了童年时代喜欢唱的《上梁歌》，时过境迁，歌谣仍然如旧，但童年时代那种好心情，却再也找不回来了：

> 金斧一动天地开，鲁班先师下凡来，
> 东家择个黄道日，要做万年大屋宇。
> 百样材料都备足，今日正上梁栋材。
> ……

眼前情景，物是人非，这让汪宽也不禁感慨万分。

在各方热心相助之下，用了三个半月时间，在汪氏老屋前后左右各延伸一丈，建造出一栋朴素、庄重的徽派庭院。房屋竣工之时，汪宽也亲笔题写“其耕堂”三字，悬于正屋堂前。

汪宽也亲自督造的“其耕堂”与休宁历代富户所修造的房屋相比，少

真耕堂

汪宽也去世前为家人建造的房屋

了许多豪华和奢侈，但仍然保持了“五岳朝天”、“四水归堂”的徽派建筑文化色彩。穿过饰有砖刻门罩的大门，进入室内，从上面射入一束明亮幽静的光线，洒满整个空间。四周是房檐，天是上方一长条，与外部世界隔绝的静寂，悄悄地弥漫其中。当汪宽也率全家乔迁新居之际，他感觉身心交瘁，一生犹如一场梦。一生奔波，除了繁衍出一大家人口，自己的所得大概就是这座房子了。不知不觉中，转了一圈，汪宽也又回到原来启程的地方。

十八 殒弟之痛

让人难以置信的是，汪宽也回到故乡后，汪氏家族竟然遭遇了一个又一个让人难以想象的灾难和变故。这一年，不但四个弟弟中的三个先于汪宽也病故，长兄汪宽也同样没有逃脱死神魔爪，于岁末溘然逝去。

二弟汪声渊四月病故于汉口，四弟汪声河和五弟汪声清，都在同年七月和八月病故。二弟年过五旬，而四弟和五弟岁数尚不足半百。

只有排行第三，按徽州习俗叫法，被称作三房的汪声潮安然无恙。

究竟是什么原因呢？

翻开历史档案，休宁县 1924 年并无烈性传染病发生的任何记载，甚至连传说都没有。访问汪氏后人，同样不得要领。于是大家最终不得不认定，当年汪宽也兄弟四人骤然离世，只是偶然的巧

徽州渔梁坝老人出殡情景，棺材上挺立的公鸡据说可消灾避邪

合罢了。

但可以想到的是，汪家兄弟五人中的四个于一年中接二连三死去，当年一定轰动休宁。

当汪宽也带着妻儿老小，从上海回休宁养病，就已让休宁的亲朋好友产生了诸多疑问："五口通商"的大上海，什么样的好医院和好医生都有，什么样的秘方和良药都有，怎么会回到休宁治病和调养呢？

汪宽也所患痰喘之疾究竟是何疾病？他所购买的益肝之药，针对的又是什么病症？二弟病故于汉口，自然与休宁病情无关，可是，先于汪宽也病故的四弟和五弟，年纪都没超过半百，是什么原因导致他们早逝的呢？

对于汪宽也的痰喘之疾，后人的推断是慢性呼吸系统疾病感染肺部，另加肝部某种病症并发，造成病人免疫力严重下降。但这仅仅是后人对汪宽也当年病情的逻辑推断和分析，无任何病历和处方可查。

根据另一处史料分析，汪宽也所患之疾应该是哮喘。哮喘虽不传染，却很难医治和绝根。汪宽也有没有染上肝病，现在无法认定。但汪宽也的诸多儿、孙、侄儿、侄女，没有被传染肝病的事实和记载。如此说来，四弟和五弟的病故，与汪宽也的病情是没有因果关系的。

难道会是汪氏家族遗传基因问题么？兄弟五人中仅存的三弟汪声潮倒是年过七旬才去世，而且汪宽也留下的五子一女及下面的后代们，也平安无事，从而无形中又否定了基因遗传因素。

困惑呀，恐怕一切都已是难以破解之谜了。

汪宽也的哮喘和肝部不适，最初起于1917年初，由于症状不明显，只当做一般疾病诊治，服用一些药物而已。拖了两年之后，症状并无减轻，时好时坏，也不妨碍工作，汪宽也便不往心里去了，每日照常料理各种事务。1920年入冬，有一次汪宽也从布业公所处理完公事已是深夜，回家路上受了风寒，造成呼吸困难，咳嗽愈加厉害。于是汪宽也的痰喘症状重新发作，到了非常严重的程度。到了1921年春天，由于医生所开的药方作用比较有效，病情得以缓解。但此后汪宽也的身体状况迅速衰退，再也没有往日的强壮和精神。祥泰布庄的生意繁忙，加之土布公所的事务繁重，汪宽也没有把自己的病当做大事，最终积劳成疾，小病拖成了大病。在孙雅秀和孩子们的反复劝说下，汪宽也到上海的一家大医院去看医生，服用了不少药物，但病情一直不见明显好转。久而久之，汪宽也对治病失去了信心，加之又是慢性病，更是马马虎虎，药也不怎么吃了，也不去看医生了。

回到休宁养病的汪宽也，在休宁不但没有得到很好的休养和治疗，反而陷入了更多的劳累和无尽的悲伤中。

营葬父母、修造房屋的劳累，汪宽也可以承受，这两件事了却了他多年心愿，累则累矣，堪为宽慰。而三个弟弟连续过世，是他未能预料的，对他来说精神上遭受的打击过于沉重。

在孙雅秀的搀扶和照顾下，病体虚弱的汪宽也，接二连三地参加弟弟们的葬礼。病故的弟弟们虽然各自有儿女，但具体丧事操办，汪宽也不能不问。一年之中，参加三个胞弟的葬礼，不知来自何方的恩怨相报一次又一次落在汪宽也头上。汪宽也想：我一生从无负他人之事，弟弟们也均为老实本分之人，按照天命的说法，只能用前世欠有孽债作解释吧。

病故于汉口的二弟汪声渊，其遗体被高价雇用的货船专程从汉口运回休宁安葬。汪声渊有三个儿子，均已长大成人。时值天气阴冷，后事料理利落，各道乡俗程序，能简则简，能删则删，次日即安葬完毕。四弟汪声河和五弟汪声清的后事，子女送终、丧家报信、死者入殓、出殡、落葬、请七，都是照休宁习俗按部就班进行。汪宽也患病，不必事事参与，但三个弟弟的出殡和落葬仪式，他这个长兄是非参加不可的。

于是，在重新安葬过父母之后，汪宽也拖着沉重的病躯，在半年的时间内，参加了三次葬礼。三位同胞弟弟的连续病故，悲怆情感的不断冲击，使不到花甲之年的汪宽也感到身心难以支撑了。

汪家三兄弟当年接二连三的葬礼，成为休宁城街头巷尾最多的话题。人们对于在葬礼上出现的汪宽也，生出了种种不安：在人们印象中，原来的汪宽也，身体健壮，说话来底气很足，而接连出现在弟弟葬礼上的汪宽也，在疾病折磨和精神折磨的双重打击下，明显地虚弱和衰老多了，不到花甲之人，看起来犹如七十岁老人那般憔悴。不祥之兆，汪家的气数尽了。

于每日颤巍巍病恹恹之中，神志仍然清醒的汪宽也，不断地提醒和鼓励自己：不能倒下去，我汪宽也现在是汪氏家族中的顶梁之柱，我必须坚持住。

兄弟五人已经走了三个，现在只有他和三弟汪声潮在世。汪声潮老实巴交，家境穷困潦倒，根本不能指望他为二弟、四弟和五弟所遗孤儿寡母做些什么。汪宽也明白，照料三个弟弟后代的担子，已落在他肩上。

果然，汪宽也不但对三位弟弟的生养死葬尽礼尽爱，而且在他们病故后，承担起抚养、照顾他们所遗留子女的义务。二弟遗有三个儿子，四弟遗有三儿一女，五弟遗有一儿两女，加在一起恰恰十个。对其中成年侄儿和侄女的婚嫁之事，汪宽也代弟弟尽父亲之职，主持办理得完美无缺。妻子孙雅秀对汪氏家中的遭遇十分同情,尽力帮助汪宽也妥善处置所有事务。

犹如一棵巨大的病树，在夺命的狂风没有刮来之前，仍然会伸出自己顽强的枝干，努力保护着自己臂膀下的树苗和小草。

十九 沪上无佳音

来自上海祥泰布庄的书信、电报，隔三岔五一直不断。严锦贤和顾北钊通过书信和电报，随时向汪宽也报告祥泰布庄发生的重要事情，或者寄来月报账单，或者告知布料经营态势。几乎每次来信，在末尾都要特别注明，希望汪宽也早日康复,重新回上海打理祥泰布庄。上海布业公所副总董胡访鹤也时常给休宁写信，一方面慰问汪宽也，另一方面希望汪宽也身体状况一旦好转，尽快回上海履总董之职。

秀才不出门，便知天下事。1924 年这一年，从祥泰布庄的开盘、存货及市价涨落情况，到上海布业公所的重要事宜和上海时事变幻消息，源源不断地传递到休宁汪宽也的家中。在上海一家大商行做英语翻译的汪启丰，也时而来信问候父亲，并告诉父亲上海商界错综复

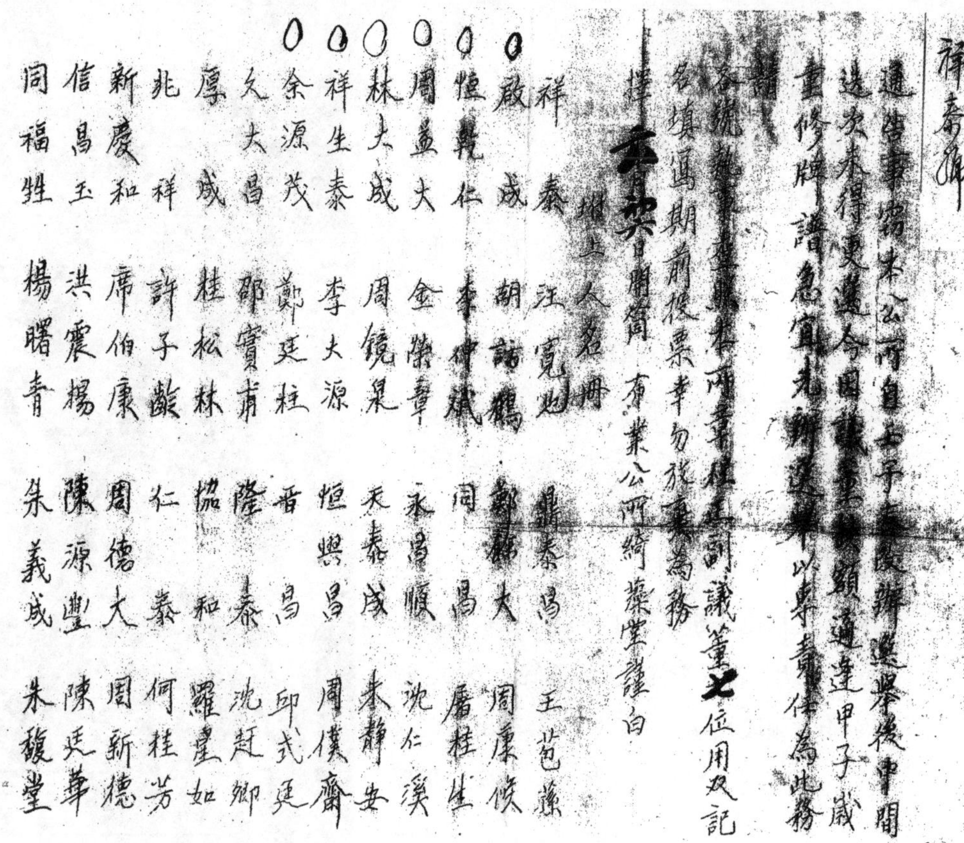

祥泰號

通告事務本公所自[illegible]選舉後中間
選次未得更選今因[illegible]適逢甲子歲
重修牌譜急宜先辦選舉以專責任為此務
請
各號執事[illegible]議董七位用双記
名填寫期前投票幸勿[illegible]為務
附上人名冊
[illegible]布業公所綺藻堂謹白

祥泰 汪寬也
啟成 胡訪鶴
恒[illegible]仁 李仲斌
周益大 金榮章
林大成 周鏡泉
祥生泰 李大源
余源茂 鄭廷柱
久大昌 邵寶甫
厚成 桂松林
兆祥 許子龢
新慶和 席伯康
信昌玉 洪震揚
同福牲 楊曙青

鼎泰昌 王芑蓀
[illegible]大 周康侯
同昌 唐桂生
永昌順 沈仁溪
天泰成 朱靜安
恒興昌 周僕齋
晋昌 邱式廷
隆泰 沈赶卿
協和 羅星如
仁泰 何桂芳
周德大 周新德
陳源豐 陳廷華
朱義成 朱馥堂

汪寬也票数名列首位，却因病无法再任土布公所总董

杂的许多变故。

百般繁忙和劳累的汪宽也，身体和情绪好些的时候，便坚持拖着病躯亲笔复信，详细说明他对各种事情的观点，提出建议供上海参考。身体和精神不佳的时候，则由他口述大概意思，委托二子汪启咸代笔回信。

7 月 7 日（农历六月初六），上海土布公所正式投票改选会董，表决结果揭晓后，严锦贤寄给汪宽也的函件中称：在由胡访鹤主持的布业会董会复选中，汪宽也得 44 票，居最高；胡访鹤、李仲斌各得 34 票，周镜泉得 28 票，金荣章得 24 票。按照票数，推举最前面的 7 人为会董。由于汪宽也身体不佳无法履职，祥泰布庄受汪宽也委托辞谢上海布业公所会董人选，并建议推选胡访鹤为上海布业公所新总董。但是，上海布业公所会董会一致决议，仍保留汪宽也的会董职务资格，并依然希望汪宽也回上海。

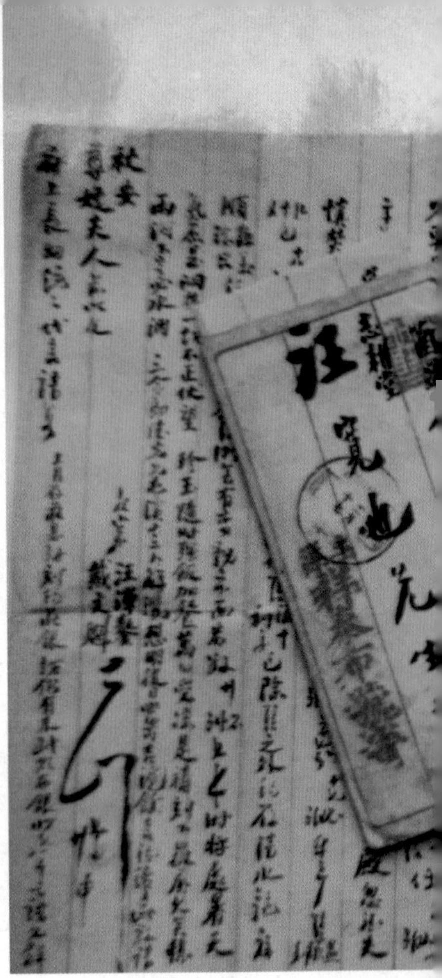

上面这些消息，是好事。

及至初夏，关于苏浙战争的坏消息接连不断地从上海传来，又让汪宽也陷入了重重忧虑。

苏浙战争，乃直系军阀江苏督军齐燮元为夺取皖系军阀浙江督军卢永祥控制下的上海而爆发的战争，也称齐卢之战。1922 年，第一次直奉战争结束后，直系军阀首领曹锟、吴佩孚控制了北京政权。1924 年 5 月，曹锟、吴佩孚又指使江苏、福建等省的直系军阀武装，集中力量消灭浙江、上海的皖系势力。皖系军阀首领段祺瑞，一面联络奉军出兵进攻直军，一面下令皖系浙江督办卢永祥，指挥第一、第二、第三军共 4 万余人，分别在淞沪、长兴地区和闽浙间的仙霞岭一带组织防御。9 月 3 日，苏浙战争爆发。直系江苏督军齐燮元分两路向卢军进攻，其主力 3 个师又 5 个旅，沿沪宁铁路两侧钳击淞沪，另两个师守溧阳、宜兴，相机进攻长兴。淞沪地区的齐卢两军，在黄渡、浏河交战十多天，双方呈胶着状态。9 月 7 日，卢永祥令第二军乘齐军主力攻淞沪之机，向宜兴发起攻击，占领宜兴以南之蜀山、湖㳇等地。齐燮元从淞沪前线调兵回援，卢军进攻受挫，两军形成对峙。曹锟、吴佩孚急忙从鄂、豫、鲁等地调兵援齐，又令福建督军孙传芳率闽、赣联军两万余人，于 9 月中旬由闽攻浙。防守仙霞岭的卢军开始溃败，一部分倒戈，孙传芳部直入江山、衢县（今衢州）。卢永祥见大势已去，9 月 18 日，离开前线赴沪，并令第二、第三军大部撤至淞沪地区固守。9 月下旬，齐燮元部与各路援军全力进攻淞沪，至 10 月 13 日，先后占领青浦、嘉定

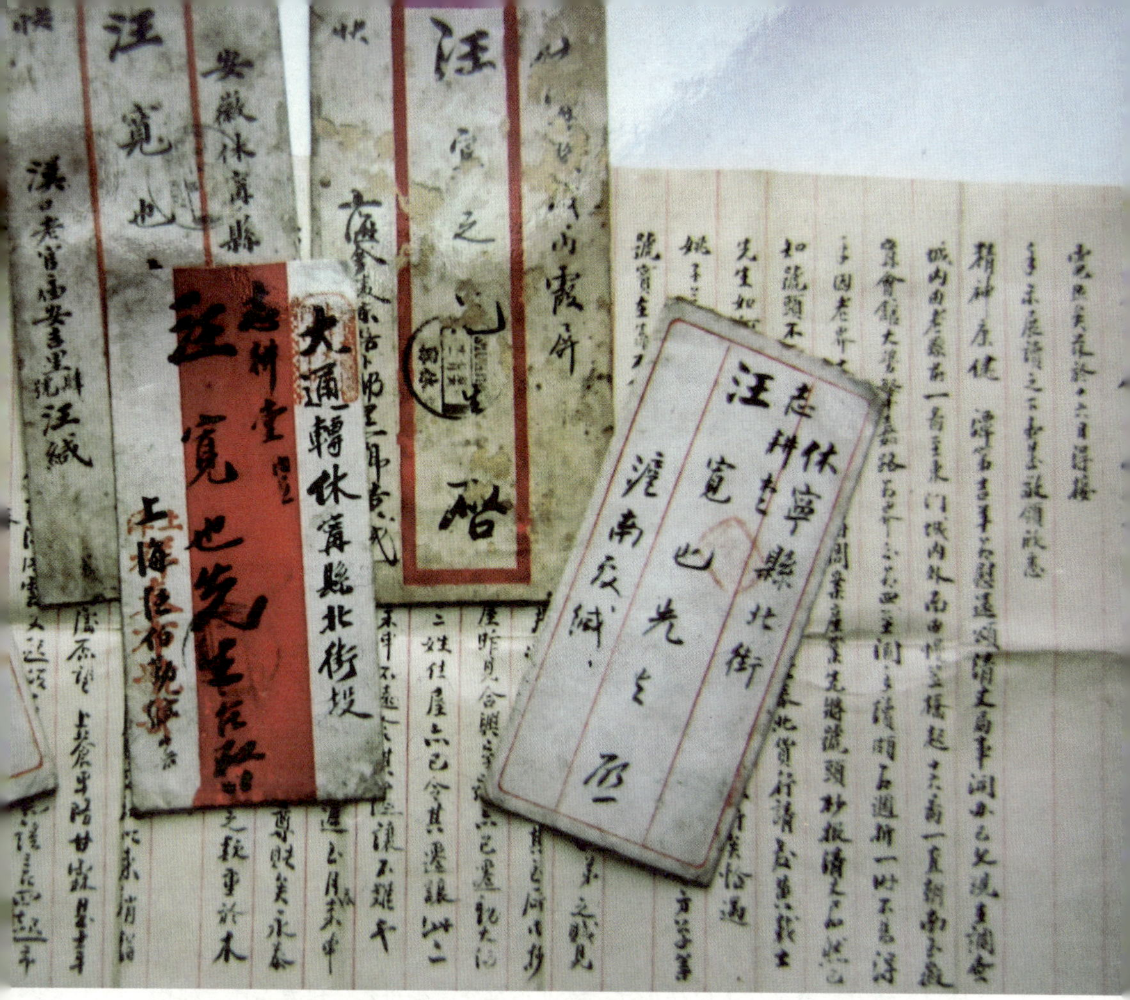

汪宽也在休宁收到的上海和汉口信件（休宁县地志办提供）

等地，最终逼迫卢永祥出走日本，所辖部队被直系收编。10 月 14 日，齐军进占上海，苏浙战争结束。

战争爆发前，为避免战争发生，在上海做生意有一定影响的江浙商人和著名士绅，并没有袖手旁观，他们通过熟人和朋友关系，在两省军阀首脑之间尽力斡旋，和稀泥做说客，在一定程度上延缓了战争的步伐。但是，商人们的努力无法消除直系曹锟、吴佩孚和皖系段祺瑞之间的尖锐矛盾，江浙战事最终还是爆发。上海商界虽然没能够制止和避免战争的发生，却仍然承担了保卫地方和援救难民的责任，并作为双方军事势力间的调停人，促成战事有序结束。但是，江浙战争给上海平民和商界造成了惨重的损失，是无可回避的事实。

早在汪宽也在上海未回休宁的时候，上海就已山雨欲来风满楼，战争迹象越来越明显。对于上海军事形势发展的趋势，汪宽也心里十分清楚，他说：

“江浙战争是否引发，最终取决于军界，而不是我们商界的努力。树欲静而风不止，上海商界心有余而力不足，所可以做的恐怕也只能如此了。”

9 月 10 日（农历八月十二），汪宽也收到严锦贤和顾北钊联合署名的来信称：

“江浙战争形势十分危急，谣言传说‘警察’和‘老头子’有变，上海人心更加恐慌。为了安全起见，祥泰布庄准备将铁柜中重要的账簿和契据，装进三只小皮箱和一只大皮箱内，运到比较安全的丰济典当行保存起来。”

信中说：“苏浙已经开战，昆山、浏河、安亭、湖州、南翔，均在战线之内。浏河一线吃紧，双方胜败目前难以确认。现在战争不可避免地开始了，势必严重破坏人民的生活，商业也无法正常进行。祥泰布庄、钱庄和典当行，虽未遇兵劫，但每天战战兢兢，上午十点开张，十一点就打烊。”

信中说：“由于形势危急，祥泰的典当行和钱庄已经搬迁到租界和闸北等安全之处。黄浦江的码头上布满了逃难的市民，警察们乱捉人，根本找不到挑夫，船只无法运载布匹，加上人手少，布庄的存货难以搬动，只好顺其自然了。”

10 月 22 日（农历九月二十四），严锦贤和顾北钊在信中告称：

“听说吴佩孚已经离开天津，孙中山近日内由沪赴津，张作霖……目前上海市景清冷，齐燮元已返江苏，吴佩孚已抵南京，张作霖应允浙江军阀卢永祥由旅长补升师长，并任松沪军使，兵驻龙华制造局。现在的情况是，张作霖的兵不撤退，宝山的兵也不退，满目都是兵，钱庄目前不敢迁回。或商或民，已难以聊生。”

有位上海亲戚来信告诉汪宽也：“近来物价高涨，食米每石已超出四十万元大关，棉布百货亦随之而上，薪水阶级不易维持。”

上海整个商业情况，已近于停滞状态。祥泰的土布生意本来就是每况愈下，遭遇到齐卢之战，更是陷入泥沼中，布庄人心开始浮动，经营情况越来越糟。

“上海土布的黄金时代过去了，祥泰布庄的兴盛大概也要完结了。”得到这些让人颓废的消息，汪宽也心中产生了一种不祥的预感，他想：辛辛苦苦支撑七十多年的祥泰布庄，难道说完就完了么？果真如此，那是天意了！

苏浙战争结束后，严锦贤和顾北钊接连不断地写信到休宁，他们再三请求汪宽也在身体好转情况下，能够回沪重新执掌布业经营，力争让祥泰布庄起死回生。上海布业公所同仁也频频转达期盼汪宽也回沪的愿望。

这一切，使汪宽也格外焦灼不安。

上海的混乱战事和商界形势，使身在休宁的汪宽也心事重重，既无法安心养病，也无可奈何。原本打算身体有所好转后，再回上海作一番苦斗，谁知甲子年风云突变，军阀混战，交通受阻，根本无法返回上海，只能蜗居休宁静观其变。

汪宽也的痰喘之病发作得越来越厉害。为他看病的休宁医生说，上海战事仍未完全平息，如果现在去上海，不说人身安全没有保障，就是一路上的车船颠簸，也会使身体劳累，并极可能引发和加重病情。听医生这样说，孙雅秀坚持劝说汪宽也等待病情明显好转，再考虑回上海的事情。经常看望汪宽也的夏慎大和程荷生两位老朋友，也坚决反对他在这个时候回上海。

在医生、家人和休宁朋友们的四面“夹攻”下，汪宽也才打消了返回

寬也仁兄大人閣下敬啟者上月十二日寄及八月初四日連交郵局呈
奉四函定早——
青及矣此间江浙戰事緊急極點茲於初四日發信後風聲更为緊急
謠言警察同老頭子有變是以人心更为恐惶本店即將旧年賬簿及鐵柜
契據裝成三皮小箱又大皮箱壹只即附運北寄存豐濟典鐵柜内有
年總二本新年總無有想 兄常繳矣此日 大令郎屡兄同春等均
行往北 二世兄初六日開學屋住店内並承 大世兄租定德安里六衖一门
牌址號石庫门大五间二厢高楼房後披亭子间廚均有灶未砌租金
定半年計元九十五元房屋頗為合用否价似覺大[illegible]些較比別家便宜
多矣至蘇洲已經開戰昆山劉河安亭湖州長興南翔均在戰線之
内刻聞劉河再次吃緊現在勝敗雖未大分江蘇浙江大紳商無法調和
已開戰端無論誰勝誰敗事必延長人民糜爛商業何堪設想耶——

祥泰布庄向汪宽也报告上海战事的信件

上海的念头，遵照医生嘱咐在休宁治病。

身在休宁，汪宽也的心却无时无刻不在惦记上海祥泰的经营情况和布业公所那些他原来打算办而没有来得及办的诸多重要事情。

到了秋后，张罗承办三儿子汪启恒的婚事，又让病情越来越重的汪宽也屡屡操心和劳累。具红贴，送聘礼，办酒宴，按照徽州地方风俗，一样也不能缺少。哪一样程序都要汪宽也亲自经手或拿主意。等把儿媳胡氏娶到汪家，汪宽也才略感宽慰。汪启恒新婚半个月后，便按照父亲的吩咐，去上海帮助东家料理祥泰布庄生意。

廿十

魂归何方

立冬之后，汪宽也的病情越来越严重，他时常感觉呼吸困难，发烧时，精神状态萎靡不振。家人请了休宁城最好的医生为汪宽也诊治，夏慎大和程荷生二人也为他四处求医问药，但医生对他的病情一概束手无策，所开药方服用之后都没有什么起色。

孙雅秀和孩子们一直都在盼望汪宽也身体好转，那样就有希望回上海重新把祥泰布庄的生意做起来，大家便可以回上海生活了。谁知道入冬后，汪宽也的病情逐日加重，身体康复的希望越来越渺茫。

尽管情况越来越糟糕，汪宽也每天还是强打着精神，支撑着自己沉重的躯体，在小小的院落里努力地来回走上几十步，但明显可以看出他的步履日益艰难。有一天，汪宽也见只有汪誉允在身边陪伴，忽然想和爱孙聊聊天。沉思了半晌，他有些伤感地对孙儿道：

“誉允孙儿，谢谢你啊。你终日陪伴着爷爷，爷爷要谢谢你！看来，爷爷的病情是越来越重，很难好转啦。”

汪誉允听祖父这样悲观地对他说话，禁不住眼泪哗哗地从两腮流了下来，哽咽道：“爷爷您不要这样说啊！您的病会好起来的，一定可以好的，大家都指望您病好，带我们回上海啊！”

汪宽也苍白的脸上露出惨淡的笑容，轻声道：“孙儿，爷爷的病，爷爷自己明白。人生自古谁无死呀，爷爷不怕死。只是爷爷走得太早了些，无法再照顾你们这些娃娃了。”

沉默不语的汪誉允撩起衣袖不停地擦拭脸上的泪水。

汪宽也慢条斯理地说：“你启咸叔，家中里里外外有许多事情要他去操办，他不能陪我说话，我体谅他。你祖母呢，一刻不停地做家务，做饭，洗衣服，也是辛苦得很呢。你四叔、五叔年幼，年纪比你还小，哪能起什么作用？”

汪宽也停顿了片刻，对正在聆听他说话的汪誉允笑笑说：“不过，有你们这些不懂事的小娃儿陪伴在我身边，倒是有一个好处，你们小娃娃可以支走不停地前来看望我的客人，免得让我受过多打扰，算是起了很大作用吧！”

汪誉允眨眨眼睛，表示没有听明白祖父这句话的意思。

汪宽也认真为孙子解释道：

“你不明白吗？来看望爷爷的客人，除了家中亲戚，就是爷爷的朋友啊。可是朋友们天天有人来，而且随时随地不分时辰，爷爷就没办法休息了。如果爷爷直接回绝客人，或者让你祖母把客人挡在门外，都不合乎咱们待客的礼貌。可是你们娃娃们年纪小，少不更事，你们将客人支走，为我挡驾，那么，客人是不会介意和责备你们的。”

听汪宽也这样说，汪誉允开心地笑了，道：“好的，爷爷，我会为您挡驾。”

有一天午后，汪宽也正在房中小憩，忽然开始剧烈地呛咳，一声连一声，涨得满面通红，几近窒息。汪誉允听到爷爷在剧烈地咳嗽，赶快跑来，将一只痰盂捧到爷爷的床前，又用手掌在爷爷背上轻轻拍打。汪宽也嘴角流出一股殷红色的痰液，慢慢地滴落到痰盂里。

按照父亲汪启丰的吩咐，汪誉允一直陪伴在爷爷身边，替祖父端茶倒水，拧毛巾擦脸，到院子里清洗痰盂。过去汪誉允一直没有发现爷爷的痰中有红色的东西，现在他看清楚了，爷爷吐出的痰液中有殷红的血丝！汪誉允吃了一惊，虽然自己年纪小，但爷爷吐血，分明不是好事。

汪誉允唯恐爷爷发现自己痰中带血，仓促间赶快用自己的衣袖遮住了痰盂。

但此时汪宽也已察觉孙子表情异样，于是低下头对着痰盂定睛注视了片刻，重新趴伏在床沿上，边喘息边问道：

“誉允孙儿，我刚才咳出来的是血吗？”

汪誉允支支吾吾道：“没什么呀，只是有一点点红色罢了。”

汪宽也凄然长叹，怔怔地看着汪誉允。静默了很长时间，看样子想对孙子说什么，但想想又把话咽了回去。

见爷爷欲言又止，乖巧聪明的汪誉允心中十分难过，泪水重新充满了眼眶。当着爷爷的面，他不敢放声大哭。过了一会儿，趁爷爷闭目喘息的片刻，赶快跑到院子的后园，把泪水洒到那些无知的花草上。

呜呼！此时的一代徽商汪宽也，已心怀日落之忧了。

精疲力竭的汪宽也双眼微闭，躺在床上悄无声息。这些年来，虽然工作十分劳累，但想想和誉允孙儿在一起，含饴弄孙之乐多么甘甜，真是祖孙之恩重如山啊。汪宽也想起了自己的童年时代，祖父汪作墉不也是这样疼爱自己的吗？祖孙之情，何其相似。眼下自己已经没有力量与命运继续抗争。但他仍然要努力克制自己，不让剧烈的咳嗽烦扰家人，以免大家为自己担心和难过。

为了挽救汪宽也的生命，程荷生帮汪家遍求休宁和屯溪名医，开了最好的方子，用上最好的参术；县长刘荣椿前来探病，也建议家人到芜湖请名医诊治。

但人力尽而天终不回，汪宽也走到了生命的尽头。腊月二十二早上，从昏迷中醒来的汪宽也，声音极微弱地问道："启丰还没有回来吗？"次子汪启咸赶快回答父亲说："已经拍发电报给大哥了，他三两天内就会到家。父亲！您一定要等我大哥回来！"

汪宽也的面容犹如一尊凝固的腊像，他缓缓说道："不要催启丰了，他手头上的事情多。也许我等不及他回休宁了。"

汪启咸强忍住悲伤安慰父亲："父亲，您一定要等待我大哥回来！"

汪宽也已经无力等待了。弥留之际，汪宽也气喘吁吁地叮嘱孙雅秀："夫人啊，你要记得，我去后，为我换寿衣，切不可用一丝洋布！"

在汪宽也越来越模糊不清的记忆中，那支民谣似乎从远远的地方重新传来：

> 前世不修，生在徽州。
> 十三四岁，往外一丢。
> 雨伞挑冷饭，背着甩溜鳅。
> 过山又过岭，一脚到杭州。
> 有生意，就停留；
> 没生意，去苏州。
> 转来转去到上海，
> 求亲求友寻路头。

农历甲子年腊月二十二，公历 1925 年 1 月 16 日，晚上 10 点，汪宽也溘然长逝。

汪宽也的去世，让全家人沉浸于悲痛中。同时，休宁民众对汪宽也的不幸逝世扼腕叹息：多么好的一个人啊，怎么说走就走了呢？休宁人为了表示对汪宽也的无限哀思和敬佩，在县府驻地海阳镇举行了盛大的殡葬仪式。

于悲哀中，次子启咸带着四子启智、五子启照亲自为父亲入殓。在上海忙于经商的汪启丰和汪启恒，得知父亲病危，放下手中的工作，日夜兼程赶回休宁，但仅看到父亲留下的遗训。

汪宽也灵前，长跪不起的汪启丰哭泣道：

“父亲啊，我们回来晚了！哪知道您的病情会如此严重啊。今后，您永远地离开我们了！父亲，对于您的恩情，我们应该怎样才能回报呢？”

看到已冰冷僵硬无声无息的父亲，再看看苟延残喘的母亲孙雅秀伏在苫席上语无伦次地数度哭昏，儿子们万分悲伤。父亲一去，以后家中大事又有谁能做主呢?

子孙们卧于苫席上为汪宽也守灵服丧，七七四十九天中，大家以泣血之心谈论逝者的高尚品德，回忆逝者一生坚持的治家之道，赞扬逝者创立的优良家风。

儿孙们在汪宽也的灵前悲痛地哭泣——他的音容笑貌如同昨日，清晰地浮现于他们眼前。汪宽也健在的时候，全家时时充满了欢愉。现在虽然手杖和鞋子仍在他的房间中，然而他已经不能重新再现。每想到这些，活着的亲人们心中是多么悲哀啊。

祥泰布庄同样走到了终点，1925 年秋，经营七十五年之久的祥泰布庄宣告歇业关闭。

祥泰布庄关闭时，从业者、挂名支薪者计 200 人。经过清点资产，可分配的资金有六十万银元，投资人汪厚庄的儿子们拿走三十万银元和全部

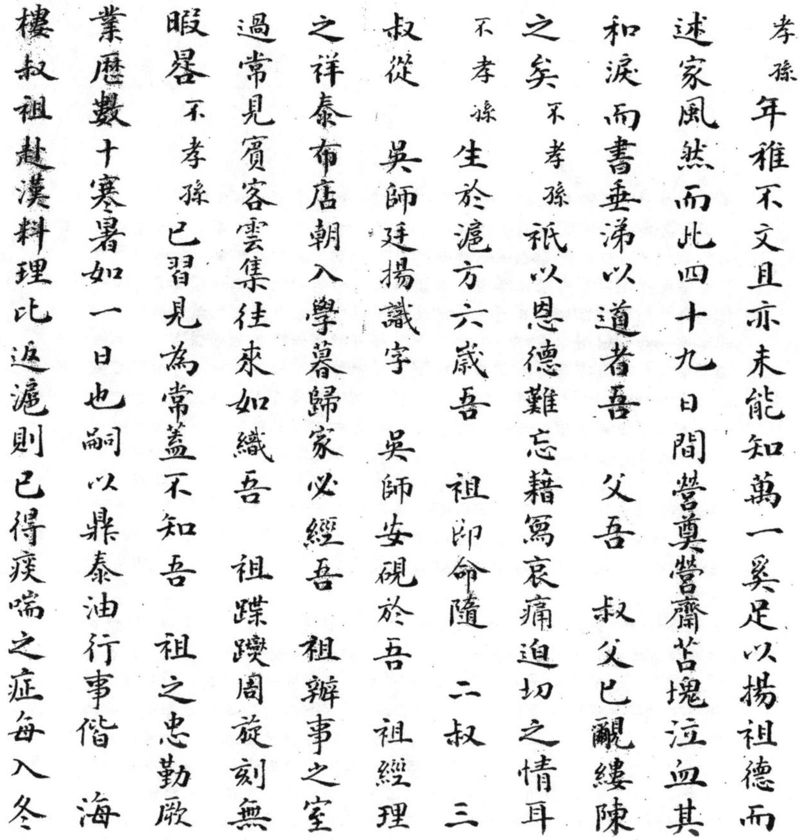
孝孫年稚不文且亦未能知萬一奚足以揚祖德而述家風然而此四十九日間營奠營齋苫塊泣血其和淚而書垂涕以道者吾 父吾 叔父已靦縷陳之矣不孝孫祇以恩德難忘藉寫哀痛迫切之情耳不孝孫生於滬方六歲吾 祖即命隨 二叔 三叔從 吳師廷揚識字 吳師安硯於吾 祖經理之祥泰布店朝入學暮歸家必經吾 祖辦事之室過常見賈客雲集往來如織吾 祖蹀躞周旋刻無暇晷不孝孫已習見為常蓋不知吾 祖之忠勤厥業歷數十寒暑如一日也嗣以鼎泰油行事偕 海樓叔祖赴漢料理比返滬則已得痰喘之症每入冬

汪宽也去世后长孙汪誉允的祭文片断

房屋、设备；曾长期担任祥泰代理人的汪宽也遗属和布庄高级职员们分得了一部分，但分配数目没有公开。据说副经理级别的高级职员，可分到九千银元。自然，一般职员不会分到很多，普通店员也就是几百银元吧。在当时来说，几百银元仍然是一笔不小的财富。多年来，祥泰布庄东家和经理对布庄员工待遇一直不错，在沪上百家布庄中可说为数不多，所以众店员对最后的分配没有怨言，大家纷纷垂泪悼念已故经理汪宽也，对祥泰布庄的倒闭表示格外惋惜。

一代徽商汪宽也骤然离去。如果说 1885 年徽商巨子胡雪岩的去世象征着徽商从整体上开始解体，那么能把徽商精神旗帜支撑到 1924 年的汪宽也，则为数百年徽商的历史画上了一个让后人叹息不已的破折号。

哀啟

哀啟者吾先父服賈申江凡四十有四載兢兢業業始終無一失足事體素健性耐
勞恭明即起寒暑無間近數年事太繁重時輒失眠減食不孝等懇焉憂之以節勞
為請吾先父則曰業精於勤荒于嬉古有明訓吾何人斯敢自逸爾曾尤宜勉之不孝
等唯唯而退間進補品輒不服服亦旋輟蓋不欲多費也其自處儉約有如此者暇
時必命不孝等環侍左右為述先人清德及一切之人情世故娓娓無倦容不孝等
色然喜喜吾先父之老而益壯而愛日之方長也歲庚申漢口鼎泰油行營業失敗
叔祖贊周公函令赴漢收拾行務歷五閱月而事始竣心力交瘁而疾喘之病作焉
今年春帶病旋里為不孝啟恒授室原擬秋間返店詎知江浙風雲掀然而起時局
緊張交通梗阻而疾喘日甚遂以醫言舟車勞頓有妨病體不果行然身雖在家而
心固無日不戀戀於春申江上也入冬神愈衰氣愈促諸醫束手百藥無靈延至臘
月二十二日亥時而溘然長逝矣嗚呼哀哉嗚呼痛哉惟念吾先父一生行誼不孝
等雖隨侍在側朝夕相依然所行或有未知知之或有未盡爰就耳目所聞見者據
實而飄陳之吾家世業儒詩書外無長物高曾以下泮水芹藻一門稱盛庚申亂後
家道式微　曾大父作墉公棄儒而賈創設糟坊于休北之地祥湖　先大父仁徽
公學問文章冠絕一時于城西設帳授徒士多從之游以明經候選訓導公推海陽
學長命與時違屢薦不售吾先父生而岐嶷　曾大父獨鍾愛之　先大父乃命吾
先父隨侍　曾大父吾先父才識聰敏奮志讀書何患不出人頭地　先大父以生
齒日繁家計日迫非貿殖不足以濟貧遂命吾先父學賈於祥泰布店吾先父年當
舞勺克盡厥職然一不知名之孺子也祥泰規模宏大綜理為難內容蘊壞日甚一
日歲丁酉主任乏人　太叔祖厚莊公拔擢吾先父以任斯職吾先父以年輕望淺
謙讓未遑固辭不獲勉强從事如天之福利市三倍不數年分創振大鴻濟典于滬
南北又為營造房屋無慮數十鱗絕風清一塵不染以此表率儕輩宜乎商業之蒸
蒸日上也此忠於為人謀者然其施之於家其天性之篤於慈孝尤非不孝等所能
楮墨形容也光緒戊子不孝啟豐生丁酉母氏程棄養是冬　先大母繼逝庚子偕
二叔父返里省　先大父合購西門銅門底屋以為　先大父頤養天年之所未
及喬遷而　先大父見背吾先父迭遭大故家政棼如亂然中饋無主續娶　繼母
氏孫是春挈不孝啟豐赴滬其時歐風東漸商戰非諳西國語言文學無從入手命
不孝啟豐入英華書館年耗巨資不少惜辛丑不孝啟咸生癸卯不孝啟恒生戊午
為不孝啟豐授室胡氏癸丑巧珍妹生是春長孫生不孝啟豐子也丙辰不孝啟智
生庚申不孝啟照生吾先父以人口太多僑居滬地繁費無等決作歸計挈眷西上
為不孝啟咸授室黃氏卜居於今之志耕堂鳩工庀材苟完而已非求觀美也吾先
父自營葬　先大父母畢　先二叔父殁漢皋　先四叔父　五叔父相繼謝世所
遺細弱悉惟吾先父一人是賴吾先父於生養死葬盡禮盡愛男女婚嫁竭力照拂
其篤於天性如此他若地方慈善事業公益事業靡役不從任布業董事裁厘減稅
奔走不遑任徽寧會館董事設養病院造思歸堂籌畫周至重修硤溪橋保全觀音
閣多方捐助極力張羅至其息影家園病軀孱弱猶歆以重藥林塘橋引為己任號
台同志事雖未成而好善之志見矣胡乃昊天不弔降此鞠凶花甲未周遽爾棄養
嗚呼哀哉嗚呼痛哉不孝啟咸啟智啟照隨侍在側親視含殮不孝啟豐啟恒經商
肄業滬瀆聞病星夜遄里竟不獲親顏色而聞遺訓嗚呼哀哉嗚呼痛哉而今而後
不孝等長為無父之人矣深恩為報何以生為祇以宅穸未安慈親在堂不得不苟
延殘喘勉襄大事苫塊昏迷語無倫次伏惟　大雅君子哀矜錫以鴻章誄詞藉光
泉壤則存沒均感激無既矣哀乞

矜鑒

棘人汪啟豐
　　　咸
　　　智
　　　恒
　　　照
泣血稽

汪宽也去世后儿子们的祭文

廿一

汪宽也去世时，年方五十八岁，这个岁数应当说正是一个男人生命和事业成熟的黄金年龄。汪宽也和他的事业过早地凋落，让休宁和上海的亲人、同业和朋友们扼腕痛惜。

汪宽也与洋布抗争，坚持到生命的最后一刻。然而，汪宽也一介血肉之躯，抵挡不住“五口通商”的强烈冲击。上海的土布，中国的土布，同样抵挡不住现代纺织技术的强烈冲击。

1925年5月3日，上海城内邑庙香雪堂458号，上海布业公所大门厅左侧的绮藻堂座无虚席，“汪宽也先生纪念碑落成典礼”在此隆重举行，布业公所副总董李庆镐主持仪式，150多位各界代表和来宾凝神聆听布业公所总董胡访鹤诵读贵宾名单：

“上海县知事特别代表陈玉忠先

生！”

“上海县商会代理会长姚紫若先生，代理副会长姚慕连先生！”

“上海酒业公所总董史法堂先生！上海茶业公所总董胡玮玉先生！上海丝绸业公所总董王新波先生！……”

“本公所特邀贵宾，上海布业公所前总董汪宽也之子汪启丰先生！”

绮藻堂内响起又一阵庄重的掌声。

“今天委派特别代表前来布业公所参加汪宽也纪念碑落成典礼的各布业商号有：祥泰商号、启成商号、恒乾仁商号、周益大商号、林大成商号、祥生泰商号、余源茂商号、久大昌商号、厚成商号、兆祥商号、新庆和商号、信昌玉商号、周福生商号、鼎泰昌商号、郑馀大商号、同昌商号、永昌顺商号、天泰成商号、恒兴昌商号、晋昌商号、隆泰商号、协和商号、仁泰商号、周德大商号、陈源丰商号、朱义成商号……”

来宾中的上海县商会为何派出代理正、副会长光临汪宽也先生纪念碑落成典礼呢？这里需要做一个特别说明：民国十一年（1922）12月6日，上海县商会进行投票，选举出包括汪宽也在内的21名会董，姚紫若得110票居首位。12月11日，选举正副会长，上海县知事沈宝昌到场监选，民国九年（1920）选举的上届商会会长姚紫若、副会长姚慕连仍然当选，连任正、副会长。后来，姚紫若、姚慕连联名致函会董会要求辞职，理由是：商会的职能是振兴商务，保障商业权利，但多年来变为筹款机关，附加税、印花税、赈灾公债纷至沓来，应接不暇。官厅只知责成商会办理，而商界业务凋零，不能频加负担，本人办理商务劳怨不辞，但公益所关，终不能尽如人意，事关会务大事，希望照章重选，另举贤能。12月15日，举行新一任会董常会，二姚均未出席，与会者一致认为，商会是法定机关，责任繁重，一日也不可缺少会长主持，经公议，请会董闻兰亭、朱吟江、叶鸿英、穆杼斋四位会董到二姚家中做工作，再三恳请二姚出山。12月20日，姚紫若、姚慕连到任，全体新老会董实施交替，并且欢迎新会长连任就职。到了民国十四年（1925）3 月 21 日，商会会董举行新的选举时，前任会董汪宽也已经去世。姚紫若仍以 98 票居首位，姚慕连再居其次。4 月 11 日，会董会推选正、副会长，上海县知事李祖夔到场监选。考虑到二姚在三年前就已提出辞职，不可再勉强推举，于是众会董选举顾馨一、朱吟江为正、副会长。岂料，顾、朱二人依然如二姚那样，致函辞职。（民国元年至民国五年，顾馨一四次连任会长）4 月 23 日，召开会董常会议，决议挽留正、副会长，同时推举上一任正、副会长姚紫若和姚慕连为驻会办事董事，暂时代理正、副会长之职。此后，在二姚、众会董和上海县知事指令的多次催请下，会长顾馨一、副会长朱吟江于民国十五年（1926）3 月 1 日方到任主持会务工作。而 1925 年 5 月 3 日，布业公所举行汪宽也先生纪念碑落成典礼时，本应出席的会长顾馨一和副会长朱吟江拒不到任，所以只能由代理正、副会长之职的姚紫若和姚慕连前来出席。

来宾名单宣读完毕，主持人宣布全体起立，向布业公所前总董汪宽也先生默哀，偌大的绮藻堂中鸦雀无声。全体来宾都为这位全沪布业骄子的不幸病逝而惋惜和悲哀。

大家静静地倾听布业公所新总董胡访鹤（方锷）宣读他为前总董汪宽也所拟的碑文：

总董汪公，讳声洪，字宽也，皖休宁人，祥泰布号经理。性伉爽，律已严，公益事勇。有清之季，供布未罢，官责布商任运输费，名曰津贴，汪公目为苛政。丁未（1907）春，合王书田、奚晚耕、倪红孙诸君，禀请督抚，咨部撤销，积年弊政一旦豁除，同业咸称快。岁辛亥（1911），前董王公访渔退职，同业议改组董事会为执行机关，选董事九，推汪公总其成，规划整理，不避劳怨，是年修订牌谱，呈部注册，致力尤多。民国纪元（1911），公以布捐，由榷局散征，苦苛扰，不若由同业分认汇解，节其繁费，弥公所经济之关，……海关布税年每担向征银两半，丙辰（1916），汪公力与赖税司，争得减至一两。翌年春，汪公念布市之微，轻担负，言发展创意请免税厘金，全国布商闻风兴起……戊午（1918），奉免三年，嗣再三，请展迄。甲子（1924）冬届满。中亘七年，积牍逾尺，苦心焦思，年底于成微，汪公之力不及此，壬戌（1922）翻建朱家奚市房，督策工程，不问昕夕。癸亥（1923），汪公病喘，颇有事恒力疾与会议综。汪公任总董十余年，先后如一日，事无巨细，无不躬亲，凡所兴革，悉关大计。甲子（1924）十二月二十二日归道山。同人追维往绩，怆怀曷已。议铸汪公像，铭勒万祀。谨识事略，昭示来者。

中华民国十四年（1925）夏首四月胡方锷李庆镐暨全体同业谨识

主持人最后宣布，为了纪念汪宽也这位对上海土布业发展做出重要贡献的优秀人物，决定由公所董事会全体成员捐资，数日后将汪宽也半身铜像立于豫园中，以示典范。

为人厚道且善于策划上海土布业的汪宽也猝然去世，无疑使沪上土布业失去一位举足轻重的领军人物。

典礼毕，来宾们默默步出公所小礼堂，许多人心中充满了对未来上海土布业前程的忧虑。两次江浙军阀战争，已大伤上海商界元气，不少商号面临生存困境。汪宽也纪念碑落成仪式和汪宽也铜像的即将建立，似乎又为处于风雨飘摇中的上海土布业注入强心剂：汪宽也等前辈创下的民族布业无论如何不能放弃，后来者应以良好的织造质量和始终如一的商业信誉，抵挡住洋纱、洋布的冲击，在抗争中求得生存和发展。

让世人刮目相看的是，汪宽也不是蜚声中华的才子，也不是战功卓著的将军，更不是声名显耀的高官，他只是一个一辈子老老实实按照徽州祖训诚实做生意的布商而已。在徽商如云的上海，布业界能为布商汪宽也铸造一座半身铜像，这本身就是空前绝后的奇迹。

汪宽也在上海为祥泰布庄和布业界奋力打拼的年代，正是中国土布在洋纱、洋布和机制布双重压迫、挤兑下逐步衰落的时代，也是明清时期五百年徽商走向衰落的时代。这位来自徽州休宁的布商，一生恪守“诚信”二字，其独特的人生阅历显示出他卓越的人格魅力。

汪宽也征服人心，凭借的不是财富，也不是权势，而是一生所信奉和实行的乐善好施、坚持以义取利的儒商本色，从而为后人树立起一座永世不朽的徽商道德丰碑。

参考史料

1. 汪宽也祭文（1925 年初汪启丰、汪启咸、汪启恒、汪启智、汪启照、汪誉允撰）

2.《汪宽也家谱图》（汪光忠提供）

3.《休宁平阳郡凤湖汪氏世谱》（汪光炜提供）

4.《休宁县志》（道光三年版、1990 年版、2010 年版，休宁县地方志办公室提供）

5.《休宁名族志》（2009 年版，休宁县地方志办公室提供）

6.《徽商汪宽也与上海棉布》[（日本）松浦章著，载《中国社会经济史研究》2000 年第 4 期，汪顺生提供]

7.《徽商史话》（黄山书社，朱世良、张犁、余百川主编，1992 年版，汪少兰提供）

8.《江南土布史》（上海社会科学院出版社，上海社会科学院经济研究所徐新吾主编，1992 年版，庞乾椿提供）

9. 电视纪录片《徽商》解说词（中央电视台，2005 年 9 月）

10. 汪宽也碑文及上海布业公所相关文件史料（存上海市档案馆，汪光焘提供）

11. 《上海县商会沿革》（上海市地方志办公室提供）

12.《新安江　撑起徽州的河流》（汪徽著，载《中国国家地理》2011 年第 11 期，朱建华提供）

偶然回到了清末民初(代后记)

这部书的写作，偶然之间，让我完成了一次历史穿越，回溯到清末民初，去寻找汪宽也的童年和少年，寻找他在上海土布业努力打拼的时光。

2011 年初夏的霏霏梅雨中，我一次次地踏进休宁县府驻地海阳镇的齐宁街采风。齐宁街原名西街，因为它保存了许多明清时代建筑的原因吧，现在的人们仍然习惯称它作老西街。老西街东起城中心陪郭头，西至城西夹溪桥头，宽一丈二尺，全长一里有余。老西街历史悠久，明清几百年间，它是休宁的商业街，年头到年尾，熙熙攘攘挤满各路商贾。老西街两旁保留着许多明清风格的店铺式建筑，一色青砖黛瓦马头墙。整条路面为长条石板铺就，石板街接严丝合缝，路面平整，与两旁的青砖黛瓦马头墙搭配得十分和谐。汪宽也祖居的北街，在陪郭头与西街垂直相接，相距不过二里路。相邻不远，建有金碧辉煌的中国第一状元县博物馆，还有颇具现代色彩的徽商步行街和女人街。休宁人的商业意识依然浓重，联想到古代老西街，一定是休宁女人们的购物天堂。而在孩子们眼中，老西街则是学余饭后尽情玩耍的好去处。恍惚中，仿佛感觉到石板路上还留有童年汪宽也的脚印呢。从陪郭头进入西街，穿行而过，抵达夹溪河畔，踱上长长的夹溪桥。夹溪桥为明嘉靖四年（1525）休宁知县李升荐邑人程一募建，10 墩 11 孔，是休宁县境内最大的一座古石拱桥，古代为黟祁二县赴郡必经之桥。崇祯元年（1628）重修，清代多次修缮。民国初期曾遭大洪水冲垮，时任上海祥泰布庄经理和上海土布公所总董的汪宽也，为修复此桥捐助、募集两万元银两。夹溪桥体为青石板铺成，宽约两丈，长近 190 米，两旁装有近 1 米高的青石护栏，10 座粗拙坚实的桥墩下半部布满青苔和藤萝，桥面现仍供人行走。沿着一级级石阶走下河岸，漫步河床浅滩，踩着软软的沙粒，远远观看这座横在两岸间的夹溪桥，我觉得它依然雄伟壮观，不显衰败和苍凉，因为古老的桥体能够保存下来，它自身就已经凝成了休宁的历史。

我也喜欢休宁城的古巷，无论是西街的水碓巷、东青巷、里仁巷、大门呈巷和桂花树巷，还是弯弯曲曲又细又长的万宁街万秀巷，走在里面，都会使我产生扑朔迷离的感觉，疑心自己已经身处清末的休宁。休宁的古巷，与徽州各地诸多地方的古巷状况大致相似，窄小幽长的青条石路，两旁一色粉墙青瓦的马头墙巍然矗立，墙体青苔密布，色彩斑驳。弄堂内的老屋，梁柱斑迹累累，白墙黛瓦均显陈旧沧桑之感——这些象征徽州悠久人文历史的古巷，最初砌筑时，一定十分鲜亮和醒目，经过百年甚至数百年风雨的洗礼，才慢慢变成如今的模样。这种变化在悄然中进行，不着一丝痕迹，犹如一瞬间。我相信，在这些墨绿色的青瓦房顶下，在这些古色古香的天井里，已经发生过许多凄婉、无奈或美丽、动人的故事。古巷伸向哪里，古老的故事就延展到哪里。庭院深深，小巷悠悠，走出小巷即闹市，步入庭院寂无声，闹中有静，居家、安息、读书、治学，真是个好环境。休宁历史上许多有名的读书人，就是从这些曲折幽深、朦胧如迷宫般的小巷里走出去的。现在，在夜晚小巷昏黄的路灯下，我打着伞慢慢地行走，享受听雨滴细密地落在伞面上沙沙响的那种感觉。行走在古巷中的人们，无论久居还是路过，都是步履匆匆。一代人繁衍出下一代人，下一代人又被他们的后人所取代。质地坚硬的石板路，让一代又一代人的脚步揉搓得滋润、光滑，在路灯下闪烁着幽幽的光芒。瞧，这需要多大的耐心和多么漫长的时间？

与汪宽也同时代的人，几乎踪影全无。但可以断定的是，童年和少年时代的汪宽也，也会像今天的我这样，一次又一次地在这些老街和古巷穿越。老街和古巷如果有生命，它们就一定能够记住汪宽也，记住这位曾经远去上海的卖布人，一定能够忆起他匆匆来去的脚步声。

汪宽也生命的最后一年，是在休宁度过的，有喜也有悲，悲多喜少，日子过得十分艰难。但我相信在汪宽也生命的最后时光里，只要他还有力气出门，就一定要到古老的西街走走，到那些幽深如梦的小巷走走，向那些明暗相间的粉壁青瓦马头墙告别，向那些滋润光滑的石条路诀别。而在那个甲子年寒冬，汪宽也的葬礼也一定会成为休宁人街谈巷议的话题。

汪宽也生命的四分之三都奉献给了上海。正如汪宽也的后人汪光焘先生在这部书的代序中所说，汪宽也“对土布行业倾尽心力，为民族工业奔走呼号，为农民谋生计”。汪宽也主持的祥泰布庄创出了上海土布品牌“祥泰毛蓝”，汪宽也任总董的上海土布公所促使政府革除了不合理的布税，并对上海土布品牌秩序进行了彻底整顿。同样，汪宽也对刚刚兴起的中国民族工业给予了热情扶持。汪宽也并不是只知道埋头做生意的布业商人，更是一位精于棉种植和棉纺织方面管理才能的专家，他积极促进上海农村植棉和土布纺织业的发展，推出诸多有利于棉种植和纺织业发展的措施，而且开办钱庄和当铺，为乡村织户和土布商提供生产、经营方面流动资金的强力支持。毫无疑问，汪宽也在上海做出的这些重要贡献，是普通的土布商人所无法企及的。

根据资料记载，清末民初上海祥泰布庄位置在大东门大街朝宗路 22 号（中华路西），现在应为人民路复兴东路豆市街一带；清末民初上海布业公所的位置是城内邑庙香雪堂 458 号（与福佑路相近），已有汪光焘先生的序为证：上海豫园的绮藻堂，曾是上海布业公所（亦称上海布业公会或上海土布公所）旧址。漫长的时光，已让当年的大东门景象面目全非；当年上海布业公所旧址绮藻堂所在的豫园，建国后经数度修葺，已成为上海著名游览景点。自然，上海布业公所旧迹也难寻觅。虽然这些地方的方位可以考证，但对于一个世纪前的汪宽也、祥泰布庄和布业公所，对于这些已定格于历史档案的陌生名称，老人们均是满脸愕然，不知道采访者所言为何人、何物。毕竟是一个世纪前的故事了，今天的上海，已是现代化国际大都市，除了老城区还有少量里弄保存外，绝大部分建筑和道路，别说与百年前比，就是与三四十年前比，已完全是两个模样。

采访过程十分艰难，偶尔获得凤毛麟角的资料，实属来之不易。然而，这并不妨碍我通过自己喜欢的写作方式，将历史慢慢融入思维之中，努力通过想象去领悟和寻找布业巨子汪宽也的生命轨迹，努力复原那个时代的风景。

在上海采访期间，我曾安步当车，边走边想象清末民初客流如梭的大东门祥泰布庄，想象土布公所内人来人往的热闹，想象南汇、松江、青浦一带乡村广泛植棉和纺织的盛景，甚至想象“布都”三林塘各地布商趋之若鹜的繁荣景象。植棉区必产土布、产土布之地必会留下汪宽也的足迹。于是，汪宽也的形象在我心中渐渐清晰和明朗起来，思路和灵感经过我的手在键盘上游走，一段段、一节节，将汪宽也一生的故事娓娓道来，如数家珍。本书不但细致勾勒出上海布业巨子汪宽也的生命轨迹，而且对上海土布的背景和历史，以及土布织作、印染、鉴定、行销的过程，认真作了介绍，使读者通过这部书，不但大致了解清末民初中国民族工商业的状况，而且可以粗略通晓中国土布制造和经销常识。

励志，是当代人生活与思想的主题之一。《近代徽商汪宽也》又是一部教人如何做人和行事的励志传记。汪宽也一生固守的原则是“诚信”，无论做人做事，皆是如此。写作过程中我不止一次地设想：即使汪宽也当年不去经商，而是继续读书，或者从事其他的职业，“诚信”二字依然会是他矢志不移的座右铭。

《近代徽商汪宽也》由王兴无、沈基前、邓微策划。作者在采访、创作过程中，得到汪宽也后人汪光焘、庞乾椿、汪光炜、汪桂馨、汪宽也胞弟汪声潮后人汪光忠、祥泰布庄东家汪厚庄后人汪少兰、休宁县地方志专家汪顺生的鼎力相助，同时得到赵庆国、谷传树、许美、熊鹰、石冬怡、何源、李洪建、颜彦等各界学者和朋友的热情关注与支持。在此，向各位一并表示衷心谢意。

本书部分图片来源于互联网，由于无法与这些图片作者联系并取得授权，希望图片作者及时联系我，我会奉薄酬并寄赠样书。

言行一

二〇一二年七月十六日于马鞍山

总策划：王兴无

策　划：沈基前　邓　微

顾　问：汪顺生　庞乾椿　汪光忠

图书代号　SK18N0228

图书在版编目（CIP）数据

近代徽商汪宽也 / 言行一著．—西安：陕西师范大学出版总社有限公司，2018.3

ISBN 978-7-5613-9841-8

Ⅰ.①近… Ⅱ.①言… Ⅲ.①汪宽也（1866—1925）—生平事迹 Ⅳ.①K825.38

中国版本图书馆CIP数据核字（2018）第035924号

近代徽商汪宽也

JINDAI HUISHANG WANG KUANYE

言行一　著

责任编辑	雷亚妮
责任校对	赵荣芳
出版发行	陕西师范大学出版总社有限公司 （西安市长安南路199号　邮编 710062）
网　　址	www.snupg.com
印　　刷	西安创维印务有限公司
开　　本	787mm×1092mm　1/16
印　　张	19
插　　页	2
字　　数	172千
版　　次	2018年3月第1版
印　　次	2018年3月第1次印刷
书　　号	ISBN 978-7-5613-9841-8
定　　价	88.00元

读者购书、书店添货或发现印刷装订问题，请与本公司营销部联系、调换。
电话：（029）85307864　85303635　传真：（029）85303879